Sophocles' Oedipus Tyrannus

Greek Text with Facing Vocabulary and
Commentary

Geoffrey Steadman

Sophocles' Oedipus Tyrannus
Greek Text with Facing Vocabulary and Commentary

First Edition

© 2015 by Geoffrey Steadman

All rights reserved. Subject to the exception immediately following, this book may not be reproduced, in whole or in part, in any form (beyond that copying permitted by Sections 107 and 108 of the U.S. Copyright Law and except by reviewers for the public press), without written permission from the publisher.

The author has made an online version of this work available (via email) under a Creative Commons Attribution-Noncommercial-Share Alike 3.0 License. The terms of the license can be accessed at creativecommons.org.

Accordingly, you are free to copy, alter, and distribute this work under the following conditions:

(1) You must attribute the work to the author (but not in any way that suggests that the author endorses your alterations to the work).
(2) You may not use this work for commercial purposes.
(3) If you alter, transform, or build upon this work, you may distribute the resulting work only under the same or similar license as this one.

The Greek text is the edition by Francis Storr first published in 1912.

ISBN-13: 978-0-9913860-0-0

Published by Geoffrey Steadman
Cover Design: David Steadman

Fonts: Times New Roman, Times-Roman, GFS Porson, New Athena Unicode

geoffreysteadman@gmail.com

Table of Contents

pages

Preface to the Series..v-vii
Scansion: Iambic Trimeter...ix-xiv
Running Core Vocabulary (10 or more times) ....xv-xviii
How to Use this Commentary..xix
Abbreviations..xx
Nouns, Pronouns, Correlatives...106-107
Synopses (regular and -μι verbs) 108-113
Choral Odes: Greek text and Scansion................................115-131
Alphabetized Core Vocabulary (10 or more times) 132-135

Text and Commentary

Prologos (πρόλογος): lines 1-150...1-10
    Oedipus learns of plague, and Creon returns from the oracle.

Parodos (πάροδος): ll. 151-215...11-15
    The chorus sings about the plague and calls on the gods.

First Episode (ἐπεισόδιον πρῶτον): ll. 216-462............................15-31
    Oedipus curses the murderer and then speaks to Teiresias.

First Stasimon (στάσιμον πρῶτον): ll. 463-512............................31-35
    The chorus speculates about Teiresias' claims.

Second Episode (ἐπεισόδιον δεύτερον): ll. 513-862......................35-58
    Oedipus accuses Creon; Jocasta intervenes and recounts Laius' murder.

Second Stasimon (στάσιμον δεύτερον): ll. 863-910......................58-61
    The chorus calls on the gods and reflects on the nature of oracles.

Third Episode (ἐπεισόδιον τρίτον): ll. 911-1085..........................61-73
    A messenger tells O. that Polybus is dead but is not O.'s true father.

Third Stasimon (στάσιμον τρίτον): ll. 1086-1109........................73-74
    The chorus speculates about Oedipus' origin.

Fourth Episode (ἐπεισόδιον τέτρατον): ll. 1110-1185..................74-79
    Oedipus learns from a second messenger about his true birth.

Fourth Stasimon (στάσιμον τέτρατον): ll. 1186-1222..................80-82
    The chorus laments Oedipus' fate.

Exodos (ἔξοδος): ll. 1223-1530...83-104
    A messenger announces Jocasta's suicide. Oedipus blinds himself,
    and calls on Creon to banish him.

Preface to the Series

The aim of this commentary is to make all 1530 lines of Sophocles' *Oedipus Tyrannus* as accessible as possible to intermediate and advanced Greek readers so that they may experience the joy, insight, and lasting influence that comes from reading one of the greatest works in classical antiquity in the original Greek.

Each page of the commentary includes 15 lines of Greek verse (Francis Storr's 1912 edition) with all corresponding vocabulary and grammar notes below the Greek. The vocabulary contains all words occurring 9 or fewer times, arranged alphabetically in two columns. The grammatical notes are organized according to line numbers and likewise arranged in two columns. The advantage of this format is that it allows me to include as much information as possible on a single page and yet insure that entries are distinct and readily accessible to readers.

To complement the vocabulary within the commentary, I have added a list of words occurring 10 more times at the beginning of this book and recommend that readers review this list before they read. An alphabetized form of this list can be found in the glossary. Together, this book has been designed in such a way that, once readers have mastered the core list, they will be able to rely solely on the Greek text and commentary and not need to turn a page or consult dictionaries as they read.

The grammatical notes are designed to help beginning readers read the text, and so I have passed over detailed literary and philosophical explanations in favor of short, concise, and frequent entries that focus exclusively on grammar and morphology. The notes are intended to complement, not replace, an advanced-level commentary, and so I recommend that readers consult an advanced-level commentary after each reading from this book. Assuming that readers finish elementary Greek with varying levels of ability, I draw attention to subjunctive and optative constructions, identify unusual aorist and perfect forms, and in general explain aspects of the Greek that they should have encountered in first year study but perhaps forgotten. As a rule, I prefer to offer too much assistance rather than too little.

Better Vocabulary-Building Strategies

One of the virtues of this commentary is that it eliminates time-consuming dictionary work. While there are many occasions where a dictionary is absolutely necessary for developing a nuanced reading of the Greek, in most instances any advantage that may come from looking up a word and exploring alternative meanings is outweighed by the time and effort spent in the process. Many continue to defend this practice, but I am convinced that such work has little pedagogical value for intermediate and advanced students and that the time saved by avoiding such drudgery can be better spent reading more Greek, reviewing morphology, memorizing vocabulary, mastering verb stems, and reading advanced-level commentaries and secondary literature.

As an alternative to dictionary work, this commentary offers two approaches to building knowledge of vocabulary. First, I isolate the most common words (10 or more times) for immediate drilling and memorization. Second, I have included the number of occurrences of each Greek word at the end of each definition entry. I encourage readers who have mastered the core vocabulary list to single out, drill and memorize moderately common words (e.g. 5-9 times) as they encounter them in the reading and devote comparatively little attention to words that occur once or twice. Altogether, I am confident that readers who follow this regimen will learn Sophocles' vocabulary more efficiently and develop fluency more quickly than with traditional methods.

Print on Demand Books

This volume is a self-published, print-on-demand (POD) book, and as such it gives its author distinct freedoms and limitations that are not found in traditional publications. After writing this commentary, I simply purchased an ISBN number (the owner is *de facto* the publisher) and submitted a digital copy for printing. The most significant limitation of a POD book is that it has not undergone extensive peer-review or general editing. This is a serious shortcoming that should make readers wary. Because there are so many vocabulary and commentary entries, there are sure to be typographical and factual errors that an extra pair of eyes would have spotted immediately. Until all of the mistakes have been identified and corrected, I hope the reader will excuse the occasional error.

The benefits of POD, however, outweigh the costs. This commentary and others in the series simply would not exist without POD. Since there is no traditional publisher acting as a middle man, there is no one to deny publication of this work because it may not be profitable *for the publisher*. In addition, since the production costs are so low, I am able to offer this text at a comparatively low price. Finally, since this book is no more than a .pdf file waiting to be printed, I am able to make corrections and place a revised edition of a POD book for sale as often as I wish. In this regard, we should liken PODs to software instead of typeset books. Although the first edition of a POD may not be as polished as a traditional book, I am able to respond very quickly to readers' recommendations and criticisms and create an emended POD that is far superior to previous editions. Consider, therefore, what you hold in your hand as an inexpensive beta version of the commentary. If you would like to recommend changes or download a free .pdf copy of this commentary, please see one of the addresses below. All criticisms are welcome, and I would be grateful for your help.

I wish to thank Edward Gutting for a number of insightful observations and corrections in the latest revision.

                              Geoffrey Steadman Ph.D.
                              geoffreysteadman@gmail.com
                              www.geoffreysteadman.com

Scansion

I. Iambic Trimeter

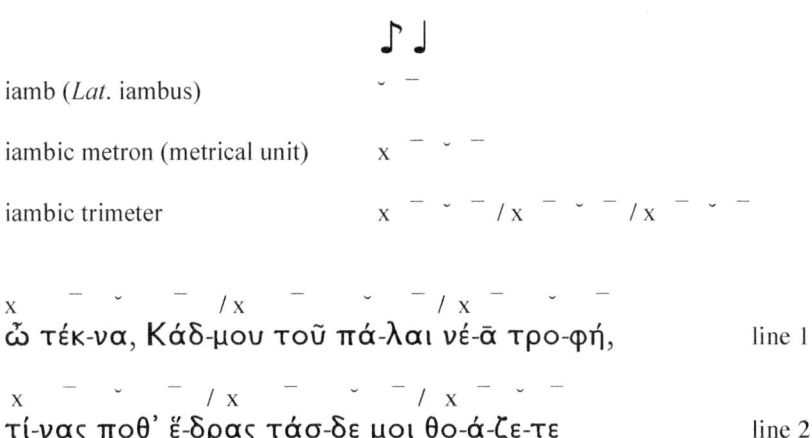

iamb (*Lat.* iambus) ˘ ¯

iambic metron (metrical unit) x ¯ ˘ ¯

iambic trimeter x ¯ ˘ ¯ / x ¯ ˘ ¯ / x ¯ ˘ ¯

x ¯ ˘ ¯ / x ¯ ˘ ¯ / x ¯ ˘ ¯
ὦ τέκ-να, Κάδ-μου τοῦ πά-λαι νέ-ᾱ τρο-φή,   line 1

x ¯ ˘ ¯ / x ¯ ˘ ¯ / x ¯ ˘ ¯
τί-νας ποθ' ἕ-δρας τάσ-δε μοι θο-ά-ζε-τε   line 2

Readers should not shy away from mastering Greek meter. When we first learned Greek, no doubt the declensions seemed an insurmountable challenge. But as time passed, persistance paid off, and what initially seemed so difficult became the primary tool to analyze and enjoy the literature. Greek meter plays a similar role in the understanding and pleasure that we derive from tragedy.

Unlike epic, which is composed uniformly of dactylic hexameter, tragedy employs a variety of meters throughout a work. The most challenging for readers are the choral odes, which are considered in the glossary. Fortunately, the easiest and most common meter found throughout the speeches and conversations is iambic trimeter.

The rhythms of English poetry are based on word-stress (stressed and unstressed syllables), while Greek poetry relies on the length of syllables (long and short syllables). Long syllables are pronounced twice as long as short syllables, as demonstrated in the musical notation above. To mark the length of a syllable, we place the notation ¯ (here equal to a quarter note ♩) above a long syllable and the notation ˘ (here equal to an eighth note ♪) above a short syllable.

Iambic trimeter is composed of three (*tri*) metrical units (*metra*) made up of **iambs** (˘ ¯). The word 'trimeter' is deceptive because each iambic metrical unit (*metron*) is composed of two iambs (˘ ¯ ˘ ¯). Thus, an iambic trimeter line includes the equivalent of six, not three, iambs in a row. As you see in the examples above, the first syllable of each iambic metron is marked by an **anceps**, 'two-headed,' (x) instead of a long (¯) or short (˘) syllable. A syllable marked with an anceps (x) can be either long or short depending on the needs of the poet at that moment.

In addition to the flexibilty that the anceps provides, the final syllable of the trimeter line may be long or short—but will always be considered as long when scanning. For example, although the final -τε in line 2 below is a short syllable according to the rules below, we identify the syllable as metrically long when we scan the line:

$$\mathrm{x} \; \overline{} \; \breve{} \; \overline{} \; / \; \mathrm{x} \; \overline{} \; \breve{} \; \overline{} \; / \; \mathrm{x} \; \overline{} \; \breve{} \; \overline{}$$
τί-νας ποθ' ἔ-δρας τάσ-δε μοι θο-ά-ζε-τε   (line 2)

II. Dividing up the Syllables in a Greek Word

A Greek word has as many syllables as vowels. Diphthongs count as one vowel.

ἱκ-τη-ρί-<u>οις</u> κλά-<u>δοι</u>-σιν ἐξ-εσ-τεμ-μέ-<u>νοι</u>;   (3)

When there are two or more consonants between vowels, the first is pronounced with the preceding syllable and the rest are pronounced with the following syllable:

ἱ<u>κ</u>-<u>τ</u>η-ρί-οις κλά-δοι-σιν ἐξ-εσ-τεμ-<u>μ</u>έ-νοι;   (3)

When there is one consonant between vowels, that consonant is pronounced with the 2nd syllable. ζ (σδ), ξ (κσ), ψ (πσ) count as 2 consonants in different syllables.

ἱκ-τη-<u>ρ</u>ί-οις κλά-δοι-<u>σ</u>ιν ἐξ-εσ-τεμ-μέ-νοι;   (3)

A consonant followed by a liquid λ or ρ (or less often μ and ν) is considered a single consonant unit in the 2nd syllable and may count as one or two consonants below.

ἀλ-λ' ὦ γε-ραι-έ, <u>φρ</u>άζ', ἐ-πεὶ <u>πρ</u>έ-πων ἔ-φυς   (4)

III. Determining the Length of a Syllable

A. A syllable is long (¯) by nature if it contains

       1. a long vowel (η, ω, ᾱ, ῑ, ῡ) (these are unmarked in the Greek text)

       2. a diphthong (αι, ει, οι, αυ, ευ, ου)

B. A syllable is long (¯) by position if

       3. a short vowel is followed by 2 consonants (even in different words).

       4. the vowel is followed by double consonants ζ (σδ), ξ (κσ), ψ (πσ) or ῥ.

C. Any syllable that does not follow rules 1-4 is by default a short syllable (˘).

       For convenience, I have put the number of the rule above the long syllables.

$$\overset{3}{\overline{}} \; \overset{1}{\overline{}} \; \breve{} \; \overset{2}{\overline{}} \; / \; \breve{} \; \overset{2}{\overline{}} \; \breve{} \; \overset{4}{\overline{}} \; \overset{3}{\overline{}} \; \overset{3}{\overline{}} \; \breve{} \; \overset{2}{\overline{}} \; /$$
ἱκ-τη-ρί-οις κλά-δοι-σιν ἐξ-εσ-τεμ-μέ-νοι;   line 3

Scansion Practice (Set 1)

Use the rules on the facing page and pencil in the long (¯) and short (˘) notations above the lines below. Remember, each metron begins with an anceps, that may be long or short. None of the lines below contain resolution, which I explain below. Mark the last syllable as long even if the syllable is identified as short by our rules.

1. πό-λις δ' ὁ-μοῦ μὲν θῡ-μι-ᾱ-μά-των γέ-μει,   (line 4)

2. ὁ-μοῦ δὲ παι-ά-νων τε καὶ στε-ναγ-μά-των·   (5)

3. ᾱ-γὼ δι-και-ῶν μὴ παρ' ἀγ-γέ-λων, τέκ-να,   (6)

4. ἄλ-λων ἀ-κού-ειν αὐ-τὸς ὧδ' ἐ-λή-λυ-θα,   (7)

IV. Diaeresis ('Division'):

A vowel with a double dot over it indicates that it is pronounced separately from the vowel preceding it and is thus not part of a diphthong, e.g. Λά-ϊ-ος occurs 24 times.

5. ἦν ἡ-μίν, ὦ-ναξ, Λᾱ-ϊ-ός ποθ' ἡ-γε-μὼν   (103)

V. Elision ('cutting out'):

When a short vowel (or often final –αι, e.g. καί) is followed with a word beginning with a vowel, the vowel is elided, "cut out," from pronunciation. In our text the editor omits the vowel and includes an apostrophe: ἀλλὰ → ἀλλ' φράζε → φράζ'

6. ἀλλ' ὦ γε-ραι-έ, φράζ', ἐ-πεὶ πρέ-πων ἔ-φυς   (9)

VI. Exceptions: Correption ('taking away') and Synizesis ('setting together')

Correption is the metrical shorting of a long vowel or diphthong often, but not always, at the end of a word (e.g. -οι and -αι in the words σοι and και). τοι- below is an example of a syllable naturally long but metrically shortened by correption.

Synizesis occurs when a group of adjoining vowels at the end of a single word are scanned metrically (and perhaps pronounced) as a single long syllable. This is common in vowel combinations such as εο, εω, and εα (θεοῦ in ll. 117 and 213 and πάθεα in l. 1330) and occurs in every instance of μὴ οὐ (ll. 13, 221, 283, 1065, 1091, 1232). In each case, scan the adjoining vowels as a single long syllable.

Scan the line below with an example of correption and synizesis.

7. εἴ-ην τοι-άν-δε μὴ οὐ κα-τοικ-τί-ρων ἔ-δραν.   (13)

Answer Key (Set 1)

1. πό-λις δ' ὁ-μοῦ μὲν θῦ-μι-ᾱ-μά-των γέ-μει,   (4)

2. ὁ-μοῦ δὲ παι-ά-νων τε καὶ στε-ναγ-μά-των·   (5)

3. ἁ-γὼ δι-και-ῶν μὴ παρ' ἀγ-γέ-λων, τέκ-να,   (6)

4. ἄλ-λων ἀ-κού-ειν αὐ-τὸς ὧδ' ἐ-λή-λυ-θα,   (7)

5. ἦν ἡ-μίν, ὦ-ναξ, Λᾱ-ϊ-ός ποθ' ἡ-γε-μὼν   (103)

6. ἀλλ' ὦ γε-ραι-έ, φράζ', ἐ-πεὶ πρέ-πων ἔ-φυς   (9)

7. εἴ-ην τοι-άν-δε μὴ οὐ κα-τοικ-τί-ρων ἔ-δραν.   (13)

Another Variation Worthy of Note (Set 2)

VII. Resolution ('breaking down'):

Resolution is the substitution of two short syllables (˘ ˘, ♪♪) for a long syllable (¯, ♪) or anceps (x). The poet can use resolution, just as anceps, to give variety to a metrical line, and resolution is sometimes necessary when, for example, a poet mentions a proper name that will not fit into the standard meter. It is also common in the choral odes discussed in the glossary. As you scan below, note the resolution (again, ¯ → ˘ ˘) that occurs within the underlined syllables:

8. πρὸ τῶν-δε φω-νεῖν, τί-νι τρό-πῳ κα-θέσ-τα-τε, (10)

9. ἀ-γο-ραῖ-σι θᾱ-κεῖ πρός τε Παλ-λά-δος δι-πλοῖς (20)

VIII. Caesura and Diaeresis

In addition to the pause at the end of each line, there are natural pauses between words within the verse which effect the rhythm of the trimeter line, and it is worthwhile to recognize the conventions regarding these pauses.

A **caesura** (Lat. "cut") is the audible pause that occurs when a word ends *within* a metron, in this case within an iambic metron.

A **diaeresis** (Grk. "division") is the audible pause that occurs when a word ends at the end of a metron.

In general, the pause after each word in a verse is either a caesura or a diaeresis, and each trimeter line contains multiple examples of caesura and diaeresis. But, when you are asked in a classroom setting to identify the caesurae in a line, you are actually being asked to identify the *principal* or *chief* caesura in a line.

The **principal (or chief) caesura** is a caesura that coincides with a major pause in the sense or thought within the line (often the equivalent of a comma or period in prose). In iambic trimeter, the principal caesura occurs (A) in the 2nd metron after the first anceps. Less often it occurs (B) after the first short in the 2nd metron and (C) after the first short in the 1st metron:

```
              C   A   B
              ||  ||  ||
         x – ˘ – / x – ˘ – / x – ˘ –
```

(A) *penthemimeres* (5th half-foot)   x – ˘ – / x || – ˘ – / x – ˘ –
(B) *hepthemimeres* (7th half-foot)   x – ˘ – / x – ˘ || – / x – ˘ –
(C) *trihemimeres* (3rd half-foot)   x – ˘ || – / x – ˘ – / x – ˘ –

Scansion Practice (Set 4): Tiresias and Oedipus (lines 356-360).

Scan. Then label the || as a diaeresis or as a caesura type A, B, or C above.

10. Τειρ πέ-φευ-γα· τᾶ-λη-θὲς γὰρ ἰσ-χῦ-ον τρέ-φω.

11. Οἰδ πρὸς τοῦ δι-δαχ-θείς; οὐ γὰρ ἔκ γε τῆς τέχ-νης.

12. Τειρ πρὸς σοῦ· σὺ γάρ μ' ἄ-κον-τα πρου-τρέ-ψω λέ-γειν.

13. Οἰδ ποῖ-ον λό-γον; λέγ' αὖ-θις, ὡς μᾶλ-λον μά-θω.

14. Τειρ οὐ-χὶ ξυ-νῆ-κας πρόσ-θεν; ἢ 'κ-πει-ρᾷ λέ-γων;

15. Οἰδ οὐχ ὥσ-τε γ' εἰ-πεῖν γνωσ-τόν· ἀλ-λ' αὖ-θις φρά-σον

Answer Key for Scansion Practice (Set 2 and 3)

```
           1        1     2 A resolution       1    3       x
          ⏑ ⏑      − ⏑ / − ‖ ⏑  ⏑  ⏑   − / ⏑   − ⏑  − /
 8. πρὸ τῶν-δε φω-νεῖν, τί-νι τρό-πῳ κα-θέσ-τα-τε,        (10)
    resolution 2    1    2 A  3         3         3      2
      ⏑ ⏑   −    ⏑ ⏑ − / − ‖ −  ⏑  −  ⏑ / ⏑  −  ⏑  − /
 9. ἀ-γο-ραῖ-σι θᾱ-κεῖ πρός τε Παλ-λά-δος δι-πλοῖς       (20)
                   2   C  1   1   3    3   1  3      1
                ⏑ −  ⏑ ‖ − / −  −  ⏑  − / −  −  ⏑   − /
10. Τειρ πέ-φευ-γα· τᾱ-λη-θὲς γὰρ ἰσ-χῡ-ον τρέ-φω.       (356)
         3    2      3    2 A 2           3       1    1
         −   −   ⏑ − / − ‖ ⏑  −  −  / ⏑  −  ⏑  − /**
11. Οἰδ πρὸς τοῦ δι-δαχ-θείς; οὐ γὰρ ἔκ γε τῆς τέχ-νης.
        3   2 caes.    3     1    3      2    4    1     2
        −   −  ‖ ⏑  −  − / −  −  ⏑  −  / − ⏑  ⏑  − /
12. Τειρ πρὸς σοῦ· σὺ γάρ μ' ἄ-κον-τα πρου-τρέ-ψω λέ-γειν.
         2    3     3 dia.  2    B 1   3    3             1
         −   −   ⏑ −  ‖/ ⏑  −  ⏑ ‖ − /  −   −   ⏑  − /
13. Οἰδ ποῖ-ον λό-γον; λέγ' αὖ-θις, ὡς μᾶλ-λον μά-θω.
        2  4    1   3    3     B 1    2    1         1
        −  −  ⏑  − /  −   − ⏑ ‖ − /  −  − / ⏑  − /
14. Τειρ οὐ-χὶ ξυ-νῆ-κας πρόσ-θεν; ἢ 'κ-πει-ρᾷ λέ-γων;   (360)
         2  1     2    2     1   B 3    2     3      x
         −  − ⏑  − / −   −    ⏑ ‖ − / −   −  ⏑  − /
15. Οἰδ οὐχ ὥσ-τε γ' εἰ-πεῖν γνωσ-τόν· ἀλ-λ' αὖ-θις φρά-σον
```

** The consonants χν in τέχνης in #11 are scanned as a single consonant.

IX. Porson's Bridge

A bridge is a place in the meter where word ending is avoided. The most famous bridge was discovered in 1802 by Richard Porson, who asserted that the anceps in the 3rd metron cannot be a long syllable ending a word. All the examples above follow Porson's rule. Though this convention will not affect how you read the play, it does reveal a nuance in the rhythm that the Greeks were accustomed to hear.

X. Oral Recitation

As you read, do not be intimidated by the rules or the terminology. Since the text does not include macrons to indicate long vowels such as ᾱ, ῑ, or ῡ, you are sure to make an occasional mistake when scanning. But, as recitation of the line below will show, Sophocles composed this work to be heard. Recite every line with joy.

τυφλὸς τά τ' ὦτα τόν τε νοῦν τά τ' ὄμματ' εἶ.   (371)

Sophocles' *Oedipus Tyrannus*
Core Vocabulary (10 or more times)

The following is a running list of all words that occur ten or more times in *Oedipus Tyrannus*. An alphabetized list is found in the glossary of this volume. These words are not included in the commentary and therefore must be reviewed as soon as possible. The number of occurrences, indicated at the end of the dictionary entry, were tabulated by the author. The left column indicates the number of the page where the word first occurs.

01 ἀκούω, ἀκούσομαι, ἤκουσα, ἀκήκοα, ἠκούσθην: to hear, listen to, 20
01 ἀλλά: but, 91
01 ἄλλος, -η, -ο: other, one…another, 36
01 ἄν: modal adv. ("ever"), 110
01 αὐτός, -ή, -ό: he, she, it; the same; -self, 71
01 γάρ: for, since, 155
01 δέ: but, and, on the other hand, 126
01 ἐγώ: I, 246
01 εἰμί, ἔσομαι: to be, exist, 153
01 ἐμός, -ή, -όν: my, mine, 56
01 ἐπεί: when, after, since, because, 16
01 ἔρχομαι, εἶμι, ἦλθον, ἐλήλυθα: to come or go, 44
01 ἤ: or (either…or); than, 61
01 ἡμεῖς: we, 20
01 θέλω (ἐθέλω), ἐθελήσω, ἠθέλησα, ἠθέληκα: be willing, wish, desire, 14
01 καί: and, also, even, too, 245
01 μέν: on the one hand, 73
01 μή: not, lest, 68
01 ὁ, ἡ, τό: the, 516
01 ὅδε, ἥδε, τόδε: this, this here, 190
01 Οἰδίπους, ὁ: Oedipus, 21
01 ὁράω, ὄψομαι, εἶδον, ἑώρακα, ὤφθην: see, look, behold, 46
01 οὐ, οὐκ, οὐχ: not, 169
01 πάλαι: long ago, long, all along, 16
01 παρά: from, at, to the side of, 14
01 πᾶς, πᾶσα, πᾶν: every, all, the whole, 49
01 πόλις, ἡ: a city, 25
01 ποτέ: ever, at some time, once, 40
01 τε: and, both, 108
01 τέκνον, τό: a child, 18
01 τις, τι: anyone, anything, someone, something, 78
01 τίς, τί: who? which? 102
01 τοιόσδε, -άδε, -όνδε: such, this (here) sort, 12
01 φράζω, φράσω, ἔφρασα, πέφρακα, ἐφράσθην: point out, tell, indicate 14

01 φύω, φύσω, ἔφυν (ἔφυσα), πέφυκα: be born, be by nature; bring forth, 18
01 ὦ: O, oh, 64
01 ὧδε: in this way, so, thus, 14
01 ὡς: as, thus, so, that; when, since, 72
02 γυνή, γυναικός, ἡ: a woman, wife, 26
02 διπλοῦς, -ῆ, -οῦν: double, two-fold, 11
02 εἰσ-οράω, -όψομαι, -εῖδον: to look at, behold, 11
02 ἐν: in, on, among. (+ dat.), 49
02 ἐπί: to, toward (acc), on near, at (dat.), 29
02 ἔτι: still, besides, further, 22
02 Ζεύς, ὁ: Zeus, 10
02 ἤδη: already, now, at this time, 16
02 θεός, ὁ: a god, divinity, 50
02 οἷος, -α, -ον: of what sort, such, as, 19
02 ὅς, ἥ, ὅ: who, which, that, 119 + 589
02 οὖν: and so, then; at all events, 24
02 πρός: to (acc.), near, in addition to (dat.), 61
02 σός, -ή, -όν: your, yours, 27
05 γε: at least, at any rate; indeed, 89
05 δή: indeed, surely, really, certainly, just, 14
05 δράω, δράσω, ἔδρασα, δέδρακα, δέδραμαι, ἐδράσθην: to do, work, 26
05 εἰς (ἐς): into, to, in regard to (+ acc.), 48
05 εἷς, μία, ἕν: one, single, alone, 20
05 ἐκ, ἐξ: out of, from (+ gen.), 44
05 ἐμαυτοῦ, -ῆς, -οῦ: myself, 14
05 εὖ: well, 15
05 εὑρίσκω, εὑρήσω, ηὗρον, ηὕρηκα, εὕρημαι, εὑρέθην: find, devise, 10
05 ἴσος, -η, -ον: equal, fair, alike, 16
05 κατά: down along (acc), down from (gen), 10
05 Κρέων, -οντος, ὁ: Creon, 13
05 μόνος, -η, -ον: alone, solitary, forsaken, 19
05 οἶδα, εἴσομαι: to know, 52
05 ὅστις, ἥτις, ὅ τι: whoever, which-, what-, 26
05 οὗτος, αὕτη, τοῦτο: this, these, 113
05 παῖς, παιδός, ὁ, ἡ: a child, boy, girl; slave, 28
05 πέμπω, πέμψω, ἔπεμψα, πέπομφα, ἐπέμφθην: to send, conduct, 13
05 πλέων (πλείων), -ον: more, greater, 11
05 πολύς, πολλά, πολύ: much, many, 22
05 πράσσω, πράξω, ἔπραξα, πέπραχα, ἐπράχθην: do, accomplish, 13
05 σύ: you, 160
05 ὑμεῖς: you, 23
05 Φοῖβος, ὁ: Phoebus, 12

05 χρόνος, ὁ: time, 13
05 ὥστε: so that, that, so as to, 14
06 ἄναξ, ὁ: a lord, master, 24
06 ἀπό: from, away from. (+ gen.), 24
06 εἰ: if, whether, 77
06 εἶπον: *aor.* said, spoke, 26
06 ἔπος, -εος, τό: a word, message, 15
06 ἱκνέομαι, ἵξομαι, ἱκόμην, ἷγμαι: to come to, attain, reach, 12
06 κακός, -ή, -όν: bad, base, cowardly, evil, 67
06 καλός, -ή, -όν: beautiful, fine, noble; adv. well, 17
06 κλύω: hear, 11
06 λέγω, λέξω (ἐρέω), ἔλεξα (εἶπον), εἴλοχα, ἐλέγην: to say, speak, 51
06 λόγος, ὁ: word, talk, discourse; account, 23
06 νῦν: now; as it is, 42
06 ὀρθός, -ή, -όν: straight, upright, right, 13
06 ὅσος, -η, -ον: as much as, many as, 16
06 οὔ-τε: and not, neither...nor, 38
06 οὐδ-είς, οὐδε-μία, οὐδ-έν: no one, nothing, 29
06 ποῖος, -α, -ον: what sort of? what kind of? 24
06 τυγχάνω, τεύξομαι, ἔτυχον, τετύχημα: chance upon, get; happen, 12
06 τύχη, ἡ: chance, luck, fortune, success, 13
06 φέρω, οἴσω, ἤνεγκα, ἐνήνοχα, ἠνέχθην: bear, carry, bring, convey, 24
07 ἀνήρ, ἀνδρός, ὁ: a man, 60
07 αὐδάω: to say, speak, utter, 11
07 γῆ, ἡ: earth, 31
07 εἴ-τε: or, either...or; whether...or, 12
07 Λάιος, -ου, ὁ: Laius, 24
07 μη-δέ: and not, but not, nor, 12
07 πω: yet, up to this time, before, 17
07 χρή: it is necessary, it is right; must, ought, 14
07 χρῄζω: want, lack, have need of (gen) 11
08 γίγνομαι, γενήσομαι, ἐγενόμην, γέγονα: come to be, become 16
08 δοκέω, δόξω, ἔδοξα, δέδογμαι: to seem, seem best, think, imagine, 18
08 ἔχω, ἕξω, ἔσχον, ἔσχηκα: to have, hold; be able; be disposed, 42
08 θνῄσκω, θανοῦμαι, ἔθανον, τέθνηκα: to die, 21
08 μανθάνω, μαθήσομαι, ἔμαθον, μεμάθηκα: to learn, understand, 18
08 οἶκος, ὁ: a house, abode, dwelling, 13
08 οὐδέ: and not, but not, nor, not even, 44
08 σαφής, -ές: reliable, definite, clear, distinct, 14
08 χείρ, χειρός, ἡ: hand, 20
09 κτείνω, κτενῶ, ἔκτεινα, ἀπέκτονα: to kill, 15
09 λαμβάνω, λήσω, ἔλαθον, λέληθα: take, receive, catch, grasp, 20

09 νιν: him, her (not reflexive) 19
09 ὄλλυμι, ὀλῶ, ὤλεσα, ὄλωλα: to destroy, lose; *mid.* perish, die, 16
09 πῶς: how? in what way? 20
09 φαίνω, φανῶ, ἔφηνα, ἐφάνθην (ἐφάνην): to show; *mid.* appear, 25
10 γιγνώσκω, γνώσομαι, ἔγνων, ἔγνωκα, ἐγνώσθην: learn, recognize, 10
10 κεῖνος (ἐκεῖνος), -η, -ον: that, those, 29
10 ταχύς, -εῖα, -ύ: quick, swift, hastily, 10
10 τοιοῦτος, -αύτη, -οῦτο: such, 13
10 φίλος, -η, -ον: dear, beloved; friend, kin, 20
12 ὅσπερ, ἥπερ, ὅπερ: (very one) who, what-, 10
13 μέγας, μεγάλη, μέγα: big, great, important 13
13 μήτηρ, ἡ: a mother, 20
13 ξένος, ὁ: foreigner, stranger, guest-friend, 12
13 πατήρ, ὁ: a father, 33
16 μή-τε: and not, 18
17 βίος, ὁ: life, 15
17 δαιμων, -ονος, ὁ: divine spirit, fate, 12
19 ἐρέω: will say (fut. λέγω) 14
19 μάλιστα: most of all; certainly, especially, 12
20 ἦ: truly (often introduces questions) 22
21 βλέπω, βλέψω, ἔβλεψα: look, look at, 12
21 ὅμως: nevertheless, however, yet, 10
21 φρονέω, φρονήσω, ἐφρόνησα: think, to be wise, prudent, 19
22 δεινός, -ή, -όν: terrible; strange, wondrous, 23
22 ἔνθα: where; there, 10
22 φημί, φήσω, ἔφησα: to say, claim, assert, 16
24 ἔργον, τό: work, labor, deed, act, 12
25 δῆτα: certainly, to be sure, of course, 24
25 ἵνα: in order that (+ subj.); where (+ ind.), 11
27 δεῖ: it is necessary, must, ought (+ inf.), 12
27 μηδ-είς, μηδ-εμία, μηδ-έν: no one, nothing, 16
28 ζάω, ζήσω: to live, 12
28 ὅπως: how, in what way; (in order) that, 14
29 βροτός, ὁ, ἡ: a mortal, human, 12
30 πάρ-ειμι, -έσομαι: be near, be present, be at hand, 13
33 Πόλυβος, -ου, ὁ: Polybus, 11

How to Use this Commentary

Research shows that, as we learn how to read in a second language, a combination of reading and direct vocabulary instruction is statistically superior to reading alone. One of the purposes of this book is to encourage active acquisition of vocabulary.

1. Master the list of words occurring 10 or more times as soon as possible.

A. Develop a daily regimen for memorizing vocabulary before you begin reading. Review and memorize the words in the running list that occur 10 or more times *before* you read the corresponding pages in Greek.

B. Download and use the digital flashcards available online in ppt or jpg formats. Research has shown that you must review new words at least seven to nine times before you are able to commit them to long term memory, and flashcards are efficient at promoting repetition. Develop the habit of deleting flashcards that you have mastered and focus your efforts on the remaining words.

2. Read actively and make lots of educated guesses

One of the benefits of traditional dictionary work is that it gives readers an interval between the time they encounter a questionable word or form and the time they find the dictionary entry. That span of time often compels readers to make educated guesses and actively seek out understanding of the Greek.

Despite the benefits of corresponding vocabulary lists there is a risk that without that interval of time you will become complacent in your reading habits and treat the Greek as a puzzle to be decoded rather than a language to be learned. *Your challenge, therefore, is to develop the habit of making an educated guess under your breath each time before you consult the commentary.* If you guess correctly, the vocabulary and notes will reaffirm your understanding of the Greek. If you answer incorrectly, you will become more aware of your weaknesses and therefore more capable of correcting them.

3. Reread a passage immediately after you have completed it.

Repeated readings not only help you commit Greek to memory but also promote your ability to read the Greek as Greek. You learned to read in your first language through repeated readings of the same books. Greek is no different. The more comfortable you are with older passages, the more easily you will read new ones.

4. Reread the most recent passage immediately before you begin a new one.

This additional repetition will strengthen your ability to recognize vocabulary, forms, and syntax quickly, bolster your confidence, and most importantly provide you with much-needed context as you begin the next selection in the text.

5. Consult an advanced-level commentary for a more nuanced interpretation

After your initial reading of a passage and as time permits, consult the highly readable notes in books by Dawe or Jebb. Your initial reading will allow you to better understand the advanced commentary, which in turn will provide a more insightful literary analysis than is possible in this volume.

Abbreviations

abs.	absolute	impf.	imperfect	pl.	plural
acc.	accusative	imper.	impersonal	plpf.	pluperfect
act.	active	indic.	indicative	pred.	predicate
adj.	adjective	i.o.	indirect object	prep.	preposition
adv.	adverb	inf.	infinitive	pres.	present
aor.	aorist	inter.	interrogative	pron.	pronoun
app.	appositive	m.	masculine	ptw	place to which
comp.	comparative	n(eut.)	neuter	pw	place where
dat.	dative	nom.	nominative	reflex.	reflexive
dep.	deponent	obj.	object	rel.	relative
d.o.	direct object	opt.	optative	seq.	sequence
f.	feminine	pple.	participle	sg.	singular
fut.	future	pass.	passive	subj.	subject
gen.	genitive	pf.	perfect	superl.	superlative
imper.	imperative	pfw	place from which	voc.	vocative

στρ. α	strophe a	Τειρ	Tiresias (Τειρεσίας)
ἀντ. β	antitrophe a	Ἰοκ	Jocasta (Ἰοκάστη)
Οἰδ	Oedipus (Οἰδίπους)	Ἄγγ	Messenger (Ἄγγελος)
Ἱερ	Priest (Ἱερεύς)	Θερ	Attendant (Θεράπων) of Laius
Κρέ	Creon (Κρέων)	Ἐξάγγ	Messenger #2 (Ἐξάγγελος)
Χορ	Chorus (Χόρος)		

Additional Resources: Lexica and Commentaries

Sophocles: Oedipus Rex (Rev. edition, 2006) by R. D. Dawe is a highly recommended commentary in the Cambridge Greek and Latin Series (Yellow and Green volumes).

Sophocles: Oedipus Tyrannus (1991) by Richard C. Jebb remains deservedly one of the most popular Greek commentaries on the play. Originally published as *The Oedipus Tyrannus* (1887), the commentary is available as a free .pdf document on Google Books and in html on the Perseus project at www.Perseus.tufts.edu. The 1991 paperback edition is available through the Bristol Classical Press.

The whole of the *Oedipus Tyrannus*, that dreadful machine, moves towards the discovery of just one thing, that *he did it*. Do we understand the terror of that discovery only because we residually share magical beliefs in blood-guilt or archaic notions of responsibility? Certainly not: we understand it because we know that in the story of one's life there is an authority exercised by what one has done, and not merely by what one has intentionally done.

- Bernard Williams, *Shame and Necessity*

To make the ancients speak, we must feed them with our own blood.

- von Wilamowitz-Moellendorff

Οἰδ ὦ τέκνα, Κάδμου τοῦ πάλαι νέα τροφή, 1
    τίνας ποθ' ἕδρας τάσδε μοι θοάζετε
    ἱκτηρίοις κλάδοισιν ἐξεστεμμένοι;
    πόλις δ' ὁμοῦ μὲν θυμιαμάτων γέμει,
    ὁμοῦ δὲ παιάνων τε καὶ στεναγμάτων· 5
    ἁγὼ δικαιῶν μὴ παρ' ἀγγέλων, τέκνα,
    ἄλλων ἀκούειν αὐτὸς ὧδ' ἐλήλυθα,
    ὁ πᾶσι κλεινὸς Οἰδίπους καλούμενος.
    ἀλλ' ὦ γεραιέ, φράζ', ἐπεὶ πρέπων ἔφυς
    πρὸ τῶνδε φωνεῖν, τίνι τρόπῳ καθέστατε, 10
    δείσαντες ἢ στέρξαντες; ὡς θέλοντος ἂν
    ἐμοῦ προσαρκεῖν πᾶν· δυσάλγητος γὰρ ἂν
    εἴην τοιάνδε μὴ οὐ κατοικτίρων ἕδραν.
Ἱερ ἀλλ' ὦ κρατύνων Οἰδίπους χώρας ἐμῆς,
    ὁρᾷς μὲν ἡμᾶς ἡλίκοι προσήμεθα 15

ἄγγελος, ὁ: messenger, envoy; message, 4
γέμω: to be full of (gen.), 1
γεραιός, -ά, -όν: old, aged, elder, 3
δείδω: fear, dread, 6
δικαιόω: deem right; set right, 3
δυσ-άλγητος, -ον: hard-hearted, unfeeling, 1
ἕδρα, ἕδος: seat, chair; sitting, 2
ἐκ-στέφω: to crown (with garlands), 2
ἡλίκος, -η, -ον: of what age; as old as, big as, 1
θοάζω: sit (θάσσω); move rapidly, 1
θυμίαμα, -ματος, τό: incense, 1
ἱκτήριος, -α, -ον: of a suppliant, 2
Κάδμος, ὁ: Cadmus, 3
καθ-ίστημι: to set, establish; put into a state, 2
καλέω: to call, summon, invite, 6
κατ-οικτίρω: have mercy, show compassion 1
κλάδος, -ου ὁ: branch, shoot, 2

κλεινός, -ή, -όν: glorious, renowned, 3
κρατύνω: rule, govern (gen.), strengthen, 2
νέος, -η, -ον: young; new, novel, strange, 3
ὁμοῦ: at once, at the same place, together, 8
παιάν, -ᾶνος ὁ: paean, song (for the Healer), 2
πρέπω: be (clearly) suitable, be fit, 1
πρό: before, in front; on behalf of (gen.), 2
πρόσ-αρκέω: give aid, assist, help, 2
πρόσ-ημαι: to be seated at, 1
στέναγμα, -ατος τό: sigh, groan, moan, 1
στέργω: to love, feel affection, 2
τέκνον, τό: a child, 2
τρόπος, ὁ: a manner, way; turn, direction, 2
τροφή, ἡ: offspring, brood; nourishment, 1
φωνέω: to utter, speak, 4
χώρη, ἡ: land, region, area, place, 5

1 ὦ τέκνα: *O children*; voc. direct address
  νέα τροφή: *young brood*; an appositive
2 τίνας...θοάζετε: *why do you take these seats...*; 'what in the world (are) these seats you sit on'; μοι, ethical dat., is untranslated
3 ἐξεστεμμένοι: pf. pass. pple., ἐκ-στρέφω
4 ὁμοῦ...ὁμοῦ: i.e. both...and
6 ἁγὼ: *which I...*; ἃ ἐγὼ; neut. pl. relative
  δικαιῶν μὴ: *not deeming it right to...*; nom. sg. pple is conditional in sense, hence μὴ
  παρ(ὰ): *from...*; governs gen. of source
7 αὐτὸς: *myself*; intensive, modifies subject
  ἐλήλυθα: 1s pf. ἔρχομαι
8 πᾶσι: dat. pl. πᾶς modifying κλεινὸς

9 ἀλλ(ὰ): *come*; introduces imper. φράζ(ε)
  ἔφυς: *you are (by nature)*; aor. with pres. sense, governs a complementary participle
10 πρὸ τῶνδε: *in front of these here people*
   τίνι τρόπῳ: *in what way*; dat. manner
   καθέστατε: *you have come to be*; pf.
11 ὡς (ἐ)θέλοντος...ἐμοῦ: *since I would*; 'on the grounds that...' ὡς + pple indicates alleged cause, here an gen. abs.; ἂν + pple is the equivalent to a potential opt.
12 ἂν εἴην: *I would be...*; potential opt. εἰμί
13 μὴ οὐ: double neg. after a neg. main verb
15 ἡμᾶς ἡλίκοι: *at what age we*; 'us at what age...' prolepsis with an ind. question

1

βωμοῖσι τοῖς σοῖς· οἱ μὲν οὐδέπω μακρὰν 16
πτέσθαι σθένοντες, οἱ δὲ σὺν γήρᾳ βαρεῖς,
ἱερῆς, ἐγὼ μὲν Ζηνός, οἱ δὲ τ' ἠθέων
λεκτοί· τὸ δ' ἄλλο φῦλον ἐξεστεμμένον
ἀγοραῖσι θακεῖ πρός τε Παλλάδος διπλοῖς 20
ναοῖς, ἐπ' Ἰσμηνοῦ τε μαντείᾳ σποδῷ.
πόλις γάρ, ὥσπερ καὐτὸς εἰσορᾷς, ἄγαν
ἤδη σαλεύει κἀνακουφίσαι κάρα
βυθῶν ἔτ' οὐχ οἵα τε φοινίου σάλου,
φθίνουσα μὲν κάλυξιν ἐγκάρποις χθονός, 25
φθίνουσα δ' ἀγέλαις βουνόμοις τόκοισί τε
ἀγόνοις γυναικῶν· ἐν δ' ὁ πυρφόρος θεὸς
σκήψας ἐλαύνει, λοιμὸς ἔχθιστος, πόλιν,
ὑφ' οὗ κενοῦται δῶμα Καδμεῖον, μέλας δ'
Ἅιδης στεναγμοῖς καὶ γόοις πλουτίζεται. 30

ἄγαν: too much, excessively, 4
ἀγέλη, ἡ: herd, 1
ἄγονος, -ον: unfruitful, sterile, 1
ἀγορή, ἡ: an assembly; marketplace, 2
Ἅιδης, -ου ὁ: Hades, 3
ἀνακουφίζω: to lift up, raise up, 1
βαρύς, -εῖα, -ύ: low, heavy; grievous, 3
βού-νομος, -ον: grazing, grazed by cattle, 1
βυθός, ὁ: depth; the deep, abottom, 1
βωμός, ὁ: a platform; altar, 2
γῆρας, τό: old age, 2
γόος, ὁ: weeping, wailing, 1
δῶμα, -ατος, τό: house, 7
ἔγ-καρπος, -ον: fruitful, containing fruit, 1
ἐκ-στέφω: to crown (with garlands), 2
ἐλαύνω: drive, march, 6
ἔχθιστος, -η, -ον: most hated, hostile, 2
ἠίθεος, ὁ: unmarried youth, 1
θακέω: to sit, 1
ἱερεύς, ὁ: priest, holy man, 1
Ἰσμηνός, ὁ: Ismenus river (near Thebes), 1
Καδμεῖος, -η, -ον: Cadmean, of Thebes, 5
κάλυξ, -υκος, ἡ: covering (of fruit/flowers), 1
κάρα, τό: head, 8
κενόω: to make empty, empty, 1

λεκτός, -ή, -όν: chosen, gathered, 1
λοιμός, ὁ: plague, 1
μακρός, -ή, -όν: long, far, distant, large, 7
μαντεῖος, -α, -ον: prophetic, oracular, 4
μέλας, μέλαινα, μέλαν: dark, black, 2
ναός, ὁ: temple, 3
οὐδέ-πω: and not yet, not even yet, 1
Παλλάς, -άδος, ἡ: Pallas (Athene), 1
πέτομαι: to fly, flutter, 2
πλουτίζω: to make wealthy, enrich, 1
πυρ-φόρος, -ον: fire-bearing, 3
σαλεύω: swell, toss, stir, (make) shake, 1
σάλος, ὁ: swells (of the sea), tossing, 1
σθένω: have strength, be strong, 2
σκήπτω: fall on; support; allege, pretend, 1
σποδός, ὁ: ash, ash (of an altar), ember, 1
στεναγμός, ὁ: groaning, moaning, 2
σύν: along with, with, together (+ gen.), 8
τόκος, ὁ: birth, offspring, 2
ὑπό: by, because of (gen), under (dat), 7
φθί(ν)ω: waste away, decay, perish, 7
φοίνιος, -α, -ον: blood-red, bloody, 3
φῦλον, τό: class, group; race, tribe, 1
χθών, χθονός, ἡ: earth, ground, 9
ὥσπερ: as, just as, as if, 8

16 οἱ μὲν...οἱ δὲ...οἱ δὲ: *some...others...others*
    μακρὰν πτέσθαι: *far*; adv. acc., aor. inf.
18 ἱερῆς: *priests*; ἱερέες, contracted nom. pl.
    Ζηνός: *(am a priest) of Zeus*; gen. sg. Ζεύς
19 τὸ...φῦλον: *the rest of the group*; subject
    ἐξεστεμμένον: pf. pple ἐκστέρω, see l. 3
20 ἀγοραῖσι...πρός: *in...near...*; place where

21 ἐπ'...σποδῷ: *beside the oracular ash of...*
23 καὐτὸς: *(you) yourself*; crasis, καὶ αὐτὸς
24 βυθῶν: *from the depths of...*; gen. pfw
    οἵα τε (ἐστί): *is not able to*; 'is not fit to...'
25 κάλυξιν...ἀγέλαις...τόκοισι: *in...*; respect
27 ἐν δ': *and besides*; 'and therein,' adverbial
29 ὑφ'οὗ: *by whom...*; gen. agent with passive

2

θεοῖσι μέν νυν οὐκ ἰσούμενόν σ' ἐγὼ 31
οὐδ' οἵδε παῖδες ἑζόμεσθ' ἐφέστιοι,
ἀνδρῶν δὲ πρῶτον ἔν τε συμφοραῖς βίου
κρίνοντες ἔν τε δαιμόνων συναλλαγαῖς·
ὅς γ' ἐξέλυσας ἄστυ Καδμεῖον μολὼν 35
σκληρᾶς ἀοιδοῦ δασμὸν ὃν παρείχομεν,
καὶ ταῦθ' ὑφ' ἡμῶν οὐδὲν ἐξειδὼς πλέον
οὐδ' ἐκδιδαχθείς, ἀλλὰ προσθήκῃ θεοῦ
λέγει νομίζει θ' ἡμῖν ὀρθῶσαι βίον·
νῦν τ', ὦ κράτιστον πᾶσιν Οἰδίπου κάρα, 40
ἱκετεύομέν σε πάντες οἵδε πρόστροποι
ἀλκήν τιν' εὑρεῖν ἡμῖν, εἴτε του θεῶν
φήμην ἀκούσας εἴτ' ἀπ' ἀνδρὸς οἶσθά του·
ὡς τοῖσιν ἐμπείροισι καὶ τὰς ξυμφορὰς
ζώσας ὁρῶ μάλιστα τῶν βουλευμάτων. 45

ἀλκή, ἡ: strength, prowess (to avert danger) 3
ἀοιδός, ὁ, ἡ: bard, singer, 1
ἄστυ, -εως, τό: town, city, 4
βούλευμα, -ατος, τό: opinion, plan, design, 2
δασμός, ὁ: tribute, division of spoils, 1
ἕζομαι: to sit, 1
ἐκ-διδάσκω: teach, tell, instruct well, 2
ἐκ-λύω: set free (acc) from (gen), unloosen, 2
ἔμολον: go, come (aor. of βλώσκω,) 7
ἔμπειρος, -ον: experienced, skilled, 1
ἔξ-οιδα: know well, know thoroughly, 3
ἐφ-έστιος, -ον: by the hearth, 1
ἱκετεύω: beseech, beg; come to as suppliant, 1
ἰσόω: make equal; pass. be equal to (dat), 2
Καδμεῖος, -η, -ον: Cadmean, of Thebes, 5

κάρα, τό: head, 8
κράτιστος, -η, -ον: strongest, mightiest, best, 3
κρίνω: judge, choose, decide, 3
νομίζω: believe, consider, deem, hold, 6
ὀρθόω: to set straight, set upright, 2
παρ-έχω: provide, hand over, 4
πρός-τροπος, ὁ: suppliant, 1
προσθήκη, ἡ: assistance, aid, 1
πρῶτος, -η, -ον: first, earliest, 7
σκληρός, -ά, -όν: hard, harsh, severe, 1
συμ-φορά, ἡ: misfortune; outcome, event, 4
συν-αλλαγή, ἡ: dealings, exchange, 2
ὑπό: by, because of (gen), under (dat), 7
φήμη, ἡ: utterance, saying, message, 4

31 θεοῖσι...σ(ε)...ἀνδρῶν δὲ πρῶτον...βίου: *that you are not equal...but first among men*; nom. κρίνοντες governs ll. 31, 33-4
οὔκ...ἐγώ...οἵδε παῖδες: *not I nor these boys...*; nom. subject governs κρίνοντες
33 ἔν τε...ἔν τε: *both among...and among...*
35 ὅς γε: *since you...*; 'you who indeed', a relative with γε is often causal in force
ἐξέλυσας: 2s aor. ἐκ-λύω; subject ὅς
ἄστυ Καδμεῖον μολών: *to ...*; acc. place to which and nom. sg. aor. pple. ἔμολον
36 σκληρᾶς ἀοιδοῦ: *for...*; objective gen.
ὅν παρείχομεν: *which...*; impf. παρέχω
37 καὶ ταῦτ(α): *and what is more*; 'and in respect to these things,' acc. of respect
ὑφ' ἡμῶν: *from us*; gen. source or agent

ἐξειδώς: nom. sg. pf. pple ἔξ-οιδα
38 προσθήκῃ: *with...*; dat. of means or cause
39 θ': *and...*; τε, joining the preceding verbs
ἡμῖν: *for us*; dat. of interest
ὀρθῶσαι: *that (he) set upright*; aor. inf. in indirect discourse
40 πᾶσιν: *in the eyes of all*; dat. of reference
41 πάντες...πρόστροποι: *we...*; nom. subj.
42 εὑρεῖν: aor. inf. εὑρίσκω
εἴτε...εἴτε: *whether...or*
του: *of one*; = τινος, gen. of indefinite τις
43 οἶσθά: 2s pf. οἶδα, present in sense
του: *some*; = τινος, modifies gen. ἀνδρὸς
44 ὡς...βουλευμάτων: *since in fact I see the outcomes of counsels for experienced men being effective*; 'alive,' ζώσας, aor. pple.

3

ἴθ', ὦ βροτῶν ἄριστ', ἀνόρθωσον πόλιν, 46
ἴθ', εὐλαβήθηθ' ὡς σὲ νῦν μὲν ἥδε γῆ
σωτῆρα κλῄζει τῆς πάρος προθυμίας·
ἀρχῆς δὲ τῆς σῆς μηδαμῶς μεμνώμεθα
στάντες τ' ἐς ὀρθὸν καὶ πεσόντες ὕστερον. 50
ἀλλ' ἀσφαλείᾳ τήνδ' ἀνόρθωσον πόλιν·
ὄρνιθι γὰρ καὶ τὴν τότ' αἰσίῳ τύχην
παρέσχες ἡμῖν, καὶ τανῦν ἴσος γενοῦ.
ὡς εἴπερ ἄρξεις τῆσδε γῆς, ὥσπερ κρατεῖς,
ξὺν ἀνδράσιν κάλλιον ἢ κενῆς κρατεῖν· 55
ὡς οὐδέν ἐστιν οὔτε πύργος οὔτε ναῦς
ἔρημος ἀνδρῶν μὴ ξυνοικούντων ἔσω.

Οἰδ ὦ παῖδες οἰκτροί, γνωτὰ κοὐκ ἄγνωτά μοι
προσήλθεθ' ἱμείροντες· εὖ γὰρ οἶδ' ὅτι
νοσεῖτε πάντες, καὶ νοσοῦντες, ὡς ἐγὼ 60

ἀ-γνω(σ)τός, -όν: unknown, unrecognizable 3
αἴσιος, -α: auspicious, boding well, 1
ἀν-ορθόω: to straight up, set upright, 2
ἄριστος, -η, -ον: best, most excellent, 7
ἀρχή, ἡ: a beginning; rule, office, 8
ἄρχω: rule, be leader of; begin, (gen) 5
ἀσφαλεία, ἡ: steadfastness, security, 1
γνω(σ)τός, -όν: known, well-known, 3
εἴ-περ: if really, if, 7
ἐρῆμος, -η, -ον: deserted, devoid of (gen), 2
ἔσω: into, inwards, to within, into, in, 7
εὐλαβέομαι: beware, take care, be cautious, 2
ἱμείρω: long for, desire, 2
ἵστημι: make stand, set up, stop, establish 8
κενός, -ή, -όν: empty; void, destitute, bereft, 1
κλῄζω: call; celebrate, make famous, 4
κρατέω: control, rule; overpower (gen) 7
μηδαμῶς: in no way, 2
μιμνήσκω: remind, mention, recall (gen.) 4

ναῦς, νεώς, ἡ: a ship, boat, 2
νοσέω: to be sick, be ill, 6
οἰκτρος, -ή, -όν: pitable, pitiful, miserable, 2
ὄρνις, ὄρνιθος, ὁ, ἡ: a bird, 3
ὅτι: that; because, 4
παρ-έχω: provide, hand over, 4
πάρος: before, former(ly), 4
πίπτω (πεσ): to fall, fall down, drop, 6
προ-θυμία, ἡ: eagerness, readiness, zeal, 2
προσ-έρχομαι: to go to, approach, 1
πύργος, ὁ: fortress, walled town; tower, 3
συμ-οικέω: dwell within, live together, 1
σύν: along with, with, together (+ gen.) 6
σωτήρ, -ῆρος, ὁ: savior, deliverer, 5
τανῦν: now, at present (adv. acc., τὰ νῦν) 4
τότε: at that time, then, 9
ὕστερον: later, 2
ὥσπερ: as, just as, as if, 8

46 ἴθι: *come! go!*; sg. imper. ἔρχομαι (εἶμι)
   ἄριστ(ε): voc. sg. direct address
   ἀνόρθωσον: aor. imperative
47 εὐλαβήθητ(ι): 2s aor. dep. imperative
   ὡς: *that…*; 'how'
48 σωτῆρα: *as savior*; predicative acc.
   τῆς…προθυμίας: *because of…*; gen. cause
49 ἀρχῆς…σῆς: gen. obj. of verb of memory or forgetfulness
   μεμνώμεθα: *let us…*; hortatory subj. pf.
50 στάντες ἐς ὀρθόν: *setting uprightly*; ἵστημι
   πεσόντες: nom. pl. aor. pple. πίπτω

51 ἀσφαλείᾳ: *with…*; dat. of manner
52 ὄρνιθι…αἰσίῳ: *with…*; i.e. a good omen
53 γενέ(σ)ο: aor. mid. sg. imper. γίγνομαι
54 ὡς…ὥσπερ: *thus…just as*; correlatives
55 κάλλιον ἤ: *(it is) better…than*; comp. adj.
   κενῆς (γῆς): gen. obj. of κρατεῖν
56 ὡς οὐδέν ἐστιν οὔτε…οὔτε: *since neither…nor…is (worth) anything…*
57 ἀνδρῶν μή…: *if…*; conditional gen. abs., hence the use of μή (a wish) instead of οὐ
59 προσήλθετε: 2p aor. προσ-έρχομαι
   οἶδ(α): *I know*

4

οὐκ ἔστιν ὑμῶν ὅστις ἐξ ἴσου νοσεῖ. 61
τὸ μὲν γὰρ ὑμῶν ἄλγος εἰς ἕν' ἔρχεται
μόνον καθ' αὑτὸν κοὐδέν' ἄλλον, ἡ δ' ἐμὴ
ψυχὴ πόλιν τε κἀμὲ καὶ σ' ὁμοῦ στένει.
ὥστ' οὐχ ὕπνῳ γ' εὕδοντά μ' ἐξεγείρετε, 65
ἀλλ' ἴστε πολλὰ μέν με δακρύσαντα δή,
πολλὰς δ' ὁδοὺς ἐλθόντα φροντίδος πλάνοις·
ἣν δ' εὖ σκοπῶν ηὕρισκον ἴασιν μόνην,
ταύτην ἔπραξα· παῖδα γὰρ Μενοικέως
Κρέοντ', ἐμαυτοῦ γαμβρόν, ἐς τὰ Πυθικὰ 70
ἔπεμψα Φοίβου δώμαθ', ὡς πύθοιθ' ὅ τι
δρῶν ἢ τί φωνῶν τήνδε ῥυσαίμην πόλιν.
καί μ' ἦμαρ ἤδη ξυμμετρούμενον χρόνῳ
λυπεῖ τί πράσσει· τοῦ γὰρ εἰκότος πέρα
ἄπεστι πλείω τοῦ καθήκοντος χρόνου. 75

ἄλγος, τό: pain, distress, grief, 3
ἄπ-ειμι: be away, be distant, be absent 5
γαμβρός, ὁ: brother-in-law, 1
δακρύω: to weep, cry, tear up, 3
δῶμα, -ατος, τό: house, 7
εἰκός, ότος, τό: likely, probable, reasonable 2
ἐξ-εγείρω: awaken, wake up, 1
εὕδω: sleep; be still, 2
ἦμαρ, -ατος, τό: day, 2
ἴασις, εως, ἡ: healing, remedy, 1
καθ-ήκων, -οντος: suitable, reasonable, 1
λυπέω: to cause pain, distress, grief, 2
Μενοικεύς, -έως, ὁ: Menoeceus, 3
νοσέω: to be sick, be ill, 6

ὁδός, ἡ: road, way, path, journey, 7
ὁμοῦ: at once, at the same place, together, 8
πέρα: further, beyond (gen) 2
πλάνος, ὁ: wandering, roaming, 1
Πυθικός, -ή, -όν: Pythian, 2
πυνθάνομαι: learn (by hearsay), 6
ῥύομαι: rescue, deliver; draw out, 5
σκοπέω: to examine, consider, behold, 7
στένω: groan for, bemoan, sigh, 1
συμ-μετρέω: measure, calculate, 2
ὕπνος, -ου, ὁ: sleep, 1
φροντίς, -τίδος, ἡ: thought, attention, care, 3
φωνέω: to utter, speak, 4
ψυχή, ἡ: breath, life, spirit, soul, 5

61 ἔστιν...ὅστις: *there is...anyone of you who*
ἐξ ἴσου: *equally*
62 εἰς ἕν(α)...μόνον: *to each one alone*; place to which, acc. sg. εἷς
καθ' αὑτόν: *by himself*; κατὰ ἑαυτόν
63 κοὐδέν' ἄλλον: καὶ οὐδένα ἄλλον
64 κἀμὲ καὶ σ': καὶ ἐμὲ καὶ σέ
65 ὕπνῳ γε: *in sleep in fact*; dat. manner; γε emphasizes the preceding word
66 ἴστε: 2p pf. οἶδα, pres. in sense
πολλὰ: *many (tears)*; inner acc.
67 πολλὰς ὁδοὺς: *along…*; acc. extent of space
68 ἣν...ἴασιν...ταύτην (ἴασιν): *which remedy...this...*; ταύτην (ἴασιν) is the antecedent of the acc. relative pronoun ἥν
69 ἔπραξα: aor. πράσσω

71 δῶμα(τα): neuter acc. pl. δῶμα
ὡς πύθοιτο: *so that he might learn...*; aor. mid. optative πυνθάνομαι, purpose clause
ὅ τι...τί...ῥυσαίμην: *what...what...I am to rescue*; relative (ὅστις) and interrogative (τίς) respectively introducing indirect deliberative questions; aor. opt. ῥύομαι
73 ἦμαρ...λυπεῖ...τί: *the day...makes me grieve what...*
χρόνῳ: *in time*
74 τοῦ εἰκότος πέρα: *more than reasonable*; gen. of comparison
75 ἄπεστι: *he is absent*
πλείω: *for more (time)*; πλείο(ν)α; acc. of duration of time
τοῦ...χρόνου: *than...*; gen. of comparison

5

	ὅταν δ' ἵκηται, τηνικαῦτ' ἐγὼ κακὸς 76
	μὴ δρῶν ἂν εἴην πάνθ' ὅσ' ἂν δηλοῖ θεός.
Ἱερ	ἀλλ' εἰς καλὸν σύ τ' εἶπας οἵδε τ' ἀρτίως
	Κρέοντα προσστείχοντα σημαίνουσί μοι.
Οἰδ	ὦναξ Ἄπολλον, εἰ γὰρ ἐν τύχῃ γέ τῳ 80
	σωτῆρι βαίη λαμπρὸς ὥσπερ ὄμματι
Ἱερ	ἀλλ' εἰκάσαι μέν, ἡδύς· οὐ γὰρ ἂν κάρα
	πολυστεφὴς ὧδ' εἷρπε παγκάρπου δάφνης.
Οἰδ	τάχ' εἰσόμεσθα· ξύμμετρος γὰρ ὡς κλύειν.
	ἄναξ, ἐμὸν κήδευμα, παῖ Μενοικέως, 85
	τίν' ἡμὶν ἥκεις τοῦ θεοῦ φήμην φέρων;
Κρέ	ἐσθλήν· λέγω γὰρ καὶ τὰ δύσφορ', εἰ τύχοι
	κατ' ὀρθὸν ἐξελθόντα, πάντ' ἂν εὐτυχεῖν.
Οἰδ	ἔστιν δὲ ποῖον τοὔπος; οὔτε γὰρ θρασὺς
	οὔτ' οὖν προδείσας εἰμὶ τῷ γε νῦν λόγῳ. 90

Ἀπόλλων, ὁ: Apollo, 8
ἀρτίως: just, newly, recently, 9
βαίνω: step, walk, go, 8
δάφνη, ἡ: Daphne tree, laurel tree, 1
δηλόω: show, make visible, 5
δύσφορος, -ον: hard to bear, heavy, 3
εἰκάζω: to guess; liken, infer by comparison 4
ἐξ-έρχομαι (εἶμι, ἦλθον): come or go out, 4
ἕρπω: to walk slowly, creep; come, 1
ἐσθλός, -ή, -όν: good, noble, brave, 2
εὐτυχέω: be fortunate, prosperous, 3
ἡδύς, -εῖα, -ύ: sweet, pleasant, glad, 4
ἥκω: to have come, be present, 9
θρασύς, -εῖα, -ύ: bold, daring, confident, 1
κάρα, τό: head, 8
κήδευμα, -ατος, τό: kin(ship) by marriage, 1

λαμπρός, -ά, -όν: bright, brilliant, 2
Μενοικεύς, -έως, ὁ: Menoeceus, 3
ὄμμα, -ατος, τό: the eye; countenance, 8
ὅταν: ὅτε ἄν, whenever, 5
παγ-καρπος, -ον: ever fruitful, rich in fruit, 1
πολυ-στεφής, -ές: much-wreathed with +gen 1
προ-δείδω: fear prematurely, dread before, 1
προσ-στείχω: approach, march to, 1
σημαίνω: indicate, show, point out, 4
σύμ-μετρος, -ον: suitable, fit, of like age, 2
σωτήρ, -ῆρος, ὁ: savior, deliverer, 5
τάχα: perhaps, soon, quickly, 9
τηνικαῦτα: at that time, then, 1
φήμη, ἡ: utterance, saying, message, 4
ὥσπερ: as, just as, as if, 8

76 ἵκηται: *he has come*; aor. subj. + ἄν in an general temporal clause
77 μὴ δρῶν ἂν εἴην: *...I would be*; equiv. to fut. less vivid (εἰ opt, ἄν + opt); the pple is conditional in sense; potential opt. εἰμί πάντ(α) ὅσ(α): neut. pl.
ἂν δηλοῖ: *reveals*; general relative clause; 3s pres. subj. o-contract verb
78 εἰς καλὸν: *at the right (moment)*
εἶπας: 2s aor. εἶπον, here 1st aor. form
οἵδε: *these here*; compare οἶδε 'he knows'
80 ὦναξ: ὦ ἄναξ; voc. direct address
εἰ γὰρ: *if only...!;* 'would that,' introduces opt. of wish, here 3s aor. opt. βαίνω
81 λαμπρός: *brilliant in a saving fortune just*

as (beaming) in his face; predicative nom.
εἰκάσαι...ἡδύς: *pleasant, in appearance at least*; epexegetical/explanatory aor. inf
κάρα: *on...*; acc. of respect
82 ἄν...εἷρπε: *he would come*; ἄν + impf. indicative suggests unrealized potential
84 εἰσόμεσθα: 1p fut. οἶδα
ὡς κλύειν: *(he is)...so as to hear*; inf. result
87 τὰ δύσφορα...παντὰ: prolepsis: acc. neut. pl. obj. of λέγω is subject of both 3s τύχοι and ἂν εὐτυχεῖν; aor. opt. and inf.
τύχοι...ἂν εὐτυχεῖν: *that if...should happen to come out...would turn out well*; fut. less vivid in indirect discourse
89 τοὔπος: τὸ ἔπος

Κρέ εἰ τῶνδε χρῄζεις πλησιαζόντων κλύειν, 91
ἕτοιμος εἰπεῖν, εἴτε καὶ στείχειν ἔσω.
Οἰδ ἐς πάντας αὔδα· τῶνδε γὰρ πλέον φέρω
τὸ πένθος ἢ καὶ τῆς ἐμῆς ψυχῆς πέρι.
Κρέ λέγοιμ' ἂν οἷ' ἤκουσα τοῦ θεοῦ πάρα. 95
ἄνωγεν ἡμᾶς Φοῖβος ἐμφανῶς ἄναξ
μίασμα χώρας, ὡς τεθραμμένον χθονὶ
ἐν τῇδ', ἐλαύνειν μηδ' ἀνήκεστον τρέφειν.
Οἰδ ποίῳ καθαρμῷ; τίς ὁ τρόπος τῆς ξυμφορᾶς;
Κρέ ἀνδρηλατοῦντας ἢ φόνῳ φόνον πάλιν 100
λύοντας, ὡς τόδ' αἷμα χειμάζον πόλιν.
Οἰδ ποίου γὰρ ἀνδρὸς τήνδε μηνύει τύχην;
Κρέ ἦν ἡμίν, ὦναξ, Λάϊός ποθ' ἡγεμὼν
γῆς τῆσδε, πρὶν σὲ τήνδ' ἀπευθύνειν πόλιν.
Οἰδ ἔξοιδ' ἀκούων· οὐ γὰρ εἰσεῖδόν γέ πω. 105

αἷμα, -ατος τό: blood, 4
ἀν-ήκεστος, -ον: incurable, not to be healed, 1
ἀνδρ-ηλατέω: drive from home, banish, 1
ἄνωγα: to command, order, bid, 1
ἀπ-ευθύνω: guide straight, steer straight, 1
ἐλαύνω: drive, march, 6
ἐμ-φανής, -ες: visible, manifest, open, 3
ἔξ-οιδα: know well, know thoroughly, 3
ἔσω: into, inwards, to within, into, in, 7
ἕτοιμος, -η, -ον: ready, prepared, at hand, 2
ἡγεμών, -όνος, ὁ: leader, guide, 2
καθαρμός, ὁ: cleansing, purifying, 2
λύω: loosen; fulfill, accomplish; pay, 6
μηνύω: reveal, disclose, 2
μίασμα, -ατος, τό: pollution, defilement, 4

συμ-φορά, ἡ: misfortune, event, 4
πάλιν: again, once more; back, backwards, 9
πένθος, τό: grief, woe, sorrow, 2
περί: around, about, concerning, 3
πλησιάζω: come near, approach (dat), 2
πρίν: before (+ inf.), until (+ finite verb) 8
στείχω: to come or go, walk, proceed, 4
τρέφω: to rear, foster, nuture, 8
τρόπος, ὁ: a manner, way; turn, direction, 2
φόνος, ὁ: murder, slaughter, bloodshed, gore 8
χειμάζω: make stormy, distress, 1
χθών, χθονός, ἡ: earth, ground, 9
χώρη, ἡ: land, region, area, place, 5
ψυχή, ἡ: breath, life, spirit, soul, 5

91 τῶνδε πλησιαζόντων: *while these people…*; gen. abs., circumstantial sense
92 ἕτοιμος: *(I am) ready*; + explanatory inf.
εἴτε καί: *or even*; parallel to εἰπεῖν
93 αὔδα: sg. imperative, αὔδα-ε, α-contract
τῶνδε: *for these*; obj. gen. with πένθος
94 τῆς ἐμῆς ψυχῆς πέρι: περὶ τῆς ἐμῆς ψυχῆς; anastrophe (inverted order)
95 λέγοιμ(ι) ἄν: *I should say*; i.e. 'I will say' potential opt., here equivalent to a future
οἷ(α): *what (sort of things)*
τοῦ θεοῦ πάρα: *from…*; παρὰ τοῦ θεοῦ; anastrophe: παρὰ has accent on penult
97 χώρας: *from…*; gen. of separation, the word is governed by ἐλαύνειν

ὡς τεθραμμένον: *since…*; 'on the grounds that,' ὡς + pple expresses alleged cause; pf. pass. τρέφω
μηδέ: *and not…*; joins ἐλαύνειν and τρέφειν; in a wish μή is used instead of οὐ
99 ποίῳ: *by…*; dat. of means
100 φόνῳ φόνον πάλιν λύοντας: *paying back bloodshed with bloodshed*
101 ὡς…: *since…*; acc. abs. with a neut. pple
103 ἦν ἡμίν: *we had*; 'there was to us' dat. of possession
ὦναξ: ὦ ἄναξ; voc. direct address
ποθ': ποτέ
105 ἔξοιδ(α): 1s
γέ: *at any rate, at least*; restrictive

7

Κρέ τούτου θανόντος νῦν ἐπιστέλλει σαφῶς 106
τοὺς αὐτοέντας χειρὶ τιμωρεῖν τινας.
Οἰδ οἳ δ' εἰσὶ ποῦ γῆς; ποῦ τόδ' εὑρεθήσεται
ἴχνος παλαιᾶς δυστέκμαρτον αἰτίας;
Κρέ ἐν τῇδ' ἔφασκε γῇ· τὸ δὲ ζητούμενον 110
ἁλωτόν, ἐκφεύγειν δὲ τἀμελούμενον.
Οἰδ πότερα δ' ἐν οἴκοις ἢ 'ν ἀγροῖς ὁ Λάϊος
ἢ γῆς ἐπ' ἄλλης τῷδε συμπίπτει φόνῳ;
Κρέ θεωρός, ὡς ἔφασκεν, ἐκδημῶν, πάλιν
πρὸς οἶκον οὐκέθ' ἵκεθ', ὡς ἀπεστάλη. 115
Οἰδ οὐδ' ἄγγελός τις οὐδὲ συμπράκτωρ ὁδοῦ
κατεῖδ', ὅτου τις ἐκμαθὼν ἐχρήσατ' ἄν;
Κρέ θνῄσκουσι γάρ, πλὴν εἷς τις, ὃς φόβῳ, φυγὼν
ὧν εἶδε πλὴν ἓν οὐδὲν εἶχ' εἰδὼς φράσαι.
Οἰδ τὸ ποῖον; ἓν γὰρ πόλλ' ἂν ἐξεύροι μαθεῖν, 120

ἄγγελος, ὁ: messenger, envoy; message, 4
ἀγρός, ὁ: fields, lands, 4
αἰτία, ἡ: cause, guilt, blame, responsibility, 3
ἁλωτός, -όν: attainable, able to be caught, 1
ἀ-μελέω: have no care for, neglect, 1
ἀπο-στέλλω: to send off, send away, 1
αὐτοέντης, -ου, ὁ: murderer, 1
δυσ-τέκμαρτος -ον: hard to make out or trace 1
ἐκ-δημέω: be abroad; travel, 1
ἐκ-μανθάνω: to learn well or thoroughly, 8
ἐκ-φεύγω: to flee away or out, 2
ἐξ-ευρίσκω: find out, discover, devise, 2
ἐπι-στέλλω: command, order; send to; 1
ζητέω: to seek, 7
θεωρός, ὁ: witness (to consult an oracle), 1
ἴχνος, τό: track, footstep, trace, 1

καθ-οράω: look upon, behold (aor. -εἶδον), 2
ὁδός, ἡ: road, way, path, journey, 7
οὐκ-έτι: no more, no longer, no further, 4
παλαιός, -ή, -όν: old in years, old, aged, 7
πάλιν: again, once more; back, backwards, 9
πλήν: except, but (+ gen.), 3
πότερος, -α, -ον: which of two? whether? 3
ποῦ: where? 6
συμ-πίπτω: meet, encounter; fall together, 1
συμ-πράκτωρ, -ρος ὁ: companion, assistant, 1
τιμωρέω: avenge, exact vengeance, 3
φάσκω: to say, claim, assert, 5
φεύγω: flee, run away; avoid, 9
φόβος, ὁ: fear, dread, 9
φόνος, ὁ: murder, slaughter, bloodshed, gore 8
χράομαι: use, employ, experience (dat) 3

106 τούτου θανόντος: *this one...*; i.e. Laius, gen. abs. or objective gen.; aor. θνῄσκω
107 χειρὶ: *by hand*; i.e. with force
108 οἳ δ' εἰσὶ: *where on earth are they?*; οἳ is here a demonstrative: 'those;' 3p εἰμί
εὑρεθήσεται: fut. pass. εὑρίσκω
109 παλαιᾶς αἰτίας: *of an old crime*
110 ἔφασκε: *it...*; i.e. Apollo's oracle is subj.
τὸ ζητούμενον: *the one being sought (is)*
111 τὸ ἀμελούμενον: *but the one...*; acc. subj.
112 πότερα...ἢ...ἢ: *was it...or...or?*
113 τῷδε συμπίπτει φόνῳ: *met...*; historical pres. (translate as past); dat. of compound
114 θεωρός: *(Laius) as witness to an oracle*
ἵκε(το): *arrived*; aor. ἱκνέομαι

ἀπεστάλη: 3s aor. pass. ἀποστέλλω
116 ὅτου: *from whom*; οὗτινος, gen. source
117 ἐκμαθὼν: aor. pple, conditional in sense
ἐχρήσατο ἄν: *could use (the information)* past potential (ἄν + aor. indicative)
118 γὰρ: *(no), for they...*; in reply
εἷς: *one*; note the breathing mark
φόβῳ: *because of...*; dat. of cause
119 ὧν εἶδε: *of the things which*; = τουτῶν ἃ
πλὴν ἕν: *except one thing*; neuter acc. sg.
εἶχε: *was able*; impf. ἔχω + aor. φράζω
εἰδὼς: nom. sg. pf. pple, οἶδα, pres. sense
120 ἓν...ἂν ἐξεύροι: *one thing would find out many things*; apodosis in a fut. less vivid condition (εἰ opt., ἄν + opt.), here aor. opt

	ἀρχὴν βραχεῖαν εἰ λάβοιμεν ἐλπίδος.	121
Κρέ	λῃστὰς ἔφασκε συντυχόντας οὐ μιᾷ	
	ῥώμῃ κτανεῖν νιν, ἀλλὰ σὺν πλήθει χερῶν.	
Οἰδ	πῶς οὖν ὁ λῃστής, εἴ τι μὴ ξὺν ἀργύρῳ	
	ἐπράσσετ᾽ ἐνθένδ᾽, ἐς τόδ᾽ ἂν τόλμης ἔβη;	125
Κρέ	δοκοῦντα ταῦτ᾽ ἦν· Λαΐου δ᾽ ὀλωλότος	
	οὐδεὶς ἀρωγὸς ἐν κακοῖς ἐγίγνετο.	
Οἰδ	κακὸν δὲ ποῖον ἐμποδών, τυραννίδος	
	οὕτω πεσούσης, εἶργε τοῦτ᾽ ἐξειδέναι;	
Κρέ	ἡ ποικιλῳδὸς Σφὶγξ τὸ πρὸς ποσὶν σκοπεῖν	130
	μεθέντας ἡμᾶς τἀφανῆ προσήγετο.	
Οἰδ	ἀλλ᾽ ἐξ ὑπαρχῆς αὖθις αὔτ᾽ ἐγὼ φανῶ·	
	ἐπαξίως γὰρ Φοῖβος, ἀξίως δὲ σὺ	
	πρὸ τοῦ θανόντος τήνδ᾽ ἔθεσθ᾽ ἐπιστροφήν·	
	ὥστ᾽ ἐνδίκως ὄψεσθε κἀμὲ σύμμαχον	135

ἀ-φανής, -ές: uncertain, unreliable; unseen, 2
ἄξιος, -α, -ον: worthy of, deserving of, 8
ἄργυρος, ὁ: silver, 1
ἀρχή, ἡ: a beginning; rule, office, 8
ἀρωγός, -ά, -όν: aiding, helpful; useful, 2
αὖ-τε: again, next, furthermore, 2
αὖθις: back again, later, 5
βαίνω: step, walk, go, 8
βραχύς, -έα, -ύ: short, brief, 1
ἐλπίς, -ίδος, ἡ: hope, expectation, 7
ἐμ-ποδών: in the way (of one's feet), 2
ἔν-δικος, -ον: just, right, legitimate, 4
ἐνθένδε: hence, from here, 2
ἔξ-οιδα: know well, know thoroughly, 3
ἐπ-άξιος, -α, -ον: worthy of, deserving of, 1
ἐπι-στροφή, ἡ: attention, regard, turning to, 1
ἔργω: shut up, shut in; shut out, bar, 2
λῃστής, ὁ: robber, bandit, pirate, 5
μεθ-ίημι: let go, release, relax; give up, 2

οὕτως: in this way, thus, so, 8
πίπτω (πεσ): to fall, fall down, drop, 6
πλῆθος, ἡ: crowd, multitude; size, 4
ποικιλῳδός, -όν: of riddling or varied song, 1
πούς, ποδός, ὁ: a foot, 6
πρό: before, in front; on behalf of (gen.), 2
προσ-άγω: lead to, draw to, 1
ῥώμη, ἡ: (bodily) strength, might, 2
σκοπέω: to examine, consider, behold, 7
σύμ-μαχος, -ον: allied; *subst.* ally, 3
συν-τυγχάνω: meet with, chance upon, 1
σύν: along with, with, together (+ gen.) 8
Σφίγξ, Σφιγγός, ἡ: Sphinx, 1
τίθημι: to put, place, set; make, 4
τόλμη, ἡ: daring, boldness, 2
τυραννίς, -ίδος, ἡ: sovereignty, 5
ὑπαρχή, ἡ: beginning; + ἐξ: anew 1
φάσκω: to say, claim, assert, 5

121 λάβοιμεν: *we should…*; aor. opt. λαμβάνω; protasis, future less vivid
122 οὐ μιᾷ ῥώμῃ: *not by a single might*; i.e. not by just one person
123 χερῶν: χειρῶν, partitive gen. pl., χείρ
124 λῃστής: Oedipus uses the sg., Creon, pl. εἴ…ἐπράσσετο, ἂν ἔβη: *if…were brought about,…would come*; mixed contrafactual impf. pass. πράσσω, aor. βαίνω
125 ἐς τόδε: *to this (point)*; + gen.
126 δοκοῦντα…ἦν: *…were things being thought*; or equiv. to ἐδοκεῖ 'seemed best'

Λαΐου ὀλωλότος: gen. abs., pf. ὄλλυμι
128 ἐμποδών: *(being) in the way* τυραννίδος πεσούσης: *although…*; gen. abs. concessive in sense, aor. pple πίπτω
129 εἶργε: *shut (you) off from knowing this well*; impf. ἔργω, aor. inf. ἔξ-οιδα
130 τὸ πρὸς ποσίν: *the (matter) at (our) feet*; i.e. matter at hand, dat. place where
131 μεθέντας ἡμᾶς: aor. pple and acc. subj.
132 φανῶ: fut. φαίνω
134 ἔθεσθε: *placed, gave*; aor. 2p τίθημι
135 ὄψεσθε: fut. ὁράω

9

γῇ τῇδε τιμωροῦντα τῷ θεῷ θ' ἅμα. 136
ὑπὲρ γὰρ οὐχὶ τῶν ἀπωτέρω φίλων,
ἀλλ' αὐτὸς αὐτοῦ τοῦτ' ἀποσκεδῶ μύσος.
ὅστις γὰρ ἦν ἐκεῖνον ὁ κτανών, τάχ' ἂν
κἄμ' ἂν τοιαύτῃ χειρὶ τιμωροῦνθ' ἕλοι. 140
κείνῳ προσαρκῶν οὖν ἐμαυτὸν ὠφελῶ.
ἀλλ' ὡς τάχιστα, παῖδες, ὑμεῖς μὲν βάθρων
ἵστασθε, τούσδ' ἄραντες ἱκτῆρας κλάδους,
ἄλλος δὲ Κάδμου λαὸν ὧδ' ἀθροιζέτω,
ὡς πᾶν ἐμοῦ δράσοντος· ἢ γὰρ εὐτυχεῖς 145
σὺν τῷ θεῷ φανούμεθ' ἢ πεπτωκότες.
Ἱερ ὦ παῖδες, ἱστώμεσθα· τῶνδε γὰρ χάριν
καὶ δεῦρ' ἔβημεν ὧν ὅδ' ἐξαγγέλλεται.
Φοῖβος δ' ὁ πέμψας τάσδε μαντείας ἅμα
σωτήρ δ' ἵκοιτο καὶ νόσου παυστήριος. 150

ἀθροίζω: gather together, collect, 1
αἱρέω: seize, take; *mid.* choose, 6
αἴρω: to lift, raise up, get up, 4
ἅμα: at the same time; along with (dat.), 9
ἀπο-σκεδάννυμι: to scatter, disperse, 1
ἀπωτέρω: farther off (comp. adv.), 1
βάθρον, τό: step, seat, bench, base, 1
βαίνω: step, walk, go, 8
δεῦρο: here, to this point, hither, 8
ἐξ-αγγέλλω: proclaim, promise, send out, 1
εὐτυχής, -ές: successful, fortunate, 2
ἱκτήρ, -ῆρος, ὁ: suppliant, 1
ἵστημι: make stand, set up, stop, establish 8
Κάδμος, ὁ: Cadmus, 3
κλάδος, -ου ὁ: branch, shoot, 2

λαός, ὁ: men, people, 1
μαντεῖα, ἡ: oracle, prophecy, 2
μύσος, -εος, τό: uncleanliness, defilement, 1
νόσος, ὁ: sickness, illness, disease, 6
παυσ-τήριος, -ον: fit for relieving (gen), 1
πίπτω (πεσ): to fall, fall down, drop, 6
πρόσ-αρκέω: give aid, assist, help, 2
σύν: along with, with, together (+ gen.) 8
σωτήρ, -ῆρος, ὁ: savior, deliverer, 5
τάχα: perhaps, soon, quickly, 9
τιμωρέω: avenge, exact vengeance, 3
ὑπέρ: on behalf of (gen); over, beyond (acc) 7
χάρις, -ριτος, ἡ: favor, gratitude, thanks, 7
ὠφελέω: to help, to be of use, benefit, 2

136 γῇ τῇδε…τῷ θεῷ: *for…for*; dat. interest
138 ἀλλ' (ὑπὲρ) αὐτοῦ: *but (for) myself*…;
  reflexive ἑ(μ)αυτοῦ, supply ὑπέρ + gen.
  αὐτὸς: *I myself*; intensive pronoun
  ἀποσκεδῶ: future
139 ἦν: 3s impf. εἰμί
  ὁ κτανῶν: *the one*…; aor. pple κτείνω
  ἂν κἄμε ἄν…τιμωροῦντα ἕλοι: *he would take out me too while avenging*…; i.e. kill me; potential aor. opt. αἱρέω; repetition of ἄν lends emphasis to καὶ ἔμε
140 τοιαύτῃ χειρί: i.e. the killer's; dat. means
141 (ἐ)κείνῳ: *to*…; dat. of compound verb
142 ὡς τάχιστα: *as soon as possible*
  παῖδες: i.e. the suppliants
  βάθρων: gen. place from which

143 ἵστασθε: *stand up*; pres. pl. imper. ἵστημι
  ἄραντες: aor. pple αἴρω
144 ἀθροιζέτω: *let*…; 3s imperative
145 ὡς…δράσοντος: *since*…; 'the grounds that…' ὡς + pple expresses alleged cause
  ἤ…ἤ: *either…or*
  εὐτυχεῖς: εὐτυχέ-ες nom. pl. not 2s
146 φανούμεθα: *we will be shown*; fut.
  πεπτωκότες: pf. act. pple. πίπτω
147 ἱστώμεσθα: *let us*…; hortatory subj.
  τῶνδε χάριν…ὧν: *for the sake of these things which*…; adv. acc., τῶνδε is the antecedent of the relative ὧν
148 ἔβημεν: 1p aor. βαίνω
149 ὁ πέμψας: *the one having sent*
150 ἵκοιτο: *may…come!*; aor. opt. of wish.

10

Χορ ὦ Διὸς ἁδυεπὲς φάτι, τίς ποτε τᾶς πολυχρύσου 151
Πυθῶνος ἀγλαὰς ἔβας   στρ. α
Θήβας; ἐκτέταμαι φοβερὰν φρένα, δείματι
πάλλων,
ἰήιε Δάλιε Παιάν,
ἀμφὶ σοὶ ἁζόμενος τί μοι ἢ νέον   155
ἢ περιτελλομέναις ὥραις πάλιν ἐξανύσεις χρέος.
εἰπέ μοι, ὦ χρυσέας τέκνον Ἐλπίδος, ἄμβροτε Φάμα.

πρῶτα σὲ κεκλόμενος, θύγατερ Διός, ἄμβροτ᾽ Ἀθάνα   αντ. α
γαιάοχόν τ᾽ ἀδελφεὰν   160
Ἄρτεμιν, ἃ κυκλόεντ᾽ ἀγορᾶς θρόνον εὐκλέα
θάσσει,
καὶ Φοῖβον ἑκαβόλον, ἰὼ
τρισσοὶ ἀλεξίμοροι προφάνητέ μοι,
εἴ ποτε καὶ προτέρας ἄτας ὕπερ ὀρνυμένας πόλει   165

ἀγλαός, -ή, -όν: splendid, shining, bright, 1
ἀγορή, ἡ: an assembly; marketplace, 2
ἀδελφή, ἡ: a sister, 2
ἅζομαι: stand in awe, being awestruck, 1
Ἀθήνη, ἡ: Athene, 1
ἀλεξίμορος, -ον: warding off death, 1
ἄμ-βροτος, -ον: immortal, divine, 2
ἀμφί: on both sides; about, regarding, (dat), 1
Ἄρτεμις, -ιδος (-ιτος) ἡ: Artemis, 2
ἄτη, ἡ: bewilderment, mischief, ruin, 2
βαίνω: step, walk, go, 8
γαιή-οχος, -ον: earth-embracing, -guarding, 1
δεῖμα, δείματος, τό: fear, dread, 2
Δήλιος, -α, -ον: Delian, of Delos, 1
ἑκηβόλος, -ον: far-shooter, 1
ἐκ-τείνω: stretch out, extend, 2
ἐλπίς, -ίδος, ἡ: hope, expectation, 7
ἐξ-ανύω: fulfill, accomplish, bring about, 1
εὐ-κλεής, -ές: glorious, well-renowned, 1
ἡδυ-επής, -ες: sweet-speaking, 1
θάσσω: sit, sit idle, 1
Θῆβαι, -ῶν, αἱ: Thebes (also in sg.), 4
θρόνος, ὁ: chair, seat, 3
θυγάτηρ, ἡ: a daughter, 2

ἰήιος, ον: invoked by the call ἰή (of grief), 3
ἰώ: ah! oh! 8
κέλομαι: call, call on (by name); command, 1
κυκλόεις, -εσσα, -εν: round, circular, 1
νέος, -η, -ον: young; new, novel, strange, 3
ὄρνυμι: stir, set in motion; rush, 2
Παιάν, -ᾶνος ὁ: Healer, Deliverer, (Apollo), 1
πάλιν: again, once more; back, backwards, 9
πάλλω: shake, quiver; brandish, 1
περι-τέλλομαι: come or go around, revolve, 1
πολυ-χρύσος, -ον: rich in gold, 1
προτέρος, -α, -ον: before, former, sooner, 1
προ-φαίνω: show (forth), reveal, 3
πρῶτος, -η, -ον: first, earliest, 4
Πυθών, -ῶνος, ὁ: Pytho, 1
τρισσός, -ή, -όν: threefold, 1
ὑπέρ: on behalf of (gen); over, beyond (acc) 7
φάτις, ἡ: talk, rumor, report; oracle, 6
Φήμη, ἡ: Voice, Utterance, 1
φοβερός, -α, -ον: fearful, dreadful, 1
φρήν, φρενός, ἡ: wits, sense, mind; midriff, 6
χρέος, τό: debt, obligation; need, want, 1
χρύσεος, -η, -ον: golden, of gold, 2
ὥρη, ἡ: season, period of a year, 2

151 ὦ Διὸς: *O sweet-speaking voice of Zeus*
   τᾶς...Πυθῶνος: *from...*; place from which
152 ἀγλαὰς Θήβας: *to...*; acc. place to which
153 ἐκτέταμαι: *I am stretched out*; pf ἐκτείνω
   φοβερὰν φρένα: *in...*; acc. of respect
155 ἢ νέον ἢ...ὥραις: *either recently or in...*;
   adv. acc. and a dat. of time when

τί...χρέος: *what debt you will bring about*
158 κεκλόμενος: *calling on*; pf. pple κέλομαι
161 ἃ...θάσσει: *who sits on the famed circular throne of the agora*; ἣ, relative
164 προφάνητε: *be shown!*; aor. pass. imper.
165 προτέρας...ὕπερ..πόλει: *with a previous ruin setting over the city*; gen. abs.

ἠνύσατ' ἐκτοπίαν φλόγα πήματος, ἔλθετε καὶ νῦν. 166

ὦ πόποι, ἀνάριθμα γὰρ φέρω   στρ. β
πήματα· νοσεῖ δέ μοι πρόπας
στόλος, οὐδ' ἔνι φροντίδος ἔγχος   170
ᾧ τις ἀλέξεται. οὔτε γὰρ ἔκγονα
κλυτᾶς χθονὸς αὔξεται οὔτε τόκοισιν
ἰηίων καμάτων ἀνέχουσι γυναῖκες·
ἄλλον δ' ἂν ἄλλῳ προσίδοις ἅπερ εὔπτερον
ὄρνιν   175
κρεῖσσον ἀμαιμακέτου πυρὸς ὄρμενον
ἀκτὰν πρὸς ἑσπέρου θεοῦ.

ὧν πόλις ἀνάριθμος ὄλλυται·   ἀντ. β
νηλέα δὲ γένεθλα πρὸς πέδῳ   180

ἀκτή, ἡ: shore, promontory, 1
ἀλέξομαι: to ward off, defend, 2
ἀμ-αιμακέτος, -ον (ἄμαχος): irresistible, 1
ἀν-άριθμος, -ον: countless, 2
ἀν-έχω: hold up, endure, 1
ἀνύω: accomplish, finish, bring about, 2
αὐξάνω: to increase, enrich, 2
γένεθλον, τό: offspring, children; race, 2
ἔγχος, -εός, τό: sword; spear, lance, 3
ἔκ-γονος, -ον: offspring, descendants, 2
ἐκ-τόπιος, -α, -ον: from this place, distant, 2
ἔν-ειμι: be in, be available (ἔνι=ἔνεστι), 4
ἕσπερος, -ον: of evening, western, 1
εὔ-πτερος -ον: well-winged, well-plumed, 1
ἰήιος, ον: invoked by the call ἰή (of grief), 3
κάματος, ὁ: toil, weariness; trouble, 1
κλυτός, -ή, -όν: famous, renowned, heard of, 1

κρείσσων, -ον: better, stronger, mighter, 3
νηλεής, -ές: pitiless, ruthless, 1
νοσέω: to be sick, be ill, 6
ὄρνις, ὄρνιθος, ὁ, ἡ: a bird, 3
ὄρνυμι: to stir, set in motion, rouse, 2
ὅσπερ, ἥπερ, ὅπερ: (very one) who, which- 10
πέδον, τό: plain, flat land, ground, 1
πῆμα, -ατος, τό: woe, misery, suffering, 4
πόποι: popoi (exclamation), 1
πρό-πας, -πασα, -παν: every, all, the whole, 1
προσ-εῖδον: look upon, look at, 2
πῦρ, -ος, τό: fire, 2
στόλος, ὁ: group, host, army; expedition, 1
τόκος, ὁ: birth, childbirth; offspring, 2
φλόξ, φλογός, ἡ: flame, fire, 2
φροντίς, -τίδος, ἡ: thought, attention, care, 3
χθών, χθονός, ἡ: earth, ground, 9

166 ἠνύσατο ἐκτοπίαν: *made distant...*; or 'had put out of place,' aor., double acc.
ἔλθετε: aor. imperative ἔρχομαι
170 ἔνι: *is therein*; ἔν(εστ)ι
171 ᾧ: *by which*; relative, dat. means.
ἀλέξεται: *will defend oneself*; fut., the middle voice is often reflexive
172 κλυτᾶς χθονός: *from...*; gen. source
αὔξεται: *do grow*; pres. mid.; pl. subject
τόκοισι: *with...*; dat. of means
173 ἀνέχουσι: *arise from (gen) with (dat)*
174 ἄλλον...ἄλλῳ: *one (life) after another*; acc. direct object, dat. of compound verb

ἂν προσίδοις: *you may...*; potential aor. optative προσεῖδον
ἅπερ: *just as*; 'which very things...'
176 κρεῖσσον: *more quickly*; 'more mightily'
ἀμαιμακέτου πυρός: *than...*; gen. of comparison with comp. adv. κρεῖσσον
ὄρμενον: aor. mid. pple. ὄρνυμι
177 ἀκτὰν πρός: πρὸς ἀκτάν; anastrophe
178 ὧν: *of whom*; i.e. the deaths alluded to in ἄλλον δ'ἂν ἄλλῳ above; partitive gen. governed by ἀνάριθμος
180 πρὸς πέδῳ: *on the plain*; 'at the plain'

θαναταφόρα κεῖται ἀνοίκτως· 181
ἐν δ' ἄλοχοι πολιαί τ' ἔπι ματέρες
ἀχὰν παραβώμιον ἄλλοθεν ἄλλαν
λυγρῶν πόνων ἱκετῆρες ἐπιστενάχουσιν.
παιὰν δὲ λάμπει στονόεσσά τε γῆρυς ὅμαυλος 185
ὧν ὕπερ, ὦ χρυσέα θύγατερ Διός,
εὐῶπα πέμψον ἀλκάν.

Ἄρεά τε τὸν μαλερόν, ὃς 190 στρ. γ
νῦν ἄχαλκος ἀσπίδων
φλέγει με περιβόατον, ἀντιάζω
παλίσσυτον δράμημα νωτίσαι πάτρας
ἔπουρον, εἴτ' ἐς μέγαν
θάλαμον Ἀμφιτρίτας 195

ἀλκή, ἡ: strength, prowess (to avert danger) 3
ἄλλο-θεν: from another place, elsewhere, 1
ἄλοχος, ὁ: wife, bedmate, 1
Ἀμφιτρίτη, ἡ: Aphitrite (Poseidon's wife), 1
ἀν-οίκτως: pitilessly, ruthlessly, 1
ἀντιάζω: entreat, beg; meet, encounter, 1
Ἄρης, -εος, ὁ: Ares, god of bloody war, 1
ἀσπίς, -ιδος, ἡ: shield, 1
ἄ-χαλκος -ον: without bronze, 1
γῆρυς, -υος, ἡ: voice, speech, 1
δράμημα, -ατος, τό: course, running, 1
ἐπι-στενάζω: groan (over), bemoan, 1
ἔπουρον, -ον: blowing favorably, 1
εὐ-ώψ, εὐ-ῶπος,: fair-eyed, fair to look at, 1
ἠχή, ἡ: sound, noise; cry, wail, 1
θάλαμος, ὁ: room, chamber, sleeping room, 1
θανατα-φόρος, -ον: death-bearing, mortal, 1
θυγάτηρ, ἡ: a daughter, 2
ἱκέτης, -ῆρος, ὁ: suppliant, 1

κεῖμαι: to lie, lie down, 4
λάμπω: shine forth, give light, 1
λυγρός, -ά, -όν: baneful, mournful, 1
μαλερός, -α, -ον: furious, fierce, mighty, 1
νωτίζω: to turn one's back (in flight), 1
ὅμ-αυλος, -ον: sounding-together, in unison, 1
παιάν, -ᾶνος ὁ: paean, song (for the Healer), 2
παλί-σσυτος, -ον: rushing back, 1
παρα-βώμιος, -ον: beside or at an altar, 1
πάτρα, ἡ: fatherland, native land, 2
περι-βόητος, -ον: amid shouts; famous, 1
πολιός, -ά, -όν: grey, 1
πόνος, ὁ: work, toil, labor, 4
στονόεις, -εσσα, -εν: full of moaning, full of lamentation, 1
ὑπέρ: on behalf of (gen); over, beyond (acc) 7
φλέγω: kindle, inflame, burn up, 2
χρύσεος, -η, -ον: golden, of gold, 2

181 κεῖται: 3s with neuter pl. subject
182 ἐν δ': *meanwhile;* 'therein'
 ἔπι: *in addition;* 'on top,' adverbial
183 ἄλλοθεν ἄλλαν: *one from one (place), another from another (place)*
184 λυγρῶν πόνων: *because of...;* causal gen. with ἱκετῆρες
 ἱκετῆρες: *as suppliants*; nom. pl.
185 λάμπει: *rings clear, shines out;* or 'shines bright,' the chorus refers to the sound rather than the appearance
186 ὧν ὕπερ: *on behalf of whom*; anastrophe
 Διός: *of Zeus*; i.e. Artemis
187 εὐῶπα: 3rd decl. acc. sg. modifies ἀλκάν
 πέμψον: aor. imperative
190 Ἀρεά...νωτίσαι: *that Ares turn back...*; acc. subj. + aor. governed by ἀντίαζω
193 πάτρας: *from...* ; gen. place from which
195 θάλαμον Ἀμφιτρίτης: i.e. the Atlantic

εἴτ' ἐς τὸν ἀπόξενον ὅρμων 196
Θρῄκιον κλύδωνα·
τελεῖν γὰρ εἴ τι νὺξ ἀφῇ,
τοῦτ' ἐπ' ἦμαρ ἔρχεται·
τόν, ὦ τᾶν πυρφόρων 200
ἀστραπᾶν κράτη νέμων,
ὦ Ζεῦ πάτερ, ὑπὸ σῷ φθίσον κεραυνῷ,

Λύκει' ἄναξ, τά τε σὰ χρυ- ἀντ. γ
σοστρόφων ἀπ' ἀγκυλᾶν
βέλεα θέλοιμ' ἂν ἀδάματ' ἐνδατεῖσθαι 205
ἀρωγὰ προσταχθέντα τάς τε πυρφόρους
Ἀρτέμιδος αἴγλας, ξὺν αἷς
Λύκι' ὄρεα διᾴσσει·
τὸν χρυσομίτραν τε κικλήσκω,
τᾶσδ' ἐπώνυμον γᾶς, 210

ἀ-δάματος, -ον: untamed, unconquered, 2
ἀγκύλη, ἡ: bow-string; bend, hook, 1
αἴγλη, ἡ: radiance, gleam, 1
ἀπο-ξένος, -ον: inhospitable, 1
Ἄρτεμις, -ιδος (-ιτος) ἡ: Artemis, 2
ἀρωγός, -ά, -όν: aiding, helpful; useful, 2
ἀστραπή, ἡ: lightning (flash), 1
ἀφ-ίημι: send forth, let loose, give up, 6
βέλος, -εος, τό: arrow; missle, 2
δι-αίσσω: dart over, rush across, 1
ἐν-δατέομαι: distribute, divide; scatter, 1
ἐπ-ώνυμος, -ον: named after (gen), 1
ἦμαρ, -ατος, τό: day, 2
θέλω (ἐθέλω): to be willing, wish, desire, 14
Θρῄκιος, -α, -ον: Thracian, 1
κεραυνός, ὁ: thunderbolt, 1

κικλήσκω: summon, call, 1
κλύδων, ωνος, ὁ: wave; flood, 2
κράτος, -εος, τό: strength, power, 3
Λύκειος, -ον: Lycian (epithet of Apollo), 3
νέμω: wield, manage; distribute; consider, 5
νύξ, νυκτός, ἡ: a night, 2
ὅρμος, ὁ: anchor, anchorage; refuge, 1
ὄρος, -εος, τό: a mountain, hill, 4
προσ-στάζω: shed forth, drop on, 1
πυρ-φόρος, -ον: fire-bearing, 3
σύν: along with, with, together (+ gen.) 6
τελέω: fulfill, accomplish; pay, 8
ὑπό: by, because of (gen), under (dat), 7
φθί(ν)κω: waste away, decay, perish, 7
χρυσο-μίτρης, ου: bound with gold, 1
χρυσο-στρόφος -ον: of twisted gold, 1

196 ἀπόξενον ὅρμων: *the (sea) inhospitable to anchorage*; a common description for the Black sea; gen. of separation
197 Θρῄκιον κλύδωνα: *to...*; supply εἰς
198 τελεῖν...τοῦτο: *to complete this*; inf. of purpose, governed by ἔρχεται
εἴ (ἂν) τι νύξ ἀφῇ: *if night gives up (from completing) something*; i.e. fails; pres. general condition, aor. subj. ἀφίημι
199 ἐπ'...ἔρχεται: *follows after*; tmesis
200 τόν: *this one*; i.e. Ares, demonstrative
ὦ...νέμων: *O you wielding*; vocative
τᾶν...ἀστραπᾶν: gen. plural
201 κράτη: κράτεα, neuter pl. acc. direct obj.

202 ὑπὸ: *under (the power of)* + dat.
σῷ, σὰ: possessive adj. from σός, 'your'
φθίσον: aor. imperative
203 τά τε σὰ: modifies neuter βέλεα
204 ἀγκυλᾶν: gen. pl.
205 (ἐ)θέλοιμι ἂν: *I would wish that*; potential opt.
ἐνδατεῖσθαι: *to be distributed*; pass. inf.
206 προσταχθέντα: neuter pl. aor. pass. προσ-στάζω
207 αἴγλας: i.e. torches
ξὺν αἷς: *with whom*; relative
210 τῆσδε...γῆς: gen. sg. with ἐπώνυμον describing Bacchus (Dionysus)

οἰνῶπα Βάκχον εὔιον, 211
Μαινάδων ὁμόστολον,
πελασθῆναι φλέγοντ'
ἀγλαῶπι ⁻ ᵕ ⁻
πεύκᾳ 'πὶ τὸν ἀπότιμον ἐν θεοῖς θεόν. 215
Οἰδ αἰτεῖς· ἃ δ' αἰτεῖς, τἄμ' ἐὰν θέλῃς ἔπη
κλύων δέχεσθαι τῇ νόσῳ θ' ὑπηρετεῖν,
ἀλκὴν λάβοις ἂν κἀνακούφισιν κακῶν·
ἐγὼ ξένος μὲν τοῦ λόγου τοῦδ' ἐξερῶ,
ξένος δὲ τοῦ πραχθέντος· οὐ γὰρ ἂν μακρὰν 220
ἴχνευον αὐτός, μὴ οὐκ ἔχων τι σύμβολον,
νῦν δ' ὕστερος γὰρ ἀστὸς εἰς ἀστοὺς τελῶ,
ὑμῖν προφωνῶ πᾶσι Καδμείοις τάδε·
ὅστις ποθ' ὑμῶν Λάιον τὸν Λαβδάκου
κάτοιδεν ἀνδρὸς ἐκ τίνος διώλετο, 225

ἀγλα-ώψ, -ῶπος, ὁ, ἡ: bright-eyed, beaming 1
αἰτέω: ask for, ask; pray for, 4
ἀλκή, ἡ: strength, defence (to avert danger) 3
ἅμα: at the same time; along with (dat.), 9
ἀνακούφισις, ἡ: relief, release, 1
ἀπό-τιμος, -ον: unhonored, 1
ἀστός, ὁ: townsman, citizen, 6
βάκχος, ὁ: Bacchus, Dionysus, 1
δέχομαι: receive, take, accept, 5
δι-όλλυμι: destroy utterly, lose, kill, 4
ἐάν (ἤν): εἰ ἄν, if (+ subj.), 7
ἐξ-ερέω: will speak (out), 5
εὔιος: invoked by the call εὐοῖ (Bacchus), 1
ἰχνεύω: track down, hunt, 2
Καδμεῖος, -η, -ον: Cadmean, of Thebes, 5

κατ-οιδα: know well, understand, 5
Λαβδακός, ὁ: Labdacus, 1
Μαινάς, -άδος, ἡ: Maenad, Bacchant, 1
μακρός, -ή, -όν: long, far, distant, large, 7
νόσος, ὁ: sickness, illness, disease, 6
οἰν-ώψ, -ῶπος, ὁ, ἡ: wine-faced, wine-red, 1
ὁμό-στολος, ὁ: in company with, attendant, 1
πελάζω: approach, draw near, 2
πεύκη, ἡ: pine-torch, pine-wood, 1
προ-φωνέω: utter, say, or speak forth, 1
σύμ-βολος, -ου, τό: clue, token; tally, 1
τελέω: fulfill, accomplish; pay, 8
ὑπ-ηρετέω: serve, minister to (dat), 1
ὕστερος, -η, -ον: latter, next; later, 2
φλέγω: kindle, inflame, burn up, 2

213 πελασθῆναι…(ἐ)πὶ: *to draw near…to*; + acc. place to which; aor. pass. dep. inf.
φλέγοντι…πεύκᾳ: *with…*; dat. means
215 ⁻ ᵕ ⁻: the end fails to mimic the previous strophe and thus suggests missing words
ἐν: *among*
216 ἃ δ' αἰτεῖς: *as for what you pray for*; 'in respect to what…' acc. of respect
τἄμ': *my*; τὰ ἐμὰ modifies neut. ἔπη(-εα)
ἐὰν (ἐ)θέλῃς, λάβοις ἄν: *if you wish, you could receive*; mixed condition, ἄν + subj. and potential aor. opt. λαμβάνω
218 κακῶν: *from…*; separation with both acc.
219 ἁγὼ: *which I…*; ἃ ἐγώ; neut. pl. relative
ξένος…: *as a stranger of this account*

220 ξένος δὲ: *and as a stranger…*
πραχθέντος: *of the thing…*; gen. sg. aor. pass. pple πράσσω
ἂν…ἴχνευον: *I would…*; unrealized pres. potential (ἂν + impf. indicative)
μακρὰν: *far*; adverbial acc.
221 μὴ…ἔχων: *(if)…*; pple is conditional in sense, hence μή instead of οὐ; duplicated negative may follow a negative main verb
222 νῦν δ'…γὰρ: *but as it is, since*; common response to a contrafactual statement
ὕστερος: *later*; i.e. after Laius' death
225 ἀνδρὸς ἐκ τίνος διώλετο: *by what man Laius, son of Labdacus, was killed*; prolepsis: 'know Laius…by what man…'

15

τοῦτον κελεύω πάντα σημαίνειν ἐμοί· 226
κεἰ μὲν φοβεῖται, τοὐπίκλημ' ὑπεξελεῖν
αὐτὸν καθ' αὑτοῦ· πείσεται γὰρ ἄλλο μὲν
ἀστεργὲς οὐδέν. γῆς δ' ἄπεισιν ἀσφαλής.
εἰ δ' αὖ τις ἄλλον οἶδεν ἐξ ἄλλης χθονὸς 230
τὸν αὐτόχειρα, μὴ σιωπάτω· τὸ γὰρ
κέρδος τελῶ 'γὼ χἠ χάρις προσκείσεται.
εἰ δ' αὖ σιωπήσεσθε, καί τις ἢ φίλου
δείσας ἀπώσει τοὔπος ἢ χαὑτοῦ τόδε,
ἃκ τῶνδε δράσω, ταῦτα χρὴ κλύειν ἐμοῦ. 235
τὸν ἄνδρ' ἀπαυδῶ τοῦτον, ὅστις ἐστί, γῆς
τῆσδ', ἧς ἐγὼ κράτη τε καὶ θρόνους νέμω,
μήτ' εἰσδέχεσθαι μήτε προσφωνεῖν τινα,
μήτ' ἐν θεῶν εὐχαῖσι μήτε θύμασιν
κοινὸν ποεῖσθαι, μήτε χέρνιβας νέμειν· 240

ἀπ-αυδάω: forbid, prohibit; deny, 1
ἀπ-έρχομαι: go away, 3
ἀπ-ωθέω: push away, drive away, 3
ἀ-στεργής, -ές: hateful, implacable, 1
ἀ-σφαλής, -ές: safe, steadfast, infallible, 3
αὖ: again; moreover, besides; in turn, 3
αὐτό-χειρ, -ος, ὁ, ἡ: with one's own hand, 3
δείδω: fear, dread, 6
ἑαυτοῦ (αὑτοῦ), -ῆς, -οῦ: himself, her-, it- 3
εἰσ-δέχομαι: receive (in), take in, accept, 1
ἐπί-κλημα, τό: charge, accusation, 1
εὐχή, ἡ: prayer, 1
θρόνος, ὁ: chair, seat, 3
θῦμα, -ατος, τό: (sacrificial) offerings, 1
κατά: down along (acc), down from (gen), 10
κελεύω: bid, order, 1
κέρδος, -εος τό: profit, gain, advantage, 4

κλύω: to hear, 11
κοινός, -ή, -όν: common, shared, 3
κράτος, -εος, τό: strength, power, 3
νέμω: wield, manage; distribute; consider, 5
πάσχω: suffer, experience, 8
ποιέω: to do, make, create, compose, 5
προσ-κεῖμαι: lie at hand, be in addition, 1
προσ-φωνέω: address, utter to, 2
σημαίνω: indicate, show, point out, 4
σιωπάω: to keep silence, be silent, 3
τελέω: fulfill, accomplish; pay, 8
ὑπ-εξ-αιρέω: take away, remove, 1
φοβέω: terrify; mid. fear, dread, 5
χάρις, -ριτος, ἡ: favor, gratitude, thanks, 7
χέρνιψ, -βος, ἡ: water (for washing hands), 1
χθών, χθονός, ἡ: earth, ground, 9

226 τοῦτον, πάντα: *that this man...*; acc. subject and object respectively
227 κεἰ μὲν φοβεῖται: *even if he fears*; καὶ εἰ, i.e the murderer
τοὐπίκλημ'ὑπεξελεῖν αὐτὸν καθ'αὑτοῦ: *(I order) that he himself remove the charge* (i.e. confess the charge) *against himself*; add κελεύω to govern an aor. inf.
ὑπεξαιρέω; κατὰ (ἑ)αυτου is reflexive
228 πείσεται: fut. πάσχω
229 γῆς: *from...*; gen. of separation
ἄπεισιν: 3s fut. ἀπ-έρχομαι
231 μὴ σιωπάτω: *let him...*; 3s imper.
232 κέρδος τελῶ: *I will pay a reward*; future

'γὼ χἠ: ἐγὼ καὶ ἡ
233 εἰ...σιωπήσεσθε,...χρὴ: an emotional fut. condition: similar to a future more vivid (εἰ + ἄν + subj., fut. or equivalent) but the protasis contains a future ind. indicating heightened emotion
καί...ἢ...ἢ: *and either...or*; long protasis
234 φίλου: *from...*; gen. of separation
χαὑτοῦ: *and from himself*; καὶ ἑαυτοῦ
235 ἃ (ἑ)κ...ταῦτα: *these things which from...*
236 τὸν ἄνδρα..μήτε...τινα: *that not any one either...this man*; acc. obj. and acc. subj.
γῆς τῆσδε: *of...*; partitive with τινα
240 κοινὸν ποιεῖσθαι: *be made a partner*

16

ὠθεῖν δ' ἀπ' οἴκων πάντας, ὡς μιάσματος 241
τοῦδ' ἡμὶν ὄντος, ὡς τὸ Πυθικὸν θεοῦ
μαντεῖον ἐξέφηνεν ἀρτίως ἐμοί.
ἐγὼ μὲν οὖν τοιόσδε τῷ τε δαίμονι
τῷ τ' ἀνδρὶ τῷ θανόντι σύμμαχος πέλω· 245
κατεύχομαι δὲ τὸν δεδρακότ', εἴτε τις
εἷς ὢν λέληθεν εἴτε πλειόνων μέτα,
κακὸν κακῶς νιν ἄμορον ἐκτρῖψαι βίον·
ἐπεύχομαι δ', οἴκοισιν εἰ ξυνέστιος
ἐν τοῖς ἐμοῖς γένοιτ' ἐμοῦ συνειδότος, 250
παθεῖν ἅπερ τοῖσδ' ἀρτίως ἠρασάμην.
ὑμῖν δὲ ταῦτα πάντ' ἐπισκήπτω τελεῖν,
ὑπέρ τ' ἐμαυτοῦ τοῦ θεοῦ τε τῆσδέ τε
γῆς ὧδ' ἀκάρπως κἀθέως ἐφθαρμένης.
οὐδ' εἰ γὰρ ἦν τὸ πρᾶγμα μὴ θεήλατον, 255

ἄ-θεος, -ον: godless; *adv.* impiously, 3
ἀ-κάρπως: fruitlessly, without profit, 1
ἄ-μορος, -ον: unlucky, wretched, 1
ἀράομαι: to pray, invoke, vow, 2
ἀρτίως: just, newly, recently, 9
δαίμων, -ονος, ὁ: divine being or spirit, 12
εἴ-τε: either…or; whether…or, 12
ἐκ-τρίβω: rub out, wear out, 2
ἐκ-φαίνω: show, reveal, 3
ἐμαυτοῦ, -ῆς, -οῦ: myself, 13
ἐπ-εύχομαι: pray; pray for, 1
ἐπι-σκήπτω: lay a charge on, impose on, 2
θε-ήλατος, -ον: god-driven, god-directed, 2
κατ-εύχομαι: pray (against); curse, 1
λανθάνω: escape the notice, be unseen, 5
μαντεῖος, -α, -ον: prophetic, oracular, 4
μετά: with (+gen.); after (+ acc.), 4

μίασμα, -ατος, τό: pollution, defilement, 4
οἶκος, ὁ: a house, abode, dwelling, 13
ὅσπερ, ἥπερ, ὅπερ: (very one) who, which- 10
πάσχω: suffer, experience, 8
πέλω: to be, become, come (to be) 1
πλέων (πλείων), -οντος: more, greater, 11
πρᾶγμα, -γματος, τό: action, deed, matter, 2
Πυθικός, -ή, -όν: Pythian, 2
σύμ-μαχος, -ον: allied; *subst.* ally, 3
συν-έστιος, -ον: sharing one's hearth, 1
σύν-οιδα: know, be conscious, 3
τελέω: fulfill, accomplish; pay, 8
τοιόσδε, -άδε, -όνδε: such, this (here) sort, 12
ὑπέρ: on behalf of (gen); over, beyond (acc) 7
φθείρω: destroy, ruin, 3
ὧδε: in this way, so, thus, 14
ὠθέω: push, drive, banish, 3

241 ὠθεῖν δ': *but (I command) that all…*
    ὡς…ὄντος: *since…*; '*on the grounds that…*'; ὡς + pple (here gen. abs.) expresses alleged cause, pple εἰμί
242 ἡμὶν: *for us*; dat. of interest/advantage
    ὡς…ἐξέφηνεν: *just as, as*; aor. ἐκ-φαίνω
244 τοιόσδε…σύμμαχος: predicate of πέλω
    τῷ θανόντι: *dead*; aor. pple with ἀνδρὶ
246 τὸν δεδρακότα: *that the one…*; pf. pple δράω, acc. subj. of aor. inf. ἐκτρῖψαι
247 ὢν λέληθεν: pf. λανθάνω, pple. εἰμί
    πλειόνων μέτα: μετὰ πλειόνων
248 ἐκτρῖψαι: aor. act. inf. ἐκ-τρίβω

249 οἴκοισιν…ἐν τοῖς ἐμοῖς: *in my house*
250 γένοιτο: *he should be*; aor. opt.
    ἐμοῦ συνειδότος: gen. abs., pf. σύν-οιδα
251 παθεῖν: *that (I) suffer*; aor. inf. πάσχω
    ἅπερ: *just as…*; 'the very things which'
252 ἐπισκήπτω: *I impose on (dat)*
254 κἀθέως: καὶ ἀθέως
    ἐφθαρμένης: pf. pass. pple φθείρω
255 εἰ…ἦν, εἰκός ἦν: *for even if….were, it would not be reasonable*; pres. contrary to fact condition (εἰ impf., ἄν impf.); ἄν is omitted in a expression of obligation

17

ἀκάθαρτον ὑμᾶς εἰκὸς ἦν οὕτως ἐᾶν, 256
ἀνδρός γ' ἀρίστου βασιλέως τ' ὀλωλότος,
ἀλλ' ἐξερευνᾶν· νῦν δ' ἐπεὶ κυρῶ γ' ἐγὼ
ἔχων μὲν ἀρχὰς ἃς ἐκεῖνος εἶχε πρίν,
ἔχων δὲ λέκτρα καὶ γυναῖχ' ὁμόσπορον, 260
κοινῶν τε παίδων κοίν' ἄν, εἰ κείνῳ γένος
μὴ 'δυστύχησεν, ἦν ἂν ἐκπεφυκότα·
νῦν δ' ἐς τὸ κείνου κρᾶτ' ἐνήλαθ' ἡ τύχη·
ἀνθ' ὧν ἐγὼ τάδ', ὡσπερεὶ τοὐμοῦ πατρός,
ὑπερμαχοῦμαι κἀπὶ πᾶν ἀφίξομαι, 265
ζητῶν τὸν αὐτόχειρα τοῦ φόνου λαβεῖν,
τῷ Λαβδακείῳ παιδὶ Πολυδώρου τε καὶ
τοῦ πρόσθε Κάδμου τοῦ πάλαι τ' Ἀγήνορος.
καὶ ταῦτα τοῖς μὴ δρῶσιν εὔχομαι θεοὺς
μήτ' ἄροτον αὐτοῖς γῆς ἀνιέναι τινὰ 270

Ἀγήνωρ, -ορος ὁ: Agenor, 1
ἀν-ίημι: send up; let go, allow, give up, 3
ἀ-κάθαρτος, -ον: uncleansed, impure, 1
ἀντί: instead of, in place of (+ gen.), 7
ἄριστος, -η, -ον: best, most excellent, 7
ἄροτος, ὁ: crop; grain-field, 1
ἀρχή, ἡ: a beginning; rule, office, 8
αὐτό-χειρ, -ος, ὁ, ἡ: with one's own hand, 3
ἀφ-ικνέομαι: to come, arrive, 6
βασιλεύς, ὁ: a king, chief, 2
γένος, -εος, τό: family, stock, race; birth, 7
δυσ-τυχέω: be unfortunate, unlucky, 1
ἐάω: to permit, allow, let be, suffer, 6
εἰκός, ότος, τό: likely, probable, reasonable 2
ἐκ-φύω: generate, beget, produce, 6
ἐν-άλλομαι: leap upon, rush against, 2
ἐξ-ερεύνω: search out, examine, 1

εὔχομαι: to pray, offer prayers, 3
ζητέω: to seek, 7
Κάδμος, ὁ: Cadmus, 3
κοινός, -ή, -όν: common, shared, 4
κράς, κρατός, ἡ: the head, 1
κυρέω: hit upon, meet, attain; happen, 6
Λαβδάκειος, -ον: of Labdacus, 2
λέκτρον, τό: bed, 1
ὁμό-σπορος, -ον: fellow-sower, common, 2
οὕτως: in this way, thus, so, 8
Πολυδώρος, -ου, ὁ: Polydorus, 1
πρίν: before (+ inf.), until (+ finite verb) 8
πρόσθεν: before, earlier, 8
τύχη, ἡ: chance, luck, fortune, success, 13
ὑπερ-μάχομαι: fight (on behalf of of for), 1
φόνος, ὁ: murder, slaughter, bloodshed, gore 8
ὡσπερεὶ: as if, just as, 1

256 εἰκός (ἂν) ἦν: *it would not be reasonable*; pres. contrary-to-fact condition; ἂν may be omitted in a expression of obligation ἐᾶν: inf. ἐάω
257 ἀνδρός…ὀλωλότος: gen. abs., ὄλλυμι
258 ἐξερευνᾶν: pres. inf. α-contract verb κυρῶ…ἔχων: *happen to have*; 'hit upon having,' κυρέω + complementary pple
259 εἶχε: impf. ἔχω
261 κοινῶν τε παίδων κοίνα ἂν…ἦν ἂν ἐκπεφυκότα: *shared children would have been born, if the family for that one had not been unfortunate*; 'shared (things) of shared children' i.e. children from the

same mother; past contrafactual with duplicated ἂν; impf. εἰμί and pf. pass. pple. ἐκφύω form a periphrastic plpf.
263 κρᾶτ(α): *head*; i.e. life, neut. acc. κράς ἐνήλατο: *leapt onto*; aor. ἐν-άλλομαι
264 ἀντ(ὶ) ὧν: *because of which things* τάδ'…ὑπερμαχοῦμαι: *I will fight these (fights) on behalf (of him)*; inner acc., fut. τοὐμοῦ πατρός: *as if of my father*
265 κα(ὶ) (ἐ)πὶ πᾶν…: *I will go to all (lengths)*
267 τῷ…παιδὶ: *for the son…*; dat. interest
269 τοῖς…δρῶσιν: *for…*; dat. pple δράω
270 ἄροτον γῆς τινα: *some plowable land* ἀνιέναι: inf. ἀν-ίημι

18

μήτ' οὖν γυναικῶν παῖδας, ἀλλὰ τῷ πότμῳ 271
τῷ νῦν φθερεῖσθαι κἄτι τοῦδ' ἐχθίονι·
ὑμῖν δὲ τοῖς ἄλλοισι Καδμείοις, ὅσοις
τάδ' ἔστ' ἀρέσκονθ', ἥ τε σύμμαχος Δίκη
χοἰ πάντες εὖ ξυνεῖεν εἰσαεὶ θεοί. 275
Χορ ὥσπερ μ' ἀραῖον ἔλαβες, ὧδ', ἄναξ, ἐρῶ.
οὔτ' ἔκτανον γὰρ οὔτε τὸν κτανόντ' ἔχω
δεῖξαι. τὸ δὲ ζήτημα τοῦ πέμψαντος ἦν
Φοίβου τόδ' εἰπεῖν, ὅστις εἴργασταί ποτε.
Οἰδ δίκαι' ἔλεξας· ἀλλ' ἀναγκάσαι θεοὺς 280
ἂν μὴ θέλωσιν οὐδ' ἂν εἷς δύναιτ' ἀνήρ.
Χορ τὰ δεύτερ' ἐκ τῶνδ' ἂν λέγοιμ' ἁμοὶ δοκεῖ.
Οἰδ εἰ καὶ τρίτ' ἐστί, μὴ παρῇς τὸ μὴ οὐ φράσαι.
Χορ ἄνακτ' ἄνακτι ταὔθ' ὁρῶντ' ἐπίσταμαι
μάλιστα Φοίβῳ Τειρεσίαν, παρ' οὗ τις ἂν 285

ἀναγκάζω: force, compel, 1
ἀραῖος, -α, -ον: cursed, under a curse, 3
ἀρέσκω: be acceptable; satify, appease, 1
δείκνυμι: show, reveal; prove, 9
δεύτερος, -η, -ον: next, second, 1
δίκαιος, -α, -ον: just, right, lawful, fair, 7
Δίκη, ἡ: Justice, 1
δύναμαι: be able, can, be capable, 5
εἰσαεὶ: forever, 2
ἐπίσταμαι: to know (how), understand, 4
ἐργάζομαι: to work; do, perform, 4
ἐχθίων, -ον: more hated or hateful, 1

ζήτημα, -ατος, τό: inquiry, question, 1
Καδμεῖος, -η, -ον: Cadmean, of Thebes, 5
παρ-ίημι: let drop, give up; pass over, 3
παρά: from, at, to the side of, 14
πέμπω: to send, conduct, convey, dispatch 10
πότμος, ὁ: fate, lot, death, evil destiny, 1
σύμ-μαχος, -ον: allied; subst. ally, 3
σύν-ειμι: to be with, associate with, 4
Τειρεσίας, ὁ: Teiresias, 2
τρίτος, -η, -ον: the third, 2
φθείρω: destroy, ruin, 3
ὥσπερ: as, just as, as if, 8

271 γυναικῶν: from...; source, add ἀνιέναι
    τῷ πότμῳ τῷ νῦν: with the present fate
272 φθερεῖσθαι: that (they)...; fut. pass. inf.
    φθείρω; supply acc. subject
    κἄτι: and still (even); καὶ ἔτι
    τοῦδ': than this; gen. of comparison
273 ὑμῖν: for you; dat. of interest
274 ἔστι ἀρέσκοντ(α): are pleasing; neut. pl.
    subject governs 3s verb; pres. pple
    σύμμαχος: may Justice (be) an ally!; add
    optative of wish to complement ξυνεῖεν
275 χοἰ πάντες: καὶ οἱ πάντες·
    εὖ ξυνεῖεν: may...!; 3p pres. optative
    of wish. σύν-ειμι
276 ὥσπερ...ὧδε: just as...so...; correlatives
277 ἔκτανον: 1s aor. κτείνω
    ἔχω: I am able; + aor. inf. δείχνυμι
278 τὸ δὲ...Φοίβου: to say this was (the task)
    of Apollo, the one having sent the inquiry;

inf. subject, the genitive is predicative
279 εἴργασται: pf. ἐργάζομαι
280 δίκαι(α): neut. pl., aor. λέγω
    ἀναγκάσαι: compel (to do); aor. inf.
    ἀναγκάζω, governed by δύναιτο below
281 ἄν μὴ (ἐ)θέλωσιν: (things) whichever...;
    ἅ ἄν; general relative clause (ἄν + subj.)
    οὐδ'...εἷς...ἀνήρ: not any man
    ἂν δύναιτο: would...; potential pres. opt.
282 τὰ δεύτερα...ἁμοὶ δοκεῖ: what seems
    next best to me; ἃ ἐμοί, relative clause
    ἂν λέγοιμι: would...; potential opt.
283 μὴ παρῇς: do not give up; prohibitive
    subj. (μὴ + aor. subj.), aor. subj. παρ-ίημι
    τὸ μὴ οὐ φράσαι: so as not to tell; article
    and double neg. after a negative verb
284 ἄνακτι...ταὔθ'...Φοίβῳ': the same
    things as Lord Phoebus; τὰ αὐτὰ
285 παρ'οὗ: from whom

	σκοπῶν τάδ', ὦναξ, ἐκμάθοι σαφέστατα.	286
Οἰδ	ἀλλ' οὐκ ἐν ἀργοῖς οὐδὲ τοῦτ' ἐπραξάμην.	
	ἔπεμψα γὰρ Κρέοντος εἰπόντος διπλοῦς	
	πομπούς· πάλαι δὲ μὴ παρὼν θαυμάζεται.	
Χορ	καὶ μὴν τά γ' ἄλλα κωφὰ καὶ παλαί' ἔπη.	290
Οἰδ	τὰ ποῖα ταῦτα; πάντα γὰρ σκοπῶ λόγον.	
Χορ	θανεῖν ἐλέχθη πρός τινων ὁδοιπόρων.	
Οἰδ	ἤκουσα κἀγώ. τὸν δ' ἰδόντ' οὐδεὶς ὁρᾷ.	
Χορ	ἀλλ' εἴ τι μὲν δὴ δείματός γ' ἔχει μέρος,	
	τὰς σὰς ἀκούων οὐ μενεῖ τοιάσδ' ἀράς.	295
Οἰδ	ᾧ μή 'στι δρῶντι τάρβος, οὐδ' ἔπος φοβεῖ.	
Χορ	ἀλλ' οὑξελέγξων αὐτὸν ἔστιν· οἵδε γὰρ	
	τὸν θεῖον ἤδη μάντιν ὧδ' ἄγουσιν, ᾧ	
	τἀληθὲς ἐμπέφυκεν ἀνθρώπων μόνῳ.	
Οἰδ	ὦ πάντα νωμῶν Τειρεσία, διδακτά τε	300

ἄγω: lead, bring, carry, convey, 7
ἀληθής, -ές: true, 7
ἄνθρωπος, ὁ: human being, human, man, 7
ἀρά, ἡ: prayer, vow, curse, 4
ἀργός (ἀ-εργός) -ή -όν: not worked, undone 1
δεῖμα, δείματος, τό: fear, dread, 2
διδακτός, -ά, -όν: taught, learned, 1
διπλοῦς, -ῆ, -οῦν: double, two-fold, 11
ἐκ-μανθάνω: to learn well or thoroughly, 8
ἐμ-φύω: is in (by nature), grows in, 1
ἐξ-ελέγχω: convict refute, put to a test, 1
θαύμω: wonder, marvel, be amazed, 1
θεῖος, -α, -ον: divine, sent by the gods, 3
Κρέων, -οντος, ὁ: Creon, 12
κωφός, -ή, -όν: senseless, obscure; deaf, 1
μάντις, -εως, ὁ: seer, prophet, diviner, 8
μένω: stay, remain, wait for, 4

μέρος, -εος, τό: a part, share, portion, 2
μήν: truly, surely, 9
νωμάω: wield, deal with, manage, 2
ὁδοι-πόρος, ὁ: traveller, 2
παλαιός, -ή, -όν: old in years, old, aged, 7
πάρ-ειμι: be near, be present, be at hand, 13
πέμπω: to send, conduct, convey, dispatch 10
πομπός, ὁ: messenger, guide, 1
πράσσω: do, bring about, accomplish, 13
σαφής, -ές: reliable, definite, clear, distinct, 14
σκοπέω: to examine, consider, behold, 7
τάρβος, εος, τό : terror, alarm; awe, 1
Τειρεσίας, ὁ: Teiresias, 2
τοιόσδε, -άδε, -όνδε: such, this (here) sort, 12
φοβέω: terrify; mid. fear, dread, 5
ὧδε: in this way, so, thus, 14

286 ἄν...ἐκμάθοι: *would*...; potential opt.;
σκοπῶν is a pple conditional in sense
ὦναξ: ὦ ἄναξ
σαφέστατα: superlative adverb σαφής
287 ἐν ἀργοῖς: *among things undone*; ἀεργός
ἐπραξάμην: aor. mid. πράσσω
288 Κρέοντος εἰπόντος: gen. absolute
289 μὴ παρὼν θαυμάζεται: *I am amazed that he is not present*; '(if) not being present he is amazing (to me),' pple πάρ-ειμι
290 καὶ μὴν: *and indeed;* strong agreement
τὰ γ'ἄλλα...ἔπη: *the other reports (are);*
291 τὰ ποῖα ταῦτα: *what (are) these?*;
interrogative ποῖος may have an article,
when asking about an obj. just noted
292 θανεῖν: *that (Laius) ...*; aor. inf. θνῄσκω
ἐλέχθη: *it was...*; impers. aor. pass. λέγω
πρός: *by...*; gen of agent
293 τὸν...ἰδόντα: *the one...*; aor. pple εἶδον
294 ἀλλά...μὲν δὴ: *yet, at any rate*
ἔχει: *(the murderer) has;* supply a subject
295 μενεῖ: fut. μένω (fut. stem μενε-)
296 ᾧ...: *one to whom there is,* dat. possess.
μή...δρῶντι: dat. pple δράω
297 οὑξελέγξων αὐτὸν: *the one...*; ὁ ἐξελέγξων, nom. sg. fut. pple
298 οἵδε...ἀγουσιν: *these men are leading...*
ᾧ...: *for whom truth is innate;* pf. ἐμφύω

20

ἄρρητά τ', οὐράνιά τε καὶ χθονοστιβῆ, 301
πόλιν μέν, εἰ καὶ μὴ βλέπεις, φρονεῖς δ' ὅμως
οἵᾳ νόσῳ σύνεστιν· ἧς σὲ προστάτην
σωτῆρά τ', ὦναξ, μοῦνον ἐξευρίσκομεν.
Φοῖβος γάρ, εἴ τι μὴ κλύεις τῶν ἀγγέλων, 305
πέμψασιν ἡμῖν ἀντέπεμψεν, ἔκλυσιν
μόνην ἂν ἐλθεῖν τοῦδε τοῦ νοσήματος,
εἰ τοὺς κτανόντας Λάϊον μαθόντες εὖ
κτείναιμεν ἢ γῆς φυγάδας ἐκπεμψαίμεθα.
σύ νυν φθονήσας μήτ' ἀπ' οἰωνῶν φάτιν 310
μήτ' εἴ τιν' ἄλλην μαντικῆς ἔχεις ὁδόν,
ῥῦσαι σεαυτὸν καὶ πόλιν, ῥῦσαι δ' ἐμέ,
ῥῦσαι δὲ πᾶν μίασμα τοῦ τεθνηκότος.
ἐν σοὶ γὰρ ἐσμέν· ἄνδρα δ' ὠφελεῖν ἀφ' ὧν
ἔχοι τε καὶ δύναιτο, κάλλιστος πόνων. 315

ἄ-ρρητος, -ον: unspoken, unspeakable, 3
ἄγγελος, ὁ: messenger, envoy; message, 4
ἀντι-πέμπω: send back, send in reply, 1
βλέπω: look, look at, 12
δύναμαι: be able, can, be capable, 5
ἔκ-λυσις, -εως ἡ: release, deliverance, 1
ἐκ-πέμπω: sent out, send forth, 3
ἐξ-ευρίσκω: find out, discover, devise, 2
κλύω: to hear, 11
μαντικός, -ή, -όν: prophetic, oracular, 4
μίασμα, -ατος, τό: pollution, defilement, 4
νόσημα, -ατος, τό: illness, disease, 2
νόσος, ὁ: sickness, illness, disease, 6
ὁδός, ἡ: road, way, path, journey, 7
οἰωνός, ὁ: large bird, bird of prey, 3

ὅμως: nevertheless, however, yet, 10
οὐράνιος, -η, -ον: heavenly, of the sky, 2
πέμπω: to send, conduct, convey, dispatch 10
πόνος, ὁ: work, toil, labor, 4
προστάτης, -ου, ὁ: protector, leader, 3
ῥύομαι: rescue, deliver; draw out, 5
σεαυτοῦ (σαυτοῦ), -ῆς, -οῦ: yourself, 4
σύν-ειμι: to be with, associate with, 4
σωτήρ, -ῆρος, ὁ: savior, deliverer, 5
φάτις, ἡ: talk, rumor, report; oracle, 6
φθονέω: begrudge, bear ill-will, 2
Φοῖβος, ὁ: Phoebus, 12
φυγάς, -άδος, ὁ, ἡ: fugitive, banished man, 1
χθονο-στιβής, -ές: treading the earth, 1
ὠφελέω: to help, to be of use, benefit, 2

302 πόλιν...οἵᾳ...σύνεστιν: *with what a plague the city is associated*; 'the city, with what sort a plague it is associated'
εἰ καί: *even if...*; concessive
303 ἧς: *of which (city)*; πόλιν is fem. sg.
ὦναξ: ὦ ἄναξ
304 μοῦνον: μόνον, metrical lengthening
306 πέμψασιν ἡμῖν: *to us having sent (word)*; dat. pl. aor. pple πέμπω
ἔκλυσιν ἂν ἐλθεῖν... εἰ...κτείναιμεν... ἐκπεμψαίμεθα...: *that deliverance would come...,if we should...*; governed by ἀντέπεμψεν, ἄν + inf. is equivalent to ἄν + opt. in a future less vivid condition
307 τοῦδε...νοσήματος: *from...*; separation
307 τοὺς κτανόντας: aor. pple κτείνω, acc.

obj. of aor.. pple μανθάνω;
309 γῆς: *from the land*; gen. separation
310 φθονήσας μήτε...μήτε...ὁδόν: *begrudging neither...nor...any other way*
311 μαντικῆς: *of prophetic art*; sc. τέχνης
312 ῥῦσαι: *deliver*; aor. imperative ῥύομαι
313 τεθνηκότος: *of the one being dead*; pf. pple θνῄσκω
314 ἐν σοί: *in your power*; 'in you'
ἐσμέν: 1p pres. εἰμί
ἄνδρα δ'ὠφελεῖν...κάλλιστος: *that a man help (is)*; acc. subj. + inf.; supply ἐστίν; κάλλιστος πόνων is the predicate
315 ἀφ' ὧν...δύναιτο: *from the things which he has and is able*; ἀπό (τούτων) ἅ; opt. in a past general relative clause

21

Τειρ φεῦ φεῦ, φρονεῖν ὡς δεινὸν ἔνθα μὴ τέλη 316
    λύῃ φρονοῦντι· ταῦτα γὰρ καλῶς ἐγὼ
    εἰδὼς διώλεσ'· οὐ γὰρ ἂν δεῦρ' ἱκόμην.
Οἰδ τί δ' ἔστιν; ὡς ἄθυμος εἰσελήλυθας.
Τειρ ἄφες μ' ἐς οἴκους· ῥᾷστα γὰρ τὸ σόν τε σὺ 320
    κἀγὼ διοίσω τοὐμόν, ἢν ἐμοὶ πίθῃ.
Οἰδ οὔτ' ἔννομ' εἶπας οὔτε προσφιλῆ πόλει
    τῇδ', ἥ σ' ἔθρεψε, τήνδ' ἀποστερῶν φάτιν.
Τειρ ὁρῶ γὰρ οὐδὲ σοὶ τὸ σὸν φώνημ' ἰὸν
    πρὸς καιρόν· ὡς οὖν μηδ' ἐγὼ ταὐτὸν πάθω. 325
Οἰδ μὴ πρὸς θεῶν φρονῶν γ' ἀποστραφῇς, ἐπεὶ
    πάντες σε προσκυνοῦμεν οἵδ' ἱκτήριοι.
Τειρ πάντες γὰρ οὐ φρονεῖτ'· ἐγὼ δ' οὐ μή ποτε
    τἄμ', ὡς ἂν εἴπω μὴ τὰ σ', ἐκφήνω κακά.
Οἰδ τί φῄς; ξυνειδὼς οὐ φράσεις, ἀλλ' ἐννοεῖς 330

ἄ-θυμος, -ον: spiritless, fainthearted, 1
ἀπο-στερέω: withhold; rob, despoil, 2
ἀπο-στρέφω: turn away, turn back, 3
ἀφ-ίημι: send forth, let loose, give up, 6
δεῦρο: here, to this point, hither, 8
δι-όλλυμι: destroy utterly, lose, kill, 4
διαφέρω: carry across; bear, endure, 1
εἰσ-έρχομαι (εἶμι, ἦλθον): come or go to, 2
ἐκ-φαίνω: show, reveal, 3
ἐν-νοέω: intend, consider, understand, 2
ἔν-νομος, -ον: lawful, legal, 1
ἱκτήριος, -α, -ον: of a suppliant; suppliant, 2
καιρός ὁ: due measure; occasion, opportunity 4

λύω: loosen; fulfill, accomplish; pay, 6
πάσχω: suffer, experience, 8
πείθω: persuade; *mid*. obey, 9
προσ-κυνέω: fall on one's knees, lay prostrate, 1
προσ-φιλής, -ές: beloved, dear (+ dat.), 1
ῥᾷστα: most easily, 2
σύν-οιδα: know, be conscious, 3
τέλος, -εος, τό: end, outcome; success, 1
τρέφω: to rear, foster, nuture, 8
φάτις, ἡ: talk, rumor, report; oracle, 6
φεῦ: ah, alas, woe, 8
φώνημα, -ατος, τό: utterance, voice, speech 1

316 φρονεῖν ὡς δεινὸν: *how terrible (it is) to be wise...*; an exclamation
ἔνθα...λύῃ: *whenever it does not pay benefits*; general relative clause, 3s subj. λύω but ἄν is missing; neut. τέλεα
317 φρονοῦντι: *to the one...*; pres. pple
318 εἰδώς: nom. sg. pf. pple οἶδα
διώλεσ(α): *I forgot*; 1s aor. δι-όλλυμι
ἂν ἱκόμην: *I would have...*; ἄν + aor. ind. expresses past unrealized potential
319 ὡς: *how...!*; in exclamation as in l. 316
εἰσελήλυθας: 2s pf. εἰσ-έρχομαι
320 ἄφες: aor. imperative ἀφ-ίημι
ῥᾷστα τὸ σόν...τοὐμόν: *most easily you (will endure) your own and I will endure my own*; i.e. burdens, fut. δια-φέρω
321 ἢν...πίθῃ: *if...*; ἐάν + 2s aor. mid. πείθω; protasis of a future more vivid

322 εἶπας: 1st aorist 2s εἶπον
323 ἔθρεψε: aor. τρέφω
324 ἰὸν πρὸς καιρόν: *coming at an opportune moment*; neuter sg. pres. pple ἔρχομαι
325 ὡς...πάθω: *(do not speak) so that I may not...*; purpose clause, aor. subj. πάσχω
ταὐτὸν: *the same*; τὸ αὐτόν
326 μὴ...ἀποστραφῇς: *don't be turned away*; prohibitive subj., aor. pass. ἀποστρέφω
πρὸς θεῶν: *from the gods*; not agent
φρονῶν γ': *if...*; conditional, restrictive
327 οἵδε ἱκτήριοι: *we, these here suppliants,...*
328 οὐ μή...ἐκφήνω: *I will not reveal*; οὐ μή + aor. subj. indicates a strong denial
329 τἄμ': τὰ ἐμα modifies κακά
ὡς...εἴπω: *so that I may...*; purpose
τὰ σὰ: add κακά
330 ξυνειδώς: nom. sg. pf. pple σύνοιδα

	ἡμᾶς προδοῦναι καὶ καταφθεῖραι πόλιν;	331
Τειρ	ἐγὼ οὔτ' ἐμαυτὸν οὔτε σ' ἀλγυνῶ. τί ταῦτ'	
	ἄλλως ἐλέγχεις; οὐ γὰρ ἂν πύθοιό μου.	
Οἰδ	οὐκ, ὦ κακῶν κάκιστε, καὶ γὰρ ἂν πέτρου	
	φύσιν σύ γ' ὀργάνειας, ἐξερεῖς ποτε,	335
	ἀλλ' ὧδ' ἄτεγκτος κατελεύτητος φανεῖ;	
Τειρ	ὀργὴν ἐμέμψω τὴν ἐμήν, τὴν σὴν δ' ὁμοῦ	
	ναίουσαν οὐ κατεῖδες, ἀλλ' ἐμὲ ψέγεις.	
Οἰδ	τίς γὰρ τοιαῦτ' ἂν οὐκ ἂν ὀργίζοιτ' ἔπη	
	κλύων, ἃ νῦν σὺ τήνδ' ἀτιμάζεις πόλιν;	340
Τειρ	ἥξει γὰρ αὐτά, κἂν ἐγὼ σιγῇ στέγω.	
Οἰδ	οὐκοῦν ἅ γ' ἥξει καὶ σὲ χρὴ λέγειν ἐμοί.	
Τειρ	οὐκ ἂν πέρα φράσαιμι. πρὸς τάδ', εἰ θέλεις,	
	θυμοῦ δι' ὀργῆς ἥτις ἀγριωτάτη.	
Οἰδ	καὶ μὴν παρήσω γ' οὐδέν, ὡς ὀργῆς ἔχω,	345

ἄγριος, -α, -ον: wild, fierce; cruel, 5
ἀλγύνω: to pain, distress, grieve, 3
ἄλλως: otherwise, in another way, 3
ἄ-τεγκτος, -ον: unsoftened, hard-hearted, 1
ἀ-τελεύτητος, -ον: impractical, unaccomplished, 1
ἀ-τιμάζω: dishonor, insult, 2
διά: through (gen.) on account of, (acc.), 7
ἐλέγχω: question, examine, 2
ἐμαυτοῦ, -ῆς, -οῦ: myself, 13
ἐξ-ερέω: will speak (out), 5
ἥκω: to have come, be present, 9
θυμόομαι: be angry; act. make angry, 1
καθ-οράω: look upon, behold (aor. -εῖδον), 2
κατα-φθείρω: destroy, ruin, 1
κλύω: to hear, 11
μέμφομαι: blame, censure, 2

μήν: truly, surely, 9
ναίω: dwell, abide; settle, 4
ὁμοῦ: at once, at the same place, together, 8
ὀργαίνω: make angry, enrage, 1
ὀργή, ἡ: anger; panic, passion, 7
ὀργίζω: make angry, irritate, 2
οὐκοῦν: therefore, then, accordingly, 1
παρ-ίημι: let drop, give up; pass over, 3
πέρα: further, beyond (gen) 2
πέτρος, ὁ: stone, rock, 1
προ-δίδωμι: to betray, deliver; give before, 1
πυνθάνομαι: learn (by hearsay), 6
σιγή, ἡ: silence, 2
στέγω: cover, shroud, 1
τοιοῦτος, -αύτη, -οῦτο: such, 13
φύσις, -εως, ἡ: nature, character; birth, 5
ψέγω: to censure, blame, find fault, 1

331 προδοῦναι, καταφθεῖραι: aor. inf.
332 ἀλγυνῶ: future
  τί: *why...?*; 'in respect to what'
333 ἄλλως: *in vain*; 'otherwise (than right)'
  ἂν πύθοι(σ)ο: *you would...*; 2s aor. potential opt. πυνθάνομαι
  μου: *from...*; gen. of source
334 καὶ γὰρ: *for in fact*
335 ἂν...ὀργάνειας: *you would*; potential opt.
336 φανεῖ: *you will appear*; φανέε(σ)αι, 2s fut. φαίνομαι
337 ἐμέμψω: ἐμέμψα(σ)ο, 2s aor. mid.
339 ἂν ὀργίζοιτο: *would...*; potential opt.
  τοιαῦτα...ἔπη: acc. obj. of pple, ἔπεα
340 ἅ...ἀτιμάζεις πόλιν: *which words (of dishonor) you slight the city*; inner acc.
341 αὐτά: *(these things) themselves*; neut. pl. subject of a 3s fut. verb
  κἂν: *even if*; καὶ ἐὰν
  σιγῇ: *in silence*; adverbial, dat. manner
342 ἅ γ': *the things which*; obj. of λέγειν
343 ἂν...φράσαιμι: potential opt. φράζω
  πρὸς τάδε: *(in response) to these things*
344 θυμοῦ: θυμόε(σ)ο, sg. imperative θυμόω
  ἥτις: *which (is)*; supply linking verb
345 καὶ μὴν...γε: *very well...then*
  παρήσω: *I will pass over*; fut. παρ-ίημι
  ὡς ὀργῆς ἔχω: *as I have anger*; partitive

   ἅπερ ξυνίημ'· ἴσθι γὰρ δοκῶν ἐμοὶ   346
   καὶ ξυμφυτεῦσαι τοὔργον εἰργάσθαι θ', ὅσον
   μὴ χερσὶ καίνων· εἰ δ' ἐτύγχανες βλέπων,
   καὶ τοὔργον ἂν σοῦ τοῦτ' ἔφην εἶναι μόνου.
Τειρ ἄληθες; ἐννέπω σὲ τῷ κηρύγματι   350
   ᾧπερ προεῖπας ἐμμένειν, κἀφ' ἡμέρας
   τῆς νῦν προσαυδᾶν μήτε τούσδε μήτ' ἐμέ,
   ὡς ὄντι γῆς τῆσδ' ἀνοσίῳ μιάστορι.
Οἰδ οὕτως ἀναιδῶς ἐξεκίνησας τόδε
   τὸ ῥῆμα; καὶ ποῦ τοῦτο φεύξεσθαι δοκεῖς;   355
Τειρ πέφευγα· τἀληθὲς γὰρ ἰσχύον τρέφω.
Οἰδ πρὸς τοῦ διδαχθείς; οὐ γὰρ ἔκ γε τῆς τέχνης.
Τειρ πρὸς σοῦ· σὺ γάρ μ' ἄκοντα προυτρέψω λέγειν.
Οἰδ ποῖον λόγον; λέγ' αὖθις, ὡς μᾶλλον μάθω.
Τειρ οὐχὶ ξυνῆκας πρόσθεν; ἢ 'κπειρᾷ λέγων;   360

ἄκων (ἀέκων), -ουσα, -ον: unwilling, 5
ἀληθής, -ές: true, 7
ἀν-αιδῶς: shamelessly, ruthlessly, 1
ἀν-όσιος, -ον: unholy, impious, 3
αὖθις: back again, later, 5
διδάσκω: teach, instruct, 5
ἐκ-κινέω: move out, 1
ἐκ-πειράω: test, make trial of; try, 1
ἐμμένω: abide in, stay by, 1
ἐνν-επω: tell, say; bid, 6
ἐργάζομαι: to work; do, perform, 4
ἡμέρα, ἡ: day (ἀμέρα) 9
ἰσχύω: prevail, be strong, 1
καίνω: murder, kill, slay, 1
κήρυγμα, -ατος, τό: proclamation, 1

μᾶλλον: more, rather, 9
μιάστωρ, -ορος, ὁ: defiler, polluter, 1
ὅσπερ, ἥπερ, ὅπερ: (very one) who, which- 10
οὕτως: in this way, thus, so, 8
ποῦ: where? 6
προ-εῖπον: declare, speak forth, 1
προσ-αυδάω: address, speak to, 1
προ-τρέπω: urge on, impel, 1
πρόσθεν: before, earlier, 8
ῥῆμα, -ατος, τό: word, speech, saying, 1
συμ-φυτεύω: help, implant together, 1
συν-ίημι: understand, realize, 4
τέχνη, ἡ: art, skill, craft, 7
τρέφω: to rear, foster, nuture, 8
φεύγω: flee, run away; avoid, 9

346 ἴσθι...δοκῶν: *know that you seem*; sg. imperative οἶδα
347 συμφυτεῦσαι: aor. inf.
 τοὔργον: τὸ ἔργον; cognate acc.
 εἰργάσθαι: pf. inf. ἐργάζομαι
 ὅσον: *inasmuch as*; acc. of respect
 χερσὶ: *with...*; dat. of means, χείρ
348 εἰ...ἐτύγχανες βλέπων, ἄν...ἔφην: *if you happened to see, I would say...*; present contrafactual (εἰ impf., ἄν + impf.)
349 τοὔργον...τοῦτο: τὸ ἔργον, acc. subj.
 σοῦ...μόνου: *yours alone*; predicate gen.
350 κηρύγματι: dat. of compound, ἐμμένειν
351 ᾧπερ: *whomever*; acc. attracted into dat.
 κἀφ' ἡμέρας τῆς νῦν: *from this present day (forward)*; καὶ ἀπὸ

352 προσαυδᾶν: α-contract inf. with ἐννέπω
353 ὡς ὄντι: *since (you) are*; 'on the grounds of...' ὡς + pple for alleged cause; dat. pple εἰμί logically should modify acc. σὲ
355 τὸ ῥῆμα: i.e. the word 'μιάστορι'
 φεύξεσθαι: fut. inf. φεύγω,
356 πέφευγα: 1s pf. φεύγω,,
 ἰσχῦον: *being strong*; neuter pple
357 πρὸς τοῦ: *by whom*; gen. of agent
 διδαχθείς: nom. sg. aor. pass. pple
358 πρὸς σοῦ: *by...*; gen. of agent
 προυτρέψω: προυτρέψα(σ)ο, 2s aor.
359 ὡς: *so that...*; purpose, aor. subj.
360 συνῆκας: 2s aor. συνίημι
 ἐκπειρᾷ: *are you testing (me)?*; 2s pres. mid. ἐκπειραε(σ)αι

Οἰδ οὐχ ὥστε γ' εἰπεῖν γνωστόν· ἀλλ' αὖθις φράσον. 361
Τειρ φονέα σε φημὶ τἀνδρὸς οὗ ζητεῖς κυρεῖν.
Οἰδ ἀλλ' οὔ τι χαίρων δίς γε πημονὰς ἐρεῖς.
Τειρ εἴπω τι δῆτα κἄλλ', ἵν' ὀργίζῃ πλέον;
Οἰδ ὅσον γε χρῄζεις· ὡς μάτην εἰρήσεται. 365
Τειρ λεληθέναι σε φημὶ σὺν τοῖς φιλτάτοις
αἴσχισθ' ὁμιλοῦντ', οὐδ' ὁρᾶν ἵν' εἶ κακοῦ.
Οἰδ ἦ καὶ γεγηθὼς ταῦτ' ἀεὶ λέξειν δοκεῖς;
Τειρ εἴπερ τί γ' ἐστὶ τῆς ἀληθείας σθένος.
Οἰδ ἀλλ' ἔστι, πλὴν σοί· σοὶ δὲ τοῦτ' οὐκ ἔστ' ἐπεὶ 370
τυφλὸς τά τ' ὦτα τόν τε νοῦν τά τ' ὄμματ' εἶ.
Τειρ σὺ δ' ἄθλιός γε ταῦτ' ὀνειδίζων, ἃ σοὶ
οὐδεὶς ὃς οὐχὶ τῶνδ' ὀνειδιεῖ τάχα.
Οἰδ μιᾶς τρέφει πρὸς νυκτός, ὥστε μήτ' ἐμὲ
μήτ' ἄλλον, ὅστις φῶς ὁρᾷ, βλάψαι ποτ' ἄν. 375

ἀεί: always, forever, in every case, 6
ἄθλιος, -η, -ον: wretched, miserable, pitiful, 9
αἰσχρός, -ά, -όν: shameful, reproachful, 2
ἀλήθεια, ἡ: truth, 1
αὖθις: back again, later, 5
βλάπτω: to harm, 1
γηθέω: rejoice, be cheerful, 1
γνω(σ)τός, -όν: known, well-known, 3
δίς: twice, 1
εἴ-περ: if really, if, 7
ζητέω: to seek, 7
κυρέω: hit upon, meet, attain; happen, 6
λανθάνω: escape the notice of, 5
μάτην: in vain; at random, without reason, 5
νοῦς, ὁ: mind, thought, attention, 4
νύξ, νυκτός, ἡ: a night, 2

ὁμιλέω: consort with, have intercourse, 2
ὄμμα, -ατος, τό: the eye, 8
ὀνειδίζω: reproach (dat) for (acc), chide 6
ὀργίζω: make angry, irritate, 2
οὖς, ὠτός, τό: ear, 2
πήμονη, ἡ: calamity, misery, 2
πλήν: except, but (+ gen.), 3
σθένος, ὁ: strength, might, 1
σύν: along with, with, together (+ gen.) 8
τάχα: perhaps, soon, quickly, 9
τρέφω: to rear, foster, nuture, 8
τυφλός, -η, -ον: blind, 7
φονεύς, -εως ὁ: murderer, killer, 9
φῶς (φάος), φωτός, τό: light, daylight, 4
χαίρω: rejoice, enjoy, 3
χρῄζω: want, lack, have need of (gen) 11

361 οὐχ ὥστε...: *not so as to...*; result clause
γνωστόν: *that (it is)...*; add inf. εἶναι
φράσον: aor. imperative φράζω,
362 σε...κυρεῖν: *that you happen (to be)*
τἀνδρὸς: τοῦ ἀνδρός
οὗ: *whose (murderer)...*; relative clause
363 ἐρεῖς: 2s fut. λέγω
364 εἴπω: *Am I to...*; deliberative subj. εἶπον
τι...κἄλλο: *another thing also*
ἵνα...: *so that...*; purpose, + subj.
366 λεληθέναι: pf. inf. λανθάνω + pple
σε: *that you...*; acc. subject
φιλτάτοις: *closest kin*; 'those most dear'
367 αἴσχιστα: superlative adverb
ὁρᾶν: inf. ὁράω, σε is acc. subject

367 ἵνα...κακοῦ: *where of evil...*; partitive
εἶ: 2s pres. εἰμί,
ἦ καὶ: *truly in fact...?*; adverbial καί,
368 γεγηθὼς: nom. sg. pf. pple.
369 τί γ'...σθένος: *any strength*; indefinite τι
370 σοί...ἔστι: *you have*; dat. of possession,
371 τά τ' ὦτα...ὄμματα: *in...*; acc. respect
372 σὺ δ': *you (are)*; supply a linking verb
373 ἃ...οὐδεὶς (ἔστιν) ὅς...τάχα: *in respect to which things (there is) no one of these men who will not soon reproach you*; fut.
374 τρέφει: *you are fostered*; 2s pres. pass
μιᾶς...πρὸς νυκτός: *by...*; gen. agent
ὥστε...βλάψαι...ἄν: *so that (you) would ...*; result, aor. inf. equiv. to potential opt.

25

Τειρ οὐ γάρ σε μοῖρα πρός γ' ἐμοῦ πεσεῖν, ἐπεὶ 376
ἱκανὸς Ἀπόλλων, ᾧ τάδ' ἐκπρᾶξαι μέλει.
Οἰδ Κρέοντος ἢ σοῦ ταῦτα τἀξευρήματα;
Τειρ Κρέων δέ σοι πῆμ' οὐδέν, ἀλλ' αὐτὸς σὺ σοί.
Οἰδ ὦ πλοῦτε καὶ τυραννὶ καὶ τέχνη τέχνης 380
ὑπερφέρουσα τῷ πολυζήλῳ βίῳ,
ὅσος παρ' ὑμῖν ὁ φθόνος φυλάσσεται,
εἰ τῆσδέ γ' ἀρχῆς οὕνεχ', ἣν ἐμοὶ πόλις
δωρητόν, οὐκ αἰτητόν, εἰσεχείρισεν,
ταύτης Κρέων ὁ πιστός, οὑξ ἀρχῆς φίλος, 385
λάθρᾳ μ' ὑπελθὼν ἐκβαλεῖν ἱμείρεται,
ὑφεὶς μάγον τοιόνδε μηχανορράφον,
δόλιον ἀγύρτην, ὅστις ἐν τοῖς κέρδεσιν
μόνον δέδορκε, τὴν τέχνην δ' ἔφυ τυφλός.
ἐπεί, φέρ' εἰπέ, ποῦ σὺ μάντις εἶ σαφής; 390

ἀγύρτης, ὁ: vagabond, begging priest, 1
αἰτητός, -όν: asked for, sought, 1
Ἀπόλλων, ὁ: Apollo, 8
ἀρχή, ἡ: a beginning; rule, office, 8
δέρκομαι: see clearly, have sight, 3
δόλιος, -α, -ον: deceitful, treacherous, 1
δωρητός, -όν: freely given, given, 1
εἰσ-χειρίζω: put in one's hand, entrust, 1
ἐκ-βάλλω: to throw out of, cast away, 4
ἐκ-πράσσω: accomplish, achieve, 1
ἐξεύρημα, -ατος, τό: invention, contrivance, 1
ἱκανός, -ή, -όν: sufficient, enough, 1
ἱμείρω: long for, desire, 2
κέρδος, -εος τό: profit, gain, advantage, 4
λάθρᾳ: in secret, by stealth, 3
μάγος, -ου, ὁ: enchanter, charlatan; wizard, 1
μάντις, -εως, ὁ: seer, prophet, diviner, 8
μέλω: μέλει, there is a care for (dat., gen.), 3

μηχανο-ρράφος, -ον: craftily-dealing, crafty 1
μοῖρα, ἡ: part, portion, share, lot; fate, 6
οὕνεκα: for the sake of (+ gen.); the fact that 5
παρά: from, at, to the side of, 14
πῆμα, -ατος, τό: woe, misery, suffering, 4
πίπτω (πεσ): to fall, fall down, drop, 6
πιστός, -ή, -όν: trustworthy; trusted friend, 2
πλοῦτος, ὁ: wealth, riches, 1
πολυ-ζήλος, -ον: full of ambition, 1
ποῦ: where? 6
τέχνη, ἡ: art, skill, craft, 7
τυραννίς, -ίδος, ἡ: sovereignty, 5
τυφλός, -η, -ον: blind, 7
ὑπερ-φέρω: surpass, excel (gen); carry over, 1
ὑπ-έρχομαι: come secretly; insinuate, creep, 1
ὑφ-ίημι: send secretly or underhandedly, 1
φθόνος, ὁ: envy, jealousy; ill-will, 1
φυλάσσω: guard, watch over, 1

376 οὐ...μοῖρα: *(it is) not fate that*
 πεσεῖν: aor. inf. πίπτω, σε is acc. subj.
 πρός γ'ἐμοῦ: *because of...*; gen. agent
377 ἱκανὸς: *(is) capable*; predicate
 ἐκπρᾶξαι: aor. inf. ἐκπράσσω
378 Κρέοντος ἢ σοῦ: *(are)...*; predicative gen.
379 Κρέων: *Creon (is)*; supply linking verb
 αὐτὸς σὺ: add 2nd sg. εἰμί + πῆμα οὐδέν
381 τῷ πολυζήλῳ βίῳ: *in a life of rivalry*
382 ὅσος...φθόνος: *How much envy is watched over by your side!;* i.e. 'fostered'
383 ἣν: *which...*; obj. of εἰσεχείρισεν
 ἐμοὶ: *to me*; obj. of aor. εἰσεχείρισεν

384 δωρητὸν, οὐκ αἰτητόν: *as...*; predicates
385 ταύτης: i.e. τῆσδέ ἀρχῆς, with πιστός
 ὁ πιστός, ὁ φίλος: in apposition to Κρέων
 ἐξ ἀρχῆς: *from the beginning*
 ὑφεὶς: nom. sg. aor. pple. ὑφ-ίημι
388 ἐν τοῖς κέρδεσιν: *in (the case of) profit*
389 μόνον: *only*; adverbial acc.
 δέδορκε: pf. but pres. sense, δέρκομαι
 τὴν τέχνην: *in...*; acc. of respect
 ἔφυ: *is (by nature)*; pres. sense
390 ἐπεὶ: *since*; explaining the previous words
 φέρε: *come!*; introduces an imperative
 εἶ: 2nd sg. pres. εἰμί

πῶς οὐκ, ὅθ' ἡ ῥαψῳδὸς ἐνθάδ' ἦν κύων, 391
ηὔδας τι τοῖσδ' ἀστοῖσιν ἐκλυτήριον;
καίτοι τό γ' αἴνιγμ' οὐχὶ τοὐπιόντος ἦν
ἀνδρὸς διειπεῖν, ἀλλὰ μαντείας ἔδει·
ἣν οὔτ' ἀπ' οἰωνῶν σὺ προυφάνης ἔχων 395
οὔτ' ἐκ θεῶν του γνωτόν· ἀλλ' ἐγὼ μολών,
ὁ μηδὲν εἰδὼς Οἰδίπους, ἔπαυσά νιν,
γνώμῃ κυρήσας οὐδ' ἀπ' οἰωνῶν μαθών·
ὃν δὴ σὺ πειρᾷς ἐκβαλεῖν, δοκῶν θρόνοις
παραστατήσειν τοῖς Κρεοντείοις πέλας. 400
κλαίων δοκεῖς μοι καὶ σὺ χὠ συνθεὶς τάδε
ἀγηλατήσειν· εἰ δὲ μὴ 'δόκεις γέρων
εἶναι, παθὼν ἔγνως ἂν οἷά περ φρονεῖς.
Χορ ἡμῖν μὲν εἰκάζουσι καὶ τὰ τοῦδ' ἔπη
ὀργῇ λελέχθαι καὶ τά σ', Οἰδίπους, δοκεῖ, 405

ἀγ-ηλατέω: drive out the polluted, purge, 1
αἴνιγμα, -ατος, τό: riddle, puzzle, 2
ἀστός, ὁ: townsman, citizen, 6
γέρων, -οντος: old, 5
γνω(σ)τός, -όν: known, well-known, 3
γνώμη, ἡ: judgment; opinion, resolve, 8
δι-εῖπον, -ον: tell distinctly or thoroughly, 2
εἰκάζω: to guess; liken, infer by comparison 4
ἐκ-βάλλω: to throw out of, cast away, 4
ἐκ-λυτήριος, -ον: expiatory, offering release, 1
ἔμολον: go, come (aor. of βλώσκω,) 7
ἐνθάδε: here, hither, there, thither, 5
ἐπ-έρχομαι (ἔπ-ειμι): come upon, 1
θρόνος, ὁ: chair, seat, 3
καίτοι: and yet, and indeed, and further, 3
κλαίω: to weep, lament, wail, 2

κυρέω: hit upon, meet, attain; happen, 6
κύων, κυνός, ὁ, ἡ: dog, bitch, 1
μαντεῖα, ἡ: oracle, prophecy, 2
οἰωνός, ὁ: large bird, bird of prey, 3
ὀργή, ἡ: anger; panic, passion, 7
ὅτε: when, at some time, 2
παρα-στατέω: stand by, support, 1
πάσχω: suffer, experience, 8
παύω: to stop, make cease, 2
πειράω: try, attempt; make trial of, 1
πέλας: near, close; neighbor, other, 5
περ: just, the very one (often emphasizing) 2
προ-φαίνω: show (forth), reveal, 3
ῥαψῳδός, ὁ: rhapsode, weaver of song, 1
συν-τίθημι: put together; contrive, plot, 1

391 ὅθ': *when*; ὅτε
   ἦν κύων: i.e. the Sphinx, impf. εἰμί
392 ηὔδας: *...did you say...?*; interrogative
393 τό γ' αἴνιγμα...διειπεῖν: inf. subject
   τοὐπιόντος...ἀνδρός: *belonged not to a first comer*; 'was not of a man coming upon it,' pred. gen., pple. ἐπ-έρχομαι (1)
394 ἔδει: *there was need of* + gen.
   ἥν: *which...*; relative, following μαντείας
395 προυφάνης: 2s aor. pass. προφαίνω
396 του: *any*; τινος, indefinite with θεῶν
396 μολών: pple ἔμολον
397 ὁ μηδὲν εἰδώς: *the one not knowing*; generalizing pple governs μή not οὐ
398 γνώμῃ: *with intelligence*; dat. means

   κυρήσας: *having attained (the answer)*
   μαθών: aor. pple μανθάνω
399 θρόνοις...Κρεοντείοις: *throne of Creon*
401 χὠ συνθεὶς τάδε: *and the one arranging these things*; καὶ ὁ, aor. pple. συν-τίθημι
402 εἰ...(ἐ)δόκεις,...ἔγνως ἄν: *if you did not seem..., you would have learned*; mixed contrafactual (εἰ + impf., ἄν + aor)
403 παθών: *by...*; causal, aor. pple πάσχω
   οἷά...φρονεῖς: *what sort (of boastful thoughts) you think*
404 ἡμῖν...εἰκάζουσι: *to us thinking*; dat. pple
   τοῦδ'...τὰ σ(ά): *this one's...your*; + ἔπη
405 ὀργῇ: *in...*; dat. of manner
   λελέχθαι: pf. pass. inf. λέγω

δεῖ δ' οὐ τοιούτων, ἀλλ' ὅπως τὰ τοῦ θεοῦ 406
μαντεῖ' ἄριστα λύσομεν, τόδε σκοπεῖν.
Τειρ εἰ καὶ τυραννεῖς, ἐξισωτέον τὸ γοῦν
ἴσ' ἀντιλέξαι· τοῦδε γὰρ κἀγὼ κρατῶ.
οὐ γάρ τι σοὶ ζῶ δοῦλος, ἀλλὰ Λοξίᾳ· 410
ὥστ' οὐ Κρέοντος προστάτου γεγράψομαι.
λέγω δ', ἐπειδὴ καὶ τυφλόν μ' ὠνείδισας·
σὺ καὶ δέδορκας κοὐ βλέπεις ἵν' εἶ κακοῦ,
οὐδ' ἔνθα ναίεις, οὐδ' ὅτων οἰκεῖς μέτα.
ἆρ' οἶσθ' ἀφ' ὧν εἶ; καὶ λέληθας ἐχθρὸς ὢν 415
τοῖς σοῖσιν αὐτοῦ νέρθε κἀπὶ γῆς ἄνω,
καί σ' ἀμφιπλὴξ μητρός τε καὶ τοῦ σοῦ πατρὸς
ἐλᾷ ποτ' ἐκ γῆς τῆσδε δεινόπους ἀρά,
βλέποντα νῦν μὲν ὄρθ', ἔπειτα δὲ σκότον.
βοῆς δὲ τῆς σῆς ποῖος οὐκ ἔσται λιμήν, 420

ἀμφι-πλήξ: striking with both sides, 1
ἀντι-λέγω: say in reply, speak against, 1
ἄνω: above; a lot, up, 2
ἀρά, ἡ: prayer, vow, curse, 4
ἆρα: introduces a yes/no question, 8
ἄριστος, -η, -ον: best, most excellent, 7
βοή, ἡ: shout, cry, 1
γοῦν: at any rate, at least then, any way, 3
γράφω: write; enlist, enroll, 1
δεινό-πους, -ποδος, ὁ, ἡ: with dreadful chase 1
δέρκομαι: see clearly, have sight, 3
δοῦλος, ὁ: a slave, 4
ἐλαύνω: drive, march, 6
ἐξ-ιστωτέος, -α, -ον: to be made equal, 1
ἐπειδή: when, after, since, because, 1
ἔπειτα: then, thereupon, at that time, 2
ἐχθρός, -ή, -όν: hostile, hated; an enemy, 2

ζάω (ζῶ): to live, 12
κρατέω: control, rule; overpower, 7
λανθάνω: escape the notice of, 5
λιμήν, -ένος, ὁ: harbor, haven, 2
Λοξίας, -ου, ὁ: Loxias (epithet for Apollo), 4
λύω: loosen; fulfill, accomplish; pay, 6
μαντεῖα, ἡ: oracle, prophecy, 2
μετά: with (+gen.); after (+ acc.), 4
ναίω: dwell, abide; settle, 4
νέρθε: below, under, 1
οἰκέω: life, dwell, 3
ὀνειδίζω: reproach, chide, 6
προστάτης, -ου, ὁ: protector, leader, 3
σκοπέω: to examine, consider, behold, 7
σκότος, ὁ: darkness, gloom, 3
τυραννέω: be sovereign, king, 1
τυφλός, -η, -ον: blind, 7

406 δεῖ...τοιούτων...σκοπεῖν: *there is no need for (gen) but (it is necessary) to...*
 ὅπως...λύσομεν: *how we will resolve...*
407 ἄριστα: superlative adverb
408 εἰ καὶ: *even though;* 'even if', concessive
 ἐξισωτέον (ἐστίν)...ἀντιλέξαι: *it must be equally allowed to give, at least, equal reply*; impers. verbal adj.; ἴσ(α) inner acc.
409 τοῦδε...κρατῶ: *I have control over this*
410 σοὶ...δοῦλος: *as a slave to...*
411 γεγράψομαι: *I will be enrolled*; fut. pf.
 Κρέοντος: *as (a dependent) of Creon*; pred.
412 τυφλόν: i.e. for being blind
413 δέδορκας: *you have sight*; pf.

ἵνα...κακοῦ: *where of evil...*; partitive gen
414 ἔνθα: *where*
 ὅτων...μέτα: *with whom*; μετὰ ὧντινων
415 οἶσθα: 2s pf. οἶδα with present sense
 λέληθας: *you are unwittingly the enemy*; 2s pf. λανθάνω + pple, εἰμί
416 τοῖς σοῖσιν αὐτοῦ: *to your very own (kin)*
 νέρθε...ἄνω: i.e. dead and alive
417 ἀμφιπλήξ...ἀρά: *the curse striking on both sides, for your mother and father,*
418 ἐλᾷ: 3s aor. ἐλαύνω (stem ἐλα-)
419 μὲν ὄρθα...δὲ σκότον: *now straight, but later darkness*; neut. ὄρθα is an inner acc.
420 ἔσται: 3s fut. εἰμί

28

     ποῖος Κιθαιρὼν οὐχὶ σύμφωνος τάχα, 421
     ὅταν καταίσθῃ τὸν ὑμέναιον, ὃν δόμοις
     ἄνορμον εἰσέπλευσας, εὐπλοίας τυχών;
     ἄλλων δὲ πλῆθος οὐκ ἐπαισθάνει κακῶν,
     ἅ σ᾽ ἐξισώσει σοί τε καὶ τοῖς σοῖς τέκνοις. 425
     πρὸς ταῦτα καὶ Κρέοντα καὶ τοὐμὸν στόμα
     προπηλάκιζε· σοῦ γὰρ οὐκ ἔστιν βροτῶν
     κάκιον ὅστις ἐκτριβήσεταί ποτε.
Οἰδ ἦ ταῦτα δῆτ᾽ ἀνεκτὰ πρὸς τούτου κλύειν;
     οὐκ εἰς ὄλεθρον; οὐχὶ θᾶσσον; οὐ πάλιν 430
     ἄψορρος οἴκων τῶνδ᾽ ἀποστραφεὶς ἄπει;
Τειρ οὐδ᾽ ἱκόμην ἔγωγ᾽ ἄν, εἰ σὺ μὴ ᾽κάλεις.
Οἰδ οὐ γάρ τί σ᾽ ᾔδη μῶρα φωνήσοντ᾽, ἐπεὶ
     σχολῇ σ᾽ ἂν οἴκους τοὺς ἐμοὺς ἐστειλάμην.
Τειρ ἡμεῖς τοιοίδ᾽ ἔφυμεν, ὡς μὲν σοὶ δοκεῖ, 435

ἀν-εκτός, -όν: bearable, tolerable, 1
ἄν-ορμος, -ον: without harbor, 1
ἀπ-έρχομαι: go away, 3
ἀπο-στρέφω: turn away, turn back, 3
ἄψορρος, -ον: going back, backwards, 1
δόμος, ὁ: a house, 9
ἔγωγε: I, for my part, 8
εἰσ-πλέω: sail to, enter, 1
ἐκ-τρίβω: rub out, wear out, destroy, 2
ἐξ-ισόω: make *acc* equal to *dat*, make level, 2
ἐπ-αισθάνομαι: perceive, 1
εὐ-πλοία, ἡ: fair voyage, 1
θάσσων, ον: faster, more swift, 1
καλέω: to call, summon, invite, 6
κατ-αισθάνομαι: perceive, 1

Κιθαιρών, -ῶνος ὁ: Mt. Cithaeron, 6
μῶρος, -η, -ον: foolish, dull, stupid, 3
ὄλεθρος, ὁ: death, ruin, destruction, 3
ὅταν: ὅτε ἄν, whenever, 5
πάλιν: again, once more; back, backwards, 9
πλῆθος, ἡ: crowd, multitude; size, 4
προ-πηλακίζω: sling mud, abuse foully, 1
στέλλω: send, send for, 2
στόμα, -ατος, τό: the mouth, 4
σύμ-φωνος, -ον: echoing, in harmony, 1
σχολή, ἡ: leisure, ease, free time, 2
τάχα: perhaps, soon, quickly, 9
τυγχάνω: chance upon, get; happen, 11
ὑμέναιος, ὁ: wedding (or processional) song, 1
φωνέω: to utter, speak, 4

421 ποῖος Κιθαιρών: *what part of Cithaeron*
422 ὅταν καταίσθῃ: *whenever...*; general temporal clause; 2s aor. mid. subj.
    δόμοις: *into the house*; dat. of compound
423 εἰσέπλευσας: 2s aor. εἰσπλέω
    τυχών: *having attained* + gen.; aor. pple
424 ἐπαισθάνει: ἐπαισθανε(σ)αι, 2s pres.
425 ἅ: *which (evils)*; neut. pl. subj. of sg. verb
426 πρὸς ταῦτα: *in reply to...*
    καὶ...καὶ: *both...and*
427 σοῦ κάκιον: *more harshly than you*; gen. of comparison and comparative adv.
    οὐκ...ὅστις: *there is not anyone (τις) of mortals who (ὅς)...*; partitive gen.
429 ἀνεκτὰ...κλύειν: *(are) endurable to hear*; epexegetical/explanatory inf.

    πρὸς τούτου: *from...*; gen. of source
430 οὐκ εἰς ὄλεθρον: *(why) not (go) to hell?*; 'to ruin', add verb of motion
    οὐχὶ θᾶσσον: *(why) not (go to hell) more quickly?*; comparative adverb
431 ἀποστραφεὶς: nom. sg. aor. pass. pple
    ἄπει: 2s fut. ἀπέρχομαι (ἄπ-ειμι)
432 ἱκόμην...ἄν, εἰ...ἐκάλεις: *I would have..., if you did not call (me)*; contrafactual
433 οὐ...τί: *not at all*; οὐ τι, indef. inner acc.
    ᾔδη: *I did know*; 1s plpf. οἶδα
    ἐπεὶ: *since otherwise*
434 σχολῇ: *hardly*; 'at leisure'; dat. manner
    ἄν...ἐστειλάμην: *I would have...*; past potential (ἄν + aor.), στέλλω
435 ἔφυμεν..., ὡς: *were born...,as*

	μῶροι, γονεῦσι δ', οἵ σ' ἔφυσαν, ἔμφρονες.	436
Οἰδ	ποίοισι; μεῖνον, τίς δέ μ' ἐκφύει βροτῶν;	
Τειρ	ἥδ' ἡμέρα φύσει σε καὶ διαφθερεῖ.	
Οἰδ	ὡς πάντ' ἄγαν αἰνικτὰ κἀσαφῆ λέγεις.	
Τειρ	οὔκουν σὺ ταῦτ' ἄριστος εὑρίσκειν ἔφυς;	440
Οἰδ	τοιαῦτ' ὀνείδιζ', οἷς ἔμ' εὑρήσεις μέγαν.	
Τειρ	αὕτη γε μέντοι σ' ἡ τύχη διώλεσεν.	
Οἰδ	ἀλλ' εἰ πόλιν τήνδ' ἐξέσωσ', οὔ μοι μέλει.	
Τειρ	ἄπειμι τοίνυν· καὶ σύ, παῖ, κόμιζέ με.	
Οἰδ	κομιζέτω δῆθ'· ὡς παρὼν σύ γ' ἐμποδὼν	445
	ὀχλεῖς, συθείς τ' ἂν οὐκ ἂν ἀλγύνοις πλέον.	
Τειρ	εἰπὼν ἄπειμ' ὧν οὕνεκ' ἦλθον, οὐ τὸ σὸν	
	δείσας πρόσωπον· οὐ γὰρ ἔσθ' ὅπου μ' ὀλεῖς.	
	λέγω δέ σοι· τὸν ἄνδρα τοῦτον, ὃν πάλαι	
	ζητεῖς ἀπειλῶν κἀνακηρύσσων φόνον	450

ἄγαν: too much, excessively, 4
αἰνικτός, -ή, -όν: riddling, puzzling, 1
ἀλγύνω: to pain, distress, grieve, 3
ἀνα-κηρύσσω: proclaim (by herald), 1
ἀπειλέω: hold out a threat, 1
ἀπ-έρχομαι: go away, 3
ἄριστος, -η, -ον: best, most excellent, 7
ἀ-σαφής, -ές: unclear, unreliable, indefinite, 1
γονεύς, -εως ὁ: parent, begetter, 1
δείδω: fear, dread, 6
δια-φθείρω: destroy, corrupt, 1
δι-όλλυμι: destroy utterly, lose, kill, 4
ἐκ-σώζω: save, keep safe, preserve, 2
ἐκ-φύω: generate, beget, produce, 6
ἐμ-ποδών: in the way (of one's feet), 2
ἔμ-φρων, -ονος: sensible, prudent, 1
ζητέω: to seek, 7

ἡμέρα, ἡ: day (ἀμέρα) 9
κομίζω: bring, carry away, attend to, 4
μέλω: μέλει, there is a care for (dat., gen.), 3
μέντοι: however, nevertheless; certainly, 3
μένω: stay, remain, wait for, 4
μῶρος, -η, -ον: foolish, dull, stupid, 3
ὀνειδίζω: reproach, chide, 6
ὅ-που: where, 5
οὔκ-ουν: not therefore, and so not, 6
οὕνεκα: for the sake of (which); the fact that 5
ὀχλέω: be trouble or irksome; disturb, 1
πάρ-ειμι: be near, be present, be at hand, 6
ποιέω: to do, make, create, compose, 5
πρόσωπον, τό: face, visage, countenance, 2
σεύω: rush, run (along), hasten, 1
τοίνυν: accordingly, well then, therefore, 3
φόνος, ὁ: murder, slaughter, bloodshed, gore 8

436 γονεῦσι: to (your) parents; dat. reference
δ(ὲ)...: but
437 ποίοισι: to what (parents)?; see γονεῦσι
μεῖνον: wait!; aor. imperative, μένω
ἐκφύει: has given birth to; pf. in sense
βροτῶν: partitive gen. with τίς
438 φύσει, διαφθερεῖ: future tense
439 ὡς...ἄγαν: how excessively!; exclamation
440 εὑρίσκειν: explanatory inf. (~dat. respect)
ἔφυς: are you...?; treat as a linking verb
441 οἷς: in (respect to) which; dat. respect
μέγαν: great; predicative acc.
442 αὕτη γε: just this...; emphatic
διώλεσεν: aor. διόλλυμι

443 οὔ...μέλει: i.e. I do not care if I am ruined
444 ἄπειμι: fut. ἀ-έρχομαι
445 κομιζέτω: Let him...; 3s imperative
δῆθ: yes indeed; δῆτα, in assent
ὡς παρὼν: since...; 'on the grounds of'
ὡς + pple, alleged cause, pple πάρ-ειμι
446 συθείς: having gone; aor. dep. pple. σεύω
ἂν ἀλγύνοις: you would not...; potential
opt., duplicated ἂν emphasizes οὐκ
πλέον: comparative adv.
447 ὧν οὕνεκα: (the things) for the sake of
which; the antecedent is obj. of εἰπὼν
448 οὐ...ἔσθ' ὅπου: there is no (case) where
ὀλεῖς: 2s fut. ὄλλυμι

τὸν Λαΐειον, οὗτός ἐστιν ἐνθάδε, 451
ξένος λόγῳ μέτοικος, εἶτα δ' ἐγγενὴς
φανήσεται Θηβαῖος, οὐδ' ἡσθήσεται
τῇ ξυμφορᾷ· τυφλὸς γὰρ ἐκ δεδορκότος
καὶ πτωχὸς ἀντὶ πλουσίου ξένην ἔπι 455
σκήπτρῳ προδεικνὺς γαῖαν ἐμπορεύσεται.
φανήσεται δὲ παισὶ τοῖς αὑτοῦ ξυνὼν
ἀδελφὸς αὑτὸς καὶ πατήρ, κἀξ ἧς ἔφυ
γυναικὸς υἱὸς καὶ πόσις, καὶ τοῦ πατρὸς
ὁμόσπορός τε καὶ φονεύς. καὶ ταῦτ' ἰὼν 460
εἴσω λογίζου· κἂν λάβῃς ἐψευσμένον,
φάσκειν ἔμ' ἤδη μαντικῇ μηδὲν φρονεῖν.
Χορ τίς ὅντιν' ἁ θεσπιέπεια στρ. α
Δελφὶς εἶπε πέτρα
ἄρρητ' ἀρρήτων τελέσαν- 465

ἀδελφός, ὁ: a brother, 2
ἀντί: instead of, in place of (+ gen.), 7
ἄ-ρρητος, -ον: unspoken, unspeakable, 3
γαῖα, ἡ: earth, land, 1
Δελφίς (fem. adj.): Delphic, of Delphi, 1
δέρκομαι: see clearly, have sight, 3
ἐγ-γενής, -ές: inborn, native, 4
εἴσω: within, to within, 1
εἶτα: then, thereupon, at that time, 3
ἐμ-πορεύομαι: travel, make way, 1
ἐνθάδε: here, hither, there, thither, 5
ἥδομαι: enjoy, take delight in (dat), 2
θεσπιέπεια (fem. adj.): prophetic, oracular, 1
Θηβαῖος, -α, -ον: Theban, 1
Λαίειος, -ον: of Laius, 2
λογίζομαι: calculate, reckon, consider, 1
μαντικός, -ή, -όν: prophetic, oracular, 4

μέτ-οικος, ὁ, ἡ: resident alien, immigrant, 1
ξένη, ἡ: a female guest, foreigner, stranger, 1
ὁμό-σπορος, -ον: fellow-sower, common, 2
πέτρα, ἡ: stone, rock, 2
πλούσιος, -όν: wealthy, rich, opulent, 2
πόσις, ὁ: husband, spouse, 3
προ-δείκνυμι: indicate or show before, 2
πτωχός, -ή, -όν: beggar, beggarly, poor, 2
σκῆπτρον, τό: staff; sceptre, 2
συμ-φορά, ἡ: misfortune; happening, event, 4
σύν-ειμι: to be with, associate with, 4
τελέω: fulfill, accomplish; pay, 8
τυφλός, -η, -ον: blind, 7
υἱός, -οῦ, ὁ: a son, 1
φάσκω: to say, claim, assert, 5
φονεύς, -εως ὁ: murderer, killer, 9
ψεύδω: speak false; deceive, 1

451 τὸν ἄνδρα τοῦτον…οὗτος ἐστιν ἐνθάδε: this man is here; οὗτος repeats ἄνδρα τοῦτον, which is attracted into acc. by ὅν
452 λόγῳ: in reputation; dat. of respect
453 φανήσεται: fut. mid. φαίνομαι, 'appear'
ἡσθήσεται: fut. pass. deponent ἥδομαι
454 ἐκ δεδορκότος: from one having sight
455 ξένην ἔπι: to a foreign (land); supply γῆν
456 προδεικνὺς γαῖαν: showing the earth in front; nom. pple; σκήπτρῳ is dat. means
457 φανήσεται: fut. φαίνομαι, 'appear'
παισὶ τοῖς αὑτοῦ: his own children; dat. pl. of compound verb; ἑαυτοῦ, reflexive
458 (ὁ) αὑτός: the same (one); add article

κἀξ ἧς γυναικὸς: from which wife; καὶ ἐξ
460 ἰὼν: nom. sg. pple ἔρχομαι
461 λογίζου: λογίζε(σ)ο, pres. mid. imper.
κἂν λάβῃς: and if you catch (me); καὶ ἐὰν
ἐψευσμένον: pf. mid. pple ψεύδομαι
462 φάσκειν: inf. as imperative
μαντικῇ: in the prophetic art; dat. respect
464 τίς ὅντινα: who (is) the one whom…?
ἁ θεσπιέπεια Δελφὶς πέτρα: nom. subj., ἡ
465 ἄρρητα ἀρρήτων: (most) unspeakable of unspeakable things; obj. of τελέσαντα
τελέσαντα: having accomplished; modifies ὅντινα in ind. disc. governed by εἶπε

τὰ φοινίαισι χερσίν; 466
ὥρα νιν ἀελλάδων
ἵππων σθεναρώτερον
φυγᾷ πόδα νωμᾶν.
ἔνοπλος γὰρ ἐπ' αὐτὸν ἐπενθρῴσκει
πυρὶ καὶ στεροπαῖς ὁ Διὸς γενέτας, 470
δειναὶ δ' ἅμ' ἕπονται
κῆρες ἀναπλάκητοι
ἔλαμψε γὰρ τοῦ νιφόεν- ἀντ. α
τος ἀρτίως φανεῖσα
φάμα Παρνασοῦ τὸν ἄδη- 475
λον ἄνδρα πάντ' ἰχνεύειν.
φοιτᾷ γὰρ ὑπ' ἀγρίαν
ὕλαν ἀνά τ' ἄντρα καὶ
πέτρας ἰσόταυρος
μέλεος μελέῳ ποδὶ χηρεύων,
τὰ μεσόμφαλα γᾶς ἀπονοσφίζων 480

ἄγριος, -α, -ον: wild, fierce; cruel, 5
ἄ-δηλος, -ον: unclear, not visible, 3
ἀελλάς, -αδος: storm-swift, 1
ἅμα: at the same time; along with (dat.), 9
ἀνά: up, onto, upon, 1
ἀναμ-πλάκητος, -ον: unerring, unfailing, 1
ἄντρον, τό: cave, 1
ἀπο-νοσφίζω: avoid, shun; separate from, 1
ἀρτίως: just, newly, recently, 9
γενέτης, ὁ: son, begotten; father, begetter, 1
ἔν-οπλος, -ον: in arms, armed, 1
ἐπ-εν-θρῴσκω: leap or spring on, attack, 1
ἕπομαι: follow, attend, escort, 1
ἵππος, ὁ: a horse, 1
ἰσό-ταυρος, -ον: like a bull, 1
ἰχνεύω: track down, hunt, 2
κήρ, ἡ: agent of death, fate, death, doom, 1
λάμπω: to shine, give light, 1

μέλεος, -α, -ον: joyless, miserable; useless, 2
μεσόμφαλος, -ον: central, mid-naval, 1
νιφόεις, -εσσα, -εν: snowy, snowclad, 1
νωμάω: wield, deal with, manage, 2
Παρνασός, ὁ: Mt. Parnasus, 1
πέτρα, ἡ: stone, rock, 2
πούς, ποδός, ὁ: a foot, 6
πῦρ, -ος, τό: fire, 2
σθεναρός, -ά, -όν: strong, mighty, 1
στεροπή, ἡ: lightning, thunderbolt, 1
ὕλη, ἡ: wood, forest, 1
ὑπό: by, because of (gen), under (dat), 7
φήμη, ἡ: utterance, saying, message, 4
φοίνιος, -α, -ον: blood-red, bloody, 3
φοιτάω: visit, go to and fro, 2
φυγή, ἡ: flight, escape, exile, 2
χηρεύω: live in solitude, be without, 1
ὥρη, ἡ: time, season, period of a year, 2

466 φοινίαισι χερσίν: *with...*; dat. means, χείρ
467 ὥρα: *(it is) time*
  νιν νωμᾶν: *that he wield*; acc. subj. + inf.
  ἀελλάδων ἵππων: *than*; gen. comparison
468 φυγᾷ: *in flight*; dat. of respect
469 ἐπὶ αὐτὸν: *upon him*
470 ὁ Διὸς γενέτας: *son of Zeus*; i.e. Apollo
473 ἔλαμπε...φανεῖσα φάμα: *a report, made to appear, shined forth*; i.e. just a signal fire, aor. pass. pple φαίνω
  τοῦ...Παρνασοῦ: *from...*; gen. pfw

475 τὸν ἄδηλον...ἰχνεύειν: *that everyone track down the unknown man*; πάντα is acc subj.; all in apposition to φάμα
477 φοιτᾷ: φοιτάει, 3s pres. α-contract
  ὑπό: *beneath...*; acc. place to which
478 ἀνά: *throughout...*; 'up (and down)'
479 μέλεος...ποδὶ: *joyless with joyless step*
480 τὰ μεσόμφαλα γῆς...μαντεῖα: *the oracles in the naval of the earth*; i.e. oracles from Delphi

μαντεῖα· τὰ δ' ἀεὶ 481
ζῶντα περιποτᾶται.
δεινὰ μὲν οὖν, δεινὰ ταράσσει   στρ. β
σοφὸς οἰωνοθέτας
οὔτε δοκοῦντ' οὔτ' ἀποφάσκονθ'· 485
ὅ τι λέξω δ' ἀπορῶ.
πέτομαι δ' ἐλπίσιν οὔτ' ἐν-
θάδ' ὁρῶν οὔτ' ὀπίσω.
τί γὰρ ἢ Λαβδακίδαις
ἢ τῷ Πολύβου νεῖ- 490
κος ἔκειτ', οὔτε πάροιθέν
ποτ' ἔγωγ' οὔτε τανῦν πω
ἔμαθον, πρὸς ὅτου δὴ
βασανίζων βασάνῳ
ἐπὶ τὰν ἐπίδαμον 495

ἀεί: always, forever, in every case, 6
ἀ-πορέω: be at a loss, bewilder, 1
ἀπο-φάσκω: deny; say...not, 1
βασανίζω: put to the test, make proof of, 1
βάσανος, ὁ: test, proof; touchstone, 2
ἔγωγε: I, for my part, 8
ἐλπίς, -ίδος, ἡ: hope, expectation, 7
ἐνθάδε: here, hither, there, thither, 5
ἐπί-δημος, -ον: popular, prevalent; at home, 1
κεῖμαι: to lie, lie down, 4

μαντεῖα, ἡ: oracle, prophecy, 3
νεῖκος, τό: quarrel, strife, wrangle, 3
οἰωνο-θέτης, ὁ: interpreters of auguries, 1
ὀπίσω: hereafter, in the future; backwards, 1
πάροιθεν: before, formerly, in front, 3
περι-ποτάομαι: fly around, flitter about, 1
πέτομαι: to fly, flutter, 2
σοφός, -ή, -όν: wise, skilled, 4
τανῦν: now, at present (adv. acc., τὰ νῦν) 4
ταράσσω: trouble, stir up, confuse, 1

481 μαντεῖα: see note l. 480
τὰ δ': and these (oracles)
482 ζῶντα: pres. pple, α-contract, ζάοντα
483 δεινά: adverbial acc.
    μὲν οὖν: certainly, to be sure; οὖν turns to a new point, μὲν is affirmative
    ταράσσει: troubles (me); add object
484 οἰωνοθέτας: οἰωνοθέτης, nom. subj.
485 δοκούντα, ἀποφάσκοντα: approving, denying; both modifying the understood acc. sg. object 'me' of ταράσσει
486 ὅ τι λέξω: what I am to...; ind. question governed by ἀπορῶ, λέξω is either fut. indicative or deliberative aor. subj.
487 πέτομαι: I am soaring with hope

ἐλπίσιν: dat. pl. of manner
489 ἐνθάδε...ὀπίσω: then...hereafter; i.e. the past and the future
490 ἢ Λαβδακίδαις ἢ τῷ Πολύβου: either for the descendants of Labdacus or for that of Polybus; i.e. 'between the houses of Labdacus and of Polybus;' dat. of interest
491 ἔκειτ(ο): lay; i.e. existed, impf. κεῖμαι
493 ἔμαθον: 1s aor. μανθάνω
    πρὸς ὅτου δὴ βασανίζων βασάνῳ: testing at the touchstone of just what (quarrel)...; i.e. 'making a test of which (quarrel);' πρὸς governs βασάνῳ, gen. ὅστις (alternative form) refers to νεῖκος
495 ἐπὶ...φάτιν: against the...reputation

φάτιν εἶμ' Οἰδιπόδα Λαβδακίδαις 496
ἐπίκουρος ἀδήλων θανάτων.

ἀλλ' ὁ μὲν οὖν Ζεὺς ὅ τ' Ἀπόλλων   ἀντ. β
ξυνετοὶ καὶ τὰ βροτῶν
εἰδότες· ἀνδρῶν δ' ὅτι μάντις
πλέον ἢ 'γὼ φέρεται, 500
κρίσις οὐκ ἔστιν ἀλαθής·
σοφίᾳ δ' ἂν σοφίαν
παραμείψειεν ἀνήρ.
ἀλλ' οὔποτ' ἔγωγ' ἄν,
πρὶν ἴδοιμ' ὀρθὸν ἔπος, μεμ- 505
φομένων ἂν καταφαίην.
φανερὰ γὰρ ἐπ' αὐτῷ
πτερόεσσ' ἦλθε κόρα
ποτέ, καὶ σοφὸς ὤφθη
βασάνῳ θ' ἁδύπολις τῷ ἀπ' ἐμᾶς 510

ἄ-δηλος, -ον: unclear, unknown, not visible, 3
ἀληθής, -ές: true, 7
Ἀπόλλων, ὁ: Apollo, 8
βάσανος, ὁ: test, proof; touchstone, 2
ἔγωγε: I, for my part, 8
ἐπίκουρος, ὁ: ally, defender, protector, 1
ἡδύ-πολις, ὁ, ἡ: dear to the people, 1
θάνατος, ὁ: death, 4
κατα-φημί: assert, say, claim, 1
κόρα, ἡ: girl, maiden, 1
κρίσις, ἡ: decision, judgment, 1
Λαβδακίδης, ὁ: descendant of Labdacus, 2

μάντις, -εως, ὁ: seer, prophet, diviner, 8
μέμφομαι: blame, censure, 2
ὅτι: that; because, 4
οὔ-ποτε: not ever, never, 5
παρ-αμείβω: excel, surpass; pass by, 1
πρίν: before (+ inf.), until (+ finite verb) 8
πτερόεις, -εσσα, -εν: feathered, winged, 1
σοφία, ἡ: wisdom, skill, intelligence, 2
σοφός, -ή, -όν: wise, skilled, 4
συν-ετός, -όν: intelligent, shrewd, wise, 1
φανερός, -ή, -όν: clear, visible, 1
φάτις, ἡ: talk, rumor, report; oracle, 6

496 εἶμι: fut. ἔρχομαι
    Οἰδιπόδα: *of...*; Doric gen. of Οἰδιπόδης
    Λαβδακίδαις: *for...*; dat. of interest
497 ἐπίκουρος: *as a defender against* + gen.
498 ἀλλὰ...μὲν οὖν: *well, to be sure... certainly...*; οὖν turns to a new point, μέν, affirmative (see 183), is set against δέ
498 ξυνετοί: *(are) shrewd*; add linking verbs
    τὰ: *those (matters)...*; obj. of pple
499 εἰδότες: pple. οἶδα
    ἀνδρῶν δ': *but among men*; partitive
    ὅτι: *that...*; in apposition to κρίσις below
500 φέρεται: *carries off*; i.e. achieves more
501 κρίσις...ἀληθής: *there is no true means of deciding*; 'true decision,' attributive adj.
502 σοφίᾳ: *in...*; dat. of respect
    ἄν...παραμείψειεν: *might...*; potential aor. opt., 3s
    σοφίαν: *the wisdom (of another)*; more likely that 'wisdom itself'
505 πρὶν ἴδοιμι: *until I...*; opt. (here, εἶδον) replaces ἄν + subj. (general temporal) by assimilation with opt. in main verb
506 ἄν...ἄν καταφαίην: *I would...*; potential aor. opt. with duplicated ἄν
    μεμφομένων: *with those blaming Oedipus* gen. abs., supply subj. and obj.
507 φανερά: *visible (to all Thebans)*
    ἐπὶ αὐτῷ: *upon him*; i.e. Oedipus
508 πτερόεσσα...κόρα: i.e. the Sphinx
509 ὤφθη: 3s aor. pass. ὁράω + pred.
    βασάνῳ: *by...*; dat. of means
510 τῷ: *therefore*; 'for this (reason)' an adv., once a demonstrative as a dat. of cause

  φρενὸς οὔποτ' ὀφλήσει κακίαν. 511
Κρέ ἄνδρες πολῖται, δείν' ἔπη πεπυσμένος
  κατηγορεῖν μου τὸν τύραννον Οἰδίπουν,
  πάρειμ' ἀτλητῶν. εἰ γὰρ ἐν ταῖς ξυμφοραῖς 515
  ταῖς νῦν νομίζει πρός γ' ἐμοῦ πεπονθέναι
  λόγοισιν εἴτ' ἔργοισιν εἰς βλάβην φέρον,
  οὔτοι βίου μοι τοῦ μακραίωνος πόθος,
  φέροντι τήνδε βάξιν. οὐ γὰρ εἰς ἁπλοῦν
  ἡ ζημία μοι τοῦ λόγου τούτου φέρει, 520
  ἀλλ' ἐς μέγιστον, εἰ κακὸς μὲν ἐν πόλει,
  κακὸς δὲ πρὸς σοῦ καὶ φίλων κεκλήσομαι.
Χορ ἀλλ' ἦλθε μὲν δὴ τοῦτο τοὔνειδος τάχ' ἂν
  ὀργῇ βιασθὲν μᾶλλον ἢ γνώμῃ φρενῶν.
Κρέ τοὔπος δ' ἐφάνθη, ταῖς ἐμαῖς γνώμαις ὅτι 525

ἁπλόος, -ον: single, simple; sincere, 2
ἀ-τλητέω: be impatient, unable to endure, 1
βάξις, ἡ: rumor, report, (oracular) saying, 1
βιάζω: force, compel; constrain, 1
βλάβη, ἡ: harm, damage, 1
γνώμη, ἡ: judgment; opinion, resolve, 8
δεῖ: it is necessary, must, ought (+ inf.), 11
ζημία, ἡ: loss, damage; penalty, fine, 1
κακία, ἡ: vice, badness, cowardice, 1
καλέω: to call, summon, invite, 6
κατ-ηγορέω: say against (gen), accuse, 2
μακραίων, -ωνος, ὁ, ἡ: long-lived, 2
μᾶλλον: more, rather, 9
μέγιστος, -η, -ον: greatest, biggest, best, 5
νομίζω: believe, consider, deem, hold, 6

ὄνειδος, τό: reproach, disgrace, rebuke 5
ὀργή, ἡ: anger; panic, passion, 7
ὅτι: that; because, 4
οὔ-ποτε: not ever, never, 5
οὔ-τοι: not indeed, 3
ὀφλισκάνω (ὀφλέω): be liable for, owe, 1
πάσχω: suffer, experience, 8
πόθος, ὁ: longing, yearning, desire, 2
πολίτης, ὁ: citizen, 3
πυνθάνομαι: learn (by hearsay), 6
συμ-φορά, ἡ: misfortune; happening, event, 4
τάχα: perhaps, soon, quickly, 9
τύραννος, ὁ: sovereign, tyrant, 9
φρήν, φρενός, ἡ: wits, sense, mind; midriff, 6

511 ὀφλήσει: 3s fut. ὀφλισκάνω
513 ἄνδρες πολῖται: vocative direct address
  δείν(α) ἔπη…κατηγορεῖν…Οἰδίπουν:
  that…; Οἰδίπουν is acc. subj. and δείνα
  ἔπη is inner acc. ('said terrible words');
  in ind. disc. governed by the pple.
  πεπυσμένος: pf. mid. πυνθάνομαι
514 μου: *against me*; gen. with compound
  verb (especially true for the prefix κατά)
516 ταῖς νῦν: *the present*; with ξυμφοραῖς
  πρός γ'ἐμοῦ: *because of me;* gen. of
  agent; γε, untranslated, is emphatic
  πεπονθέναι: *that (he)…*; pf. act. inf.
  πάσχω governed by νομίζει
517 λόγοισιν, ἔργοισιν: *by…*; dat. means
  εἰς βλάβην φέρον: *(something) leading
  to harm*; i.e. 'something harmful', add τι,
  an inner acc. of inf. with neuter acc. pple

518 μοι…πόθος: *I do have a longing for…*;
  '(there is) to me,' dat. of possession
519 φέροντι: dat. sg. pple with μοι
  εἰς ἁπλοῦν: *leads to a simple matter*
520 μοι: *for me*; dat. of interest
521 πρὸς σοῦ…φίλων: *by…*; gen. of agent
522 κεκλήσομαι: fut. pf. passive, καλέω
  ἀλλά…μὲν δή: *yet, at any rate*
523 ἦλθε…τάχα ἂν: *might perhaps have
  come*; past potential (ἂν + aor.)
524 ὀργῇ…μᾶλλον ἢ…γνώμῃ: *by…rather
  than…by…*; dat. of cause or means
  βιασθὲν: neuter sg. aor. pass. βιάζω
525 τοὔπος…ὅτι: *did the statement appear
  (namely) that…?*; τὸ ἔπος
  ταῖς…γνώμαις: dat. of means with nom.
  sg. aor. pass. πεισθείς

	πεισθεὶς ὁ μάντις τοὺς λόγους ψευδεῖς λέγοι;	526
Χορ	ηὐδᾶτο μὲν τάδ᾽, οἶδα δ᾽ οὐ γνώμῃ τίνι.	
Κρέ	ἐξ ὀμμάτων δ᾽ ὀρθῶν τε κἀξ ὀρθῆς φρενὸς κατηγορεῖτο τοὐπίκλημα τοῦτό μου;	
Χορ	οὐκ οἶδ᾽· ἃ γὰρ δρῶσ᾽ οἱ κρατοῦντες οὐχ ὁρῶ.	530
	αὐτὸς δ᾽ ὅδ᾽ ἤδη δωμάτων ἔξω περᾷ.	
Οἰδ	οὗτος σύ, πῶς δεῦρ᾽ ἦλθες; ἦ τοσόνδ᾽ ἔχεις τόλμης πρόσωπον ὥστε τὰς ἐμὰς στέγας ἵκου, φονεὺς ὢν τοῦδε τἀνδρὸς ἐμφανῶς λῃστής τ᾽ ἐναργὴς τῆς ἐμῆς τυραννίδος;	535
	φέρ᾽ εἰπὲ πρὸς θεῶν, δειλίαν ἢ μωρίαν ἰδών τιν᾽ ἔν μοι ταῦτ᾽ ἐβουλεύσω ποεῖν; ἢ τοὔργον ὡς οὐ γνωριοῖμί σου τόδε δόλῳ προσέρπον ἢ οὐκ ἀλεξοίμην μαθών; ἆρ᾽ οὐχὶ μῶρόν ἐστι τοὐγχείρημά σου,	540

ἀλέξομαι: to ward off, defend, 2
ἆρα: introduces a yes/no question, 8
βουλεύω: deliberate, plan, take counsel, 7
γνώμη, ἡ: judgment; opinion, resolve, 8
γνωρίζω: discover, gain knowledge, 1
δειλία, ἡ: cowardice, timidity, 1
δεῦρο: here, to this point, hither, 8
δόλος, ὁ: cunning, trickery, deceit, 2
δῶμα, -ατος, τό: house, 7
ἐγ-χείρημα, -ατος, τό: undertaking, attempt, 1
ἐμ-φανης, -ες: visible, manifest, open, 3
ἐν-αργής, -ές: visible, clear, distinct, 1
ἔξω: out of (+ gen.); adv. outside, 4
ἐπί-κλημα, τό: charge, accusation, 1
κατ-ηγορέω: say against (gen), accuse, 2
κρατέω: control, rule; overpower, 7
λῃστής, ὁ: robber, bandit, pirate, 5

μάντις, -εως, ὁ: seer, prophet, diviner, 8
μωρία, ἡ: folly, foolishness, 1
μῶρος, -η, -ον: foolish, dull, stupid, 3
ὄμμα, -ατος, τό: the eye, 8
πείθω: persuade; *mid.* obey, 9
περάω: pass, cross the bounds, penetrate, 3
ποιέω: to do, make, create, compose, 5
προσ-έρπω: creep on; come, approach, 1
πρόσωπον, τό: face, visage, countenance, 2
στέγη, ἡ: a roof; shelter, home, 8
τόλμη, ἡ: daring, boldness, 2
τοσόσδε, -άδε, -όνδε: so many, so great, 6
τυραννίς, -ίδος, ἡ: sovereignty, 5
φονεύς, -εως ὁ: murderer, killer, 9
φρήν, φρενός, ἡ: wits, sense, mind; midriff, 6
ψευδής, -ές: false, lying, 1

526 πεισθεὶς: nom. sg. aor. pass. pple πείθω
  λέγοι: *spoke*; opt. may replace indicative in ind. discourse in secondary sequence
527 ηὐδᾶτο: impf. pass. αὐδάω; pl. subject
  γνώμῃ τίνι: *with what resolve*
528 ὀρθῶν, ὀρθῆς: *focused*
529 κατηγορεῖτο: impf. pass.
  μου: *against me*; see also line 514
530 ἃ: *(the things) which*
  δρῶσ(ι): δράουσι, 3p pres.
531 αὐτὸς δ᾽ ὅδε: *Here, (the man) himself...*; marking the entrance of Oedipus on stage
532 οὗτος σύ: *you there*

533 τόλμης: *of daring*; gen. of quality
534 ἵκου: ἵκε(σ)ο, 2s aor., ἱκνέομαι
  τοῦδε τοῦ ἀνδρὸς: i.e. Oedipus himself,
536 φέρε: *come!*; introduces an imperative
  πρὸς θεῶν: *by the gods!*; in entreaty
537 ἰδών: nom. sg. aor. pple ὁράω
  ἐβουλεύσω: ἐβουλεύσα(σ)ο, 2s aor.
538 ἤ...ὡς...ἤ: *(seeing) either that ...or that*
  γνωριοῖμί, ἀλεξοίμην: *would recognize, would defend myself*; in secondary seq. a fut. opt. may replace a future indicative
539 προσέρπον: neut. pres. pple with ἔργον
  μαθών: *if...*; aor. pple. μανθάνω

36

	ἄνευ τε πλήθους καὶ φίλων τυραννίδα 541
	θηρᾶν, ὃ πλήθει χρήμασίν θ' ἁλίσκεται;
Κρέ	οἶσθ' ὡς πόησον; ἀντὶ τῶν εἰρημένων
	ἴσ' ἀντάκουσον, κᾆτα κρῖν' αὐτὸς μαθών.
Οἰδ	λέγειν σὺ δεινός, μανθάνειν δ' ἐγὼ κακὸς 545
	σοῦ· δυσμενῆ γὰρ καὶ βαρύν σ' ηὕρηκ' ἐμοί.
Κρέ	τοῦτ' αὐτὸ νῦν μου πρῶτ' ἄκουσον ὡς ἐρῶ.
Οἰδ	τοῦτ' αὐτὸ μή μοι φράζ', ὅπως οὐκ εἶ κακός.
Κρέ	εἴ τοι νομίζεις κτῆμα τὴν αὐθαδίαν
	εἶναί τι τοῦ νοῦ χωρίς, οὐκ ὀρθῶς φρονεῖς. 550
Οἰδ	εἴ τοι νομίζεις ἄνδρα συγγενῆ κακῶς
	δρῶν οὐχ ὑφέξειν τὴν δίκην, οὐκ εὖ φρονεῖς.
Κρέ	ξύμφημί σοι ταῦτ' ἔνδικ' εἰρῆσθαι· τὸ δὲ
	πάθημ' ὁποῖον φῂς παθεῖν, δίδασκέ με.
Οἰδ	ἔπειθες ἢ οὐκ ἔπειθες, ὡς χρείη μ' ἐπὶ 555

ἁλίσκομαι: be caught, be taken, 3
ἄνευ: without, 3
ἀντ-ακούω: hear or listen in return, 1
ἀντί: instead of, in place of (+ gen.), 7
αὐθάδεια, ἡ: willfulness, stubbornness, 1
βαρύς, -εῖα, -ύ: low, heavy; grievous, 3
διδάσκω: teach, instruct, 5
δίκη, ἡ: punishment, penalty, justice, 3
δυσ-μενής, -ές: ill-willed, ill-minded, hostile 1
εἶτα: then, thereupon, at that time, 3
ἔν-δικος, -ον: just, right, legitimate, 4
θηράω: hunt, chase, 1
κρίνω: judge, choose, decide, 3
κτῆμα, -ατος, τό: possession; property, 1
νομίζω: believe, consider, deem, hold, 6

νοῦς, ὁ: mind, thought, sense, attention, 4
ὁποῖος, -α, -ον: of what sort or kind, 5
πάθημα, -ατος, τό: suffering, affliction, 2
πάσχω: suffer, experience, 8
πείθω: persuade; *mid.* obey, 9
πλῆθος, ἡ: crowd, multitude; size, 4
ποιέω: to do, make, create, compose, 5
πρῶτος, -η, -ον: first, earliest, 7
συγ-γενής, -ές: akin, related; relative, 3
συμ-φημί: assent, agree; approve, 2
τοι: you know, let me tell you, surely, 5
τυραννίς, -ίδος, ἡ: sovereignty, 5
ὑπ-έχω: suffer, uphold, undergo, 1
χρῆμα, -ατος, τό: thing, money, goods, 2
χωρίς: separately; apart from, without (gen) 3

542 θηρᾶν: inf. in apposition to τὸ ἐγχείρημά
543 ὅ: *which...*; neut. but τυραννίδα is fem.
   πλήθει...χρήμασίν: *with...*; dat. of means
543 οἶσθ(α): 2s οἶδα
   ὡς πό(ι)ησον: *how you should do it*; aor.
   act. imperative ποιέω in an ind. question
   ἀντί: *in reply to...*
   εἰρημένων: pf. pass. pple λέγω (ερ-)
544 ἴσ(α): *fair (words)*; 'fair things' neut. acc.
   κᾆτα: καὶ εἶτα
   κρῖν(ε): imperative
   αὐτός: *you yourself*; intensive
   μαθών: aor. pple μανθάνω
545 λέγειν: *at speaking*; explanatory inf.
   σύ: *you (are)*; add linking verb εἶ
   μανθάνειν: *at learning*; with κακός

546 σοῦ: *from you*; gen. of source
   βαρύν: *grievous*
   ηὕρηκ(α): 1s pf. εὑρίσκω
547 τοῦτο αὐτό: *this itself*; intensive
   ἄκουσον: aor. imperative + gen. source
549 κτῆμα...εἶναί τι: *that...is some (valuable)
   possession*; αὐθαδίαν is acc. subject
550 τοῦ νοῦ χωρίς: *apart from (good) sense*
551 κακῶς δρῶν: *treating badly* + acc. obj.
552 ὑφέξειν: *suffer*; 'uphold,' fut. inf.
553 ἔνδικ(α): neuter acc. predicate
   εἰρῆσθαι: pf. pass. inf. λέγω (ερ-)
554 φῄς: 2s pres. φημί
   παθεῖν: aor. inf. πάσχω
555 ἔπειθές: *did you or did you not...?*; πείθω
   ὡς χρείη: *that it was necessary*; opt. χρή

	τὸν σεμνόμαντιν ἄνδρα πέμψασθαί τινα;	556
Κρέ	καὶ νῦν ἔθ' αὑτός εἰμι τῷ βουλεύματι.	
Οἰδ	πόσον τιν' ἤδη δῆθ' ὁ Λάϊος χρόνον	
Κρέ	δέδρακε ποῖον ἔργον; οὐ γὰρ ἐννοῶ.	
Οἰδ	ἄφαντος ἔρρει θανασίμῳ χειρώματι;	560
Κρέ	μακροὶ παλαιοί τ' ἂν μετρηθεῖεν χρόνοι.	
Οἰδ	τότ' οὖν ὁ μάντις οὗτος ἦν ἐν τῇ τέχνῃ;	
Κρέ	σοφός γ' ὁμοίως κἀξ ἴσου τιμώμενος.	
Οἰδ	ἐμνήσατ' οὖν ἐμοῦ τι τῷ τότ' ἐν χρόνῳ;	
Κρέ	οὔκουν ἐμοῦ γ' ἑστῶτος οὐδαμοῦ πέλας.	565
Οἰδ	ἀλλ' οὐκ ἔρευναν τοῦ κτανόντος ἔσχετε;	
Κρέ	παρέσχομεν, πῶς δ' οὐχί; κοὐκ ἠκούσαμεν.	
Οἰδ	πῶς οὖν τόθ' οὗτος ὁ σοφὸς οὐκ ηὔδα τάδε;	
Κρέ	οὐκ οἶδ'· ἐφ' οἷς γὰρ μὴ φρονῶ σιγᾶν φιλῶ.	
Οἰδ	τοσόνδε γ' οἶσθα καὶ λέγοις ἂν εὖ φρονῶν.	570

αὐδάω: to say, speak, utter, 11
ἄ-φαντος, -ον: out of sight, forgotten, 2
βούλευμα, -ατος, τό: opinion, plan, design, 2
ἐν-νοέω: intend, consider, understand, 2
ἔρευνα, -ης, ἡ: inquiry, investigation, 1
ἔρρω: disappear, be lost, be gone, 2
θανάσιμος, -ον: deadly, fatal, dead, 2
ἵστημι: make stand, set up, stop, establish 8
κτείνω: to kill, 13
μακρός, -ή, -όν: long, far, distant, large, 7
μάντις, -εως, ὁ: seer, prophet, diviner, 8
μετρέω: measure, traverse, 1
μιμνήσκω: remind, mention, recall, 4
ὁμοίως: similarly, likewise, 1
οὐδαμοῦ: no where, 2

οὔκ-ουν: not therefore, and so not, 6
παλαιός, -ή, -όν: old in years, old, aged, 7
παρ-έχω: provide, hand over, 4
πέλας: near, close; neighbor, other, 5
πέμπω: to send, conduct, convey, dispatch 10
πόσος, -α, -ον: how much? how many? 1
σεμνό-μαντις -εως, ὁ: revered seer, 1
σιγάω: to be silent, be still, hush, 1
σοφός, -ή, -όν: wise, skilled, 4
τέχνη, ἡ: art, skill, craft, 7
τιμάω: honor, revere, 3
τοσόσδε, -άδε, -όνδε: this much, so many, 6
τότε: at that time, then, 9
φιλέω: love, befriend; tend, be accustomed 3
χείρωμα, -ατος, τό: act of violence, 1

556 ἐπὶ...πέμψασθαί τινα: *send someone for...*; ἐπί + acc. expresses purpose
557 ἔθ': ἔτι
   (ὁ) αὐτός... τῷ βουλεύματι: *the same in...* nom. predicate + dat. of respect
558 πόσον τινα...χρόνον: *for how long a time now has Laius...*; acc. duration of time; aposiopesis (Creon supplies verb)
559 δέδρακε: pf. δράω
560 ἔρρει: Laius is the subject
   θανασίμῳ χειρώματι: dat. means/cause
561 ἂν μετρηθεῖεν: *would be measured* potential opt., aor. pass. μετρέω
563 κἀξ ἴσου: *and equally...*; καὶ ἐξ ἴσου
564 ἐμνήσατ(ο): 3s aor. mid. μιμνήσκω
   ἐμοῦ: gen. obj. of verbs of remembering

τι: *something, at all*; inner acc.
τῷ τότε: *at the time then*; with χρόνῳ
565 οὔκουν...πέλας: *no, at least not with me standing anywhere near*; gen. abs. with pf. pple ἵστημι and restrictive use of γε
566 ἔσχετε: 2p aor. ἔχω
567 παρέσχομεν: aor., supply ἔρευναν
   κοὐκ ἠκούσαμεν: *we did not hear (anything)*; καὶ οὐκ, supply object
568 ηὔδα: 3s impf. αὐδάω
569 ἐπ(ὶ) οἷς...φρονῶ: *in the case of (things) which...*; acc. relative ἅ attracted into the dat. case of the the missing antecedent
   σιγᾶν: α-contract pres. inf.
   φιλῶ: *I tend to, am accustomed to* + inf.
570 λέγοις ἄν: *you would...*; potential opt.

38

Κρέ	ποῖον τόδ'; εἰ γὰρ οἶδά γ', οὐκ ἀρνήσομαι.	571
Οἰδ	ὁθούνεκ', εἰ μὴ σοὶ ξυνῆλθε, τάσδ' ἐμὰς	
	οὐκ ἄν ποτ' εἶπε Λαΐου διαφθοράς.	
Κρέ	εἰ μὲν λέγει τάδ', αὐτὸς οἶσθ'· ἐγὼ δὲ σοῦ	
	μαθεῖν δικαιῶ ταῦθ' ἅπερ κἀμοῦ σὺ νῦν.	575
Οἰδ	ἐκμάνθαν'· οὐ γὰρ δὴ φονεὺς ἁλώσομαι.	
Κρέ	τί δῆτ'; ἀδελφὴν τὴν ἐμὴν γήμας ἔχεις;	
Οἰδ	ἄρνησις οὐκ ἔνεστιν ὧν ἀνιστορεῖς.	
Κρέ	ἄρχεις δ' ἐκείνῃ ταὐτὰ γῆς ἴσον νέμων;	
Οἰδ	ἂν ᾖ θέλουσα πάντ' ἐμοῦ κομίζεται.	580
Κρέ	οὔκουν ἰσοῦμαι σφῷν ἐγὼ δυοῖν τρίτος;	
Οἰδ	ἐνταῦθα γὰρ δὴ καὶ κακὸς φαίνει φίλος.	
Κρέ	οὔκ, εἰ διδοίης γ' ὡς ἐγὼ σαυτῷ λόγον.	
	σκέψαι δὲ τοῦτο πρῶτον, εἴ τιν' ἂν δοκεῖς	
	ἄρχειν ἑλέσθαι ξὺν φόβοισι μᾶλλον ἢ	585

ἀδελφή, ἡ: a sister, 2
αἱρέω: seize, take; *mid.* choose, 6
ἁλίσκομαι: be caught, be taken, 3
ἀν-ιστορέω: make inquiry into, ask about, 1
ἀρνέομαι: deny, decline, refuse, 1
ἄρνησις, ἡ: denial, 1
ἄρχω: rule, be leader of; begin, (gen) 5
γαμέω: marry, 2
διαφθορά, ἡ: destruction, ruin, death, 1
δίδωμι: give, hand over, 9
δικαιόω: deem right; set right, 3
δύο: two, 5
ἐκ-μανθάνω: to learn well or thoroughly, 8
ἔν-ειμι: be in, be available (ἔνι=ἔνεστι), 4
ἐν-ταῦθα: in this, in here; here, there, 5

ἰσόω: make equal; pass. be equal to (dat), 2
κομίζω: bring, carry away, attend to, 4
μᾶλλον: more, rather, 9
νέμω: wield, manage; distribute; consider, 5
ξύν: along with, with, together (+ gen.) 6
ὁθούνεκα, ὅτου ἕνεκα: for this sake, because, 3
οὔκ-ουν: not therefore, and so not, 6
πρῶτος, -η, -ον: first, earliest, 7
σεαυτοῦ (σαυτοῦ), -ῆς, -οῦ: yourself, 4
σκέπτομαι: consider, examine, look, 1
συν-έρχομαι: go together, confer with (dat), 1
σφώ (nom/acc), σφῷν (gen/dat): you two, 6
τρίτος, -η, -ον: the third, 2
φόβος, ὁ: fear, dread, 9
φονεύς, -εως ὁ: murderer, killer, 9

571 ποῖον τόδε: *what is this?*
572 ὁθούνεκα: *(you know) for this reason*
  εἰ…ξυνῆλθε, ἄν…εἶπε: *if (Tiresias) had not…he would have said*; contrafactual
  τάσδ'…διαφθοράς: *my killing of Laius*
574 αὐτὸς οἶσθ(α): *you yourself know*; 2s
  σοῦ: *from you*; gen. of source
575 ταῦθ': *the same things*; τὰ αὐτά
  καὶ ἐμοῦ σὺ: ellipsis, add μαθεῖν δικαιοῖς
576 οὐ γὰρ δὴ: *for…certainly not*
  ἁλώσομαι: fut. ἁλίσκομαι
577 τί δῆτα: *What about this then?*
  γήμας ἔχεις: 2nd s. pf. periphrastic γημέω
578 ἔνεστιν: *there is*
  ὧν: *of the (things) which*
579 ἄρχεις: governs gen. γῆς as object

ἐκείνῃ ταὐτά…νέμων: *the same things as that one*; i.e. Jocasta; τὰ αὐτά + dat.
  ἴσον: *equally*; adverbial acc.
580 ἂν ᾖ θέλουσα: *whatever she wants*; ἃ ἄν; periphastic subj (subj. εἰμί + pple ἐθέλω)
  κομίζεται: passive, πάντα is subject
581 οὔκουν: *am I not then (made) equal…?*
  σφῷν δυοῖν: *to you two*; dual dat., σφώ
582 ἐνταῦθα…καὶ: *(yes) for just in this in fact*
  φαίνει: 2s pres. mid., φαίνε(σ)αι
583 διδοίης…λόγον: *you should give an account to yourself just as I*
584 σκέψαι: aor. imperative
585 τινα ἄν…ἑλέσθαι: *that anyone would choose…*; potential opt. in ind. disc., here aor. mid. inf. αἱρέω

ἄτρεστον εὕδοντ', εἰ τά γ' αὖθ' ἕξει κράτη. 586
ἐγὼ μὲν οὖν οὔτ' αὐτὸς ἱμείρων ἔφυν
τύραννος εἶναι μᾶλλον ἢ τύραννα δρᾶν,
οὔτ' ἄλλος ὅστις σωφρονεῖν ἐπίσταται.
νῦν μὲν γὰρ ἐκ σοῦ πάντ' ἄνευ φόβου φέρω, 590
εἰ δ' αὐτὸς ἦρχον, πολλὰ κἂν ἄκων ἔδρων.
πῶς δῆτ' ἐμοὶ τυραννὶς ἡδίων ἔχειν
ἀρχῆς ἀλύπου καὶ δυναστείας ἔφυ;
οὔπω τοσοῦτον ἠπατημένος κυρῶ
ὥστ' ἄλλα χρῄζειν ἢ τὰ σὺν κέρδει καλά. 595
νῦν πᾶσι χαίρω, νῦν με πᾶς ἀσπάζεται,
νῦν οἱ σέθεν χρῄζοντες ἐκκαλοῦσί με·
τὸ γὰρ τυχεῖν αὐτοῖσι πᾶν ἐνταῦθ' ἔνι.
πῶς δῆτ' ἐγὼ κεῖν' ἂν λάβοιμ' ἀφεὶς τάδε;
οὐκ ἂν γένοιτο νοῦς κακὸς καλῶς φρονῶν. 600

ἄκων (ἀέκων), -ουσα, -ον: unwilling, 5
ἄ-λυπος, -ον: without pain or grief, 1
ἄνευ: without, 3
ἀπατέω: cheat, deceive; be mistaken, 1
ἀρχή, ἡ: a beginning; rule, office, 8
ἄρχω: rule, be leader of; begin, (gen) 5
ἀσπάζομαι: greet, welcome, receive, 1
ἄ-τρεστος, -ον: not trembling, fearless, 1
ἀφ-ίημι: send forth, let loose, give up, 6
δυναστεία, ἡ: power, lordship, domination, 1
ἐκ-καλέω: call out, summon, 1
ἔν-ειμι: be in, be available (ἔνι=ἔνεστι), 4
ἐν-ταῦθα: in this, in here; here, there, 5
ἐπίσταμαι: to know (how), understand, 4
εὕδω: sleep; be still, 2

ἡδύς, -εῖα, -ύ: sweet, pleasant, glad, 4
ἱμείρω: long for, desire, 2
κέρδος, -εος τό: profit, gain, advantage, 4
κράτος, -εος, τό: strength, power, 3
κυρέω: hit upon, meet, attain; happen, 6
μᾶλλον: more, rather, 9
νοῦς, ὁ: mind, thought, attention, 4
οὔ-τω: not yet, 1
σύν: along with, with, together (+ gen.) 8
σωφρονέω: be of sound mind, temperate, 1
τοσοῦτος, -αύτη, -το: so great, much, many 5
τυραννίς, -ίδος, ἡ: sovereignty, 5
τύραννος, ὁ: sovereign, tyrant, 9
φόβος, ὁ: fear, dread, 9
χαίρω: rejoice, enjoy, 3

586 ἄτρεστον: adverbial acc.
    τά γ'αὐτα: the same; with acc. κράτη
    ἕξει: he...; fut. ἔχω
587 μὲν οὖν: in fact; indicating a correction
    ἔφυν: I was; 1s aor.
588 δρᾶν: present inf. α-contract
589 ἄλλος ὅστις: anyone (τις) else who (ὅς)
591 εἰ...ἦρχον, ἂν ἔδρων: present contrary to fact (were, would); 1s impf. δράω
592 ἐμοὶ: for me; dat. of interest
    ἡδίων...ἔφυ: is more pleasant; pres. sense comparative adj. ἡδύς
    ἔχειν: explanatory inf. qualifying ἡδίων
593 ἀρχῆς...: than...; gen. of comparison
594 ἡπατημένος κυρῶ: I happen to be deceived; κυρέω with a complementary
    pple, here. pf. pass. pple ἀπατέω
    τοσοῦτον: so, so much; adverbial acc.
595 ἤ: than, following neut. pl. obj. ἄλλα
    τὰ...καλά: honors; 'fine things'
596 πᾶσι χαίρω: I take delight in all; respect, or: 'I receive a greeting χαῖρε from all'
597 οἱ χρῄζοντες: those desiring (something)
    σέ-θεν: from you
598 τὸ...τυχεῖν...ἔνι: all attaining for them is in this; articular inf., dat. of interest
599 κεῖν': ἐκεῖνα; i.e. the burdens of kingship
    ἂν λάβοιμι: would; potential aor. opt.
    ἀφεὶς τάδε: nom. sg. aor. pple. ἀφ-ίημι
    τάδε: i.e. the benefits listed in ll. 596-8
600 οὐκ...φρονῶν: no mind, thinking wisely, would become wicked; pple conditional

ἀλλ' οὔτ' ἐραστὴς τῆσδε τῆς γνώμης ἔφυν 601
οὔτ' ἂν μετ' ἄλλου δρῶντος ἂν τλαίην ποτέ.
καὶ τῶνδ' ἔλεγχον τοῦτο μὲν Πυθώδ' ἰὼν
πεύθου τὰ χρησθέντ' εἰ σαφῶς ἤγγειλά σοι·
τοῦτ' ἄλλ', ἐάν με τῷ τερασκόπῳ λάβῃς 605
κοινῇ τι βουλεύσαντα, μή μ' ἁπλῇ κτάνῃς
ψήφῳ, διπλῇ δέ, τῇ τ' ἐμῇ καὶ σῇ, λαβών·
γνώμῃ δ' ἀδήλῳ μή με χωρὶς αἰτιῶ.
οὐ γὰρ δίκαιον οὔτε τοὺς κακοὺς μάτην
χρηστοὺς νομίζειν οὔτε τοὺς χρηστοὺς κακούς. 610
φίλον γὰρ ἐσθλὸν ἐκβαλεῖν ἴσον λέγω
καὶ τὸν παρ' αὑτῷ βίοτον, ὃν πλεῖστον φιλεῖ.
ἀλλ' ἐν χρόνῳ γνώσει τάδ' ἀσφαλῶς, ἐπεὶ
χρόνος δίκαιον ἄνδρα δείκνυσιν μόνος·
κακὸν δὲ κἂν ἐν ἡμέρᾳ γνοίης μιᾷ. 615

ἀγγέλλω: report, announce, 1
ἄ-δηλος, -ον: unclear, not visible, 3
αἰτιάομαι: accuse, charge; allege, 1
ἁπλόος, -ον: single, simple; sincere, 2
ἀ-σφαλής, -ές: safe, secure, infallible, 3
βίοτος, ὁ: life; livelihood, 1
βουλεύω: deliberate, plan, take counsel, 7
γνώμη, ἡ: judgment; opinion, resolve, 8
δείκνυμι: show, reveal; prove, 9
δίκαιος, -α, -ον: just, right, lawful, fair, 7
ἐάν (ἤν): εἰ ἄν, if (+ subj.), 7
ἐκ-βάλλω: to throw out of, cast away, 4
ἔλεγχος, ὁ: test, examination, proof, 1
ἐραστής, ὁ: lover, 1
ἐσθλός, -ή, -όν: good, noble, brave, 2

ἡμέρα, ἡ: day (ἀμέρα) 9
κοινός, -ή, -όν: common, shared, 3
μάτην: in vain; at random, without reason, 5
μετά: with (+gen.); after (+ acc.), 4
νομίζω: believe, consider, deem, hold, 6
πεύθομαι: learn (poetic for πυνθάνομαι), 1
πλεῖστος, -η, -ον: most, greatest, largest, 3
Πυθώ-δε: to Pytho, 2
τερα(το)-σκόπος, ὁ: soothsayer, diviner, 1
τλάω: dare, venture; endure, undergo, 2
φιλέω: love, befriend; tend, be accustomed 3
χράω: proclaim, deliver (an oracle), 1
χρηστός, -ή, -όν: useful, worthy, good, 2
χωρίς: separately; apart from, without (gen) 3
ψῆφος, ἡ: vote; resolution; pebble, 2

601 ἔφυν: *I am*; aor. φύω with pres. sense
602 ἄν...ἂν τλαίην: 1s potential aor. opt. τλάω, duplicated ἄν highlights the intervening words
  δρῶντος: i.e. acting on the γνώμη
603 τῶνδ' ἔλεγχον: *as proof of these things*; acc. in apposition to the entire sentence
  τοῦτο μὲν...τοῦτο ἄλλο: *on the one hand...on the other hand*; acc. of respect, left untranslated, highlights the contrast: 'in respect to this, in respect to this other'
  ἰών: nom. sg. pres. pple ἔρχομαι
604 πεύθου: pres. mid. imperative πεύθομαι
  τὰ χρησθέντα: *the things proclaimed*
  ἤγγειλά: 1s aor. ἀγγέλλω
605 ἐάν...λάβῃς, : *if ever you catch me...*; i.e. 'if ever you find me...'

606 κοινῇ: *in common*; dat. of manner
  τι: *at all*; inner acc.
  μή...κτάνῃς: *do not...*; prohibitive subj.
  ἁπλῇ ψήφῳ, διπλῇ (ψήφῳ) δέ: *with... but with...*; dat. manner, ψήφος is fem.
607 τῇ...σῇ: *both mine and yours*; add ψήφῳ
608 γνώμῃ ἀδήλῳ: *by an unreliable opinion*
  μή...αἰτιῶ: αἰτιαε(σ)ο, pres. mid. imper.
609 οὐ...δίκαιον: *(it is) not right...*; add ἐστίν
611 ἐκβαλεῖν ἴσον...καὶ: *that to cast out...(is) the same as...*; ἴσος καὶ means 'same as'
612 τὸν βίοτον: add ἐκβαλεῖν for parallelism
  παρὰ (ἑ)αυτῷ: *with himself*; i.e. 'in him'
  πλεῖστον: *very much*; adverbial acc.
613 γνώσει: 2s future, γνωσε(σ)αι
615 ἂν γνοίης: potential opt. aor. γιγνώσκω

41

Χορ καλῶς ἔλεξεν εὐλαβουμένῳ πεσεῖν, 616
  ἄναξ· φρονεῖν γὰρ οἱ ταχεῖς οὐκ ἀσφαλεῖς.
Οἰδ ὅταν ταχύς τις οὑπιβουλεύων λάθρα
  χωρῇ, ταχὺν δεῖ κἀμὲ βουλεύειν πάλιν·
  εἰ δ' ἡσυχάζων προσμενῶ, τὰ τοῦδε μὲν 620
  πεπραγμέν' ἔσται, τἀμὰ δ' ἡμαρτημένα.
Κρέ τί δῆτα χρῄζεις; ἦ με γῆς ἔξω βαλεῖν;
Οἰδ ἥκιστα· θνῄσκειν, οὐ φυγεῖν σε βούλομαι.
  ὡς ἂν προδείξῃς οἷόν ἐστι τὸ φθονεῖν.
Κρέ ὡς οὐχ ὑπείξων οὐδὲ πιστεύσων λέγεις; 625
Οἰδ *
Κρέ οὐ γὰρ φρονοῦντά σ' εὖ βλέπω.
Οἰδ   τὸ γοῦν ἐμόν.
Κρέ ἀλλ' ἐξ ἴσου δεῖ κἀμόν.
Οἰδ   ἀλλ' ἔφυς κακός.
Κρέ εἰ δὲ ξυνίῃς μηδέν;
Οἰδ   ἀρκτέον γ' ὅμως.
Κρέ οὔτοι κακῶς γ' ἄρχοντος.
Οἰδ   ὦ πόλις πόλις.
Κρέ κἀμοὶ πόλεως μέτεστιν, οὐχί σοι μόνῳ. 630

ἁμαρτάνω: fail, do wrong, miss (the mark), 2
ἀρκτέος, -η, -ον: to be ruled, must rule, 1
ἄρχω: rule, be leader of; begin, (gen) 5
ἀ-σφαλής, -ές: safe, steadfast, infallible, 3
βάλλω: throw, cast, hit, put, 3
βουλεύω: deliberate, plan, take counsel, 7
βούλομαι: wish, be willing, 4
γοῦν: at any rate, at least then, any way, 3
ἔξω: out of (+ gen.); adv. outside, 4
ἐπι-βουλεύω: plot (against), plan against, 1
εὐλαβέομαι: beware, take care, be cautious, 2
ἥκιστα: least; not in the least (superl. adv.), 3
ἡσυχάζω: be still, be quiet, be at rest, 1
λάθρᾳ: in secret, by stealth, 3

μέτ-εστιν: there is a share in (gen) for (dat), 1
ὅταν: ὅτε ἄν, whenever, 5
οὔ-τοι: not indeed; not, you know, 3
πάλιν: again, once more; back, backwards, 9
πίπτω (πεσ): to fall, fall down, drop, 6
πιστεύω: trust, have faith in, rely on, 2
προ-δείκνυμι: indicate or show before, 2
προσ-μένω: wait for, await, 2
συν-ίημι: understand, realize, 4
ὑπ-είκω: withdraw, retire; yield, 1
φεύγω: flee, run away; avoid, 9
φθονέω: envy, begrudge, bear ill-will, 2
χωρέω: proceed, travel, advance, go, 2

616 ἔλεξεν: Creon is the subject; aor. λέγω
  εὐλαβουμένῳ πεσεῖν: *for one taking care not to fall*; 'in the eyes of..' dat. reference
617 φρονεῖν: explanatory inf. with ταχεῖς
619 χωρῇ: *is moving*; subj., general clause
621 εἰ προσμενῶ, ἔσται: fut. -μένω, εἰμί
  τὰ τοῦδε...: *this one's affairs...my own...*
  πεπραγμένα, ἡμαρτημένα: pf. pass. pple 'accomplished' and 'lost' set in contrast
622 τί δῆτα: *what exactly? Just what then?*

624 ὡς ἂν προδείξῃς: *so that you may...*; ὡς in poetry governs ἄν to express purpose
  τὸ φθονεῖν: *envy*; articular inf.
625 ὡς ὑπείξων: *as if not going to...*; ὡς + fut. pple. expresses purpose
626 τὸ...ἐμόν: add εὖ φρονῶ
627 ἐξ ἴσου: *equally*; add εὖ φρονεῖν
  ἔφυς: *you are*; aor. φύω with pres. sense
628 ἀρκτέον (ἐστί): *one must rule*; impersonal
629 ἄρχοντος: *with (one) ruling...*; gen. abs.

Χορ παύσασθ', ἄνακτες· καιρίαν δ' ὑμῖν ὁρῶ 631
τήνδ' ἐκ δόμων στείχουσαν Ἰοκάστην, μεθ' ἧς
τὸ νῦν παρεστὸς νεῖκος εὖ θέσθαι χρεών.
Ἰοκ τί τὴν ἄβουλον, ὦ ταλαίπωροι, στάσιν
γλώσσης ἐπήρασθ' οὐδ' ἐπαισχύνεσθε γῆς 635
οὕτω νοσούσης ἴδια κινοῦντες κακά;
οὐκ εἶ σύ τ' οἴκους σύ τε, Κρέων, κατὰ στέγας,
καὶ μὴ τὸ μηδὲν ἄλγος εἰς μέγ' οἴσετε;
Κρέ ὅμαιμε, δεινά μ' Οἰδίπους ὁ σὸς πόσις
δρᾶσαι δικαιοῖ δυοῖν ἀποκρίνας κακοῖν 640
ἢ γῆς ἀπῶσαι πατρίδος ἢ κτεῖναι λαβών.
Οἰδ ξύμφημι· δρῶντα γάρ νιν, ὦ γύναι, κακῶς
εἴληφα τοὐμὸν σῶμα σὺν τέχνῃ κακῇ.
Κρέ μή νυν ὀναίμην, ἀλλ' ἀραῖος, εἴ σέ τι
δέδρακ', ὀλοίμην, ὧν ἐπαιτιᾷ με δρᾶν. 645

ἄ-βουλος, -ον: unwise, ill-advised, 1
ἄλγος, τό: pain, distress, grief, 3
ἀπ-ωθέω: push away, drive away, 3
ἀπο-κρίνω: choose, set apart, 1
ἀραῖος, -α, -ον: cursed, under a curse, 3
γλώσση, ἡ: tongue, language, 1
δικαιόω: deem right; set right, 3
δόμος, ὁ: a house, 9
δύο: two, 5
ἐπ-αίρω: raise, lift up; stir up, excite, 3
ἐπ-αισχύνομαι: be ashamed (at), 1
ἐπ-αιτιάομαι: accuse, bring charge against 1
ἴδιος, -α, -ον: one's own, peculiar, 1
Ἰοκάστη, ἡ: Jocasta, 4
καιρία, ἡ: at the right time, timely, 1
κατά: down along (acc), down from (gen), 10
κινέω: move, set in motion, stir up, 1
μετά: with (+gen.); after (+ acc.), 4

νεῖκος, τό: quarrel, strife, wrangle, 3
νοσέω: to be sick, be ill, 6
ὅμ-αιμος, -ον: of the same blood, kin, 1
ὀνίνημι: derive benefit, profit, 1
οὕτως: in this way, thus, so, 8
παρ-ίστημι: beside an altar, 3
πατρίς, πατρίδος, ἡ: fatherland, 2
παύω: to stop, make cease, 2
πόσις, ὁ: husband, spouse, 3
στάσις, ἡ: argument, position, 1
στέγη, ἡ: a roof; shelter, home, 8
στείχω: to come or go, walk, proceed, 4
συμ-φημί: assent, agree; approve, 2
σύν: along with, with, together (+ gen.) 8
σῶμα, -ατος, τό: the body, 2
ταλαίπωρος, -ον: suffering, miserable, 1
τέχνη, ἡ: art, skill, craft, 7
τίθημι: to put, place, set; make, 4

631 παύσασθ(ε): aor. mid. imperative
632 μεθ' ἧς: *with whom*; μετά
633 παρεστὸς: *present*; pf. pple. πάρ-ειμι
θέσθαι: *to settle*; aor. mid. inf. ἵστημι
χρεών: *(it is) necessary*; neut. pple χρή
634 τί: *why?*
635 ἐπήρασθ(ε): 2p aor. mid. ἐπ-αίρω
γῆς…νοσούσης: *while…*; gen. abs.
637 οὐκ εἶ…οἴκους: *will you (Oedipus) not go to…?*; 2s fut. ἔρχομαι
σύ τε…στέγας: *and will you (Creon not go)…*; add οὐκ εἶ from above
638 μὴ…οἴσετε: *(see) that you will not bring*; a negative clause of effort, fut. of φέρω

ἄλγος εἰς μέγα: εἰς μέγα ἄλγος
640 δρᾶσαι: *to do (to) me terrible things*; aor.
ἀποκρίνας: nom. sg. aor. pple
κακοῖν: *among two evils*; dual, partitive
641 ἀπῶσαι, κτεῖναι: aor. inf.; Creon is obj.
642 δρῶντα…κακῶς: *treating badly…*; pple
643 εἴληφα: pf. λαμβάνω, νιν is acc. obj.
644 μή…ὀναίμην: *may I…*; opt. wish, ὄνινυμι
ἀλλ' ἀραῖος…ὀλοίμην: *may I…*; ὄλλυμι
σέ τι: *something to you*; double acc.
645 δέδρακα: pf. δράω
ὧν: *of the (things) which*; acc. attracted into gen. of missing antecedent; see 640
ἐπαιτιᾷ: ἐπαιτιαε(σ)αι, 2s pres. mid.

Ἰοκ   ὦ πρὸς θεῶν πίστευσον, Οἰδίπους, τάδε, 646
   μάλιστα μὲν τόνδ' ὅρκον αἰδεσθεὶς θεῶν,
   ἔπειτα κἀμὲ τούσδε θ' οἳ πάρεισί σοι.
Χορ πιθοῦ θελήσας φρονή-   στρ.
   σας τ', ἄναξ, λίσσομαι.   650
Οἰδ τί σοι θέλεις δῆτ' εἰκάθω;
Χορ τὸν οὔτε πρὶν νήπιον
   νῦν τ' ἐν ὅρκῳ μέγαν καταίδεσαι.
Οἰδ οἶσθ' οὖν ἃ χρῄζεις;
Χορ   οἶδα.
Οἰδ   φράζε δὴ τί φής. 655
Χορ τὸν ἐναγῆ φίλον μήποτ' ἐν αἰτίᾳ
   σὺν ἀφανεῖ λόγῳ σ' ἄτιμον βαλεῖν.
Οἰδ εὖ νυν ἐπίστω, ταῦθ' ὅταν ζητῇς, ἐμοὶ
   ζητῶν ὄλεθρον ἢ φυγὴν ἐκ τῆσδε γῆς.
Χορ οὐ τὸν πάντων θεῶν θεὸν πρόμον   660

αἰδέομαι: be ashamed, feel shame, respect, 2
αἰτία, ἡ: cause, guilt, blame, responsibility, 3
ἄ-τιμος, -ον: dishonored, unhonored, 3
ἀ-φανής, -ές: uncertain, unreliable; unseen, 2
βάλλω: throw, cast, hit, put, 3
εἴκω: grant, allow; yield, give way to, 2
ἐν-αγής, -ές: under a curse, under oath, 1
ἔπειτα: then, thereupon, at that time, 2
ἐπίσταμαι: to know (how), understand, 4
ζητέω: to seek, 7
κατ-αιδέομαι: feel shame or awe before, respect, 1

λίσσομαι: pray, beg, beseech, 2
μή-ποτε: not ever, never, 8
νήπιος, -ον: childish, silly, not yet speaking, 1
ὄλεθρος, ὁ: death, ruin, destruction, 3
ὅρκος, ὁ: oath, 2
ὅταν: ὅτε ἄν, whenever, 5
πείθω: persuade; *mid.* obey, 9
πιστεύω: trust, have faith in, rely on, 2
πρίν: before (+ inf.), until (+ finite verb) 8
πρόμος, ὁ: chief, head, foremost man, 1
σύν: along with, with, together (+ gen.) 8
φυγή, ἡ: flight, escape, exile, 2

646 πρὸς θεῶν: *by the gods!*; in entreaty
   πίστευσον...τάδε: aor. imperative
647 θεῶν: *for the gods*; or 'to the gods,' objective gen. with τόνδε ὅρκον
   αἰδεσθείς: *respecting*; 'showing a sense of shame before' nom. sg. aor. pass. pple
648 οἳ πάρεισί: *who...*; 3p pres. πάρ-ειμι
   σοι: *with you*; dat. of compound verb
649 πιθοῦ: πιθε(σ)ο, aor. mid. imper. πείθω
651 τί...εἰκάθω: *Just what do you wish am I to yield to you?*; a verb of wishing and a deliberative subj. (often with βούλομαι); here, 1s aor. subj. εἴκω (aor. εἴκαθον)
652 τὸν: *this one*; demonstrative, = Creon
653 νῦν...μέγαν: *and now strong in his oath*
   καταίδεσαι: aor. inf. as imper., τὸν is obj

654 οἶσθ(α): 2s pf. οἶδα
655 φής: 2s pres. φημί
656 ἐν αἰτίᾳ...σ' ἄτιμον βαλεῖν: *(I say that) you never cast out as dishonored a friend under oath on a charge with an unreliable account*; aor. inf. either (1) as an imperative or (2) in ind. disc. after φής
658 ἐπίστω: ἐπίστα(σ)ο, aor. mid. imper.
   ταῦθ': ταῦτα
   ὅταν ζητῇς: pres. subj. in a general temporal clause
659 ζητῶν: *(that you are) seeking*; complementary pple of ἐπίστω
660 οὐ τὸν θεὸν: *No, by god...*; μά introduces an invocation but may be omitted when followed by οὐ

44

Ἄλιον· ἐπεὶ ἄθεος ἄφιλος ὅ τι πύματον 661
ὀλοίμαν, φρόνησιν εἰ τάνδ' ἔχω.
ἀλλά μοι δυσμόρῳ γᾶ φθινὰς 665
τρύχει ψυχάν, τάδ' εἰ κακοῖς κακὰ
προσάψει τοῖς πάλαι τὰ πρὸς σφῷν.

Οἰδ ὁ δ' οὖν ἴτω, κεἰ χρή με παντελῶς θανεῖν
ἢ γῆς ἄτιμον τῆσδ' ἀπωσθῆναι βίᾳ. 670
τὸ γὰρ σόν, οὐ τὸ τοῦδ', ἐποικτίρω στόμα
ἐλεινόν· οὗτος δ' ἔνθ' ἂν ᾖ στυγήσεται.

Κρέ στυγνὸς μὲν εἴκων δῆλος εἶ, βαρὺς δ', ὅταν
θυμοῦ περάσῃς· αἱ δὲ τοιαῦται φύσεις
αὑταῖς δικαίως εἰσὶν ἄλγισται φέρειν. 675

ἄ-θεος, -ον: godless; adv. impiously, 3
ἄ-τιμος, -ον: dishonored, unhonored, 3
ἄ-φιλος, -η, -ον: friendless, without friends, 1
ἄλγιστος, -ον: most painful, most grievous, 2
ἀπ-ωθέω: push away, drive away, 3
βαρύς, -εῖα, -ύ: low, heavy; grievous, 3
βία, ἡ: force, power, bodily strength, 2
δῆλος, -η, -ον: clear, visible, evident, 2
δίκαιος, -α, -ον: just, right, lawful, fair, 7
δυσ-μόρος, -ον: ill-fated, ill-starred, 1
εἴκω: grant, allow; yield, give way to, 2
ἐλεινός, -ή, -όν: pitiable, pitied, 1
ἐπ-οικτίρω: have compassion for, 2
Ἥλιος, ὁ: Helius, Sun (a god), 1
θυμός, ὁ: spirit, soul; desire, heart, 3

ὅταν: ὅτε ἄν, whenever, 5
παντελής, -ες: all-accomplishing, complete, 2
περάω: pass, cross the bounds, penetrate, 3
προσ-άπτω: fasten to, attach to, 1
πύματος, -η, -ον: extreme, last, final, 1
στόμα, -ατος, τό: the mouth, 4
στυγέω: to hate, abhor, 2
στυγνός, -ή, -όν: sullen, gloomy, hated, 1
σφώ (nom/acc), σφῷν (gen/dat): you two, 6
τρύχω: wear out, waste away, 1
φθί(ν)ω: waste away, decay, perish, 7
φρόνησις, ἡ: thought, purpose, intention, 1
φύσις, -εως, ἡ: nature, character; birth, 5
ψυχή, ἡ: breath, life, spirit, soul, 5

661 (μὰ) Ἄλιον: by Helius!; in apposition
  ἐπεὶ: (I say this) because...; the chorus is
  explaining why it invoked the gods
  ὅ τι (ἐστίν): whatever (is)...
  ὀλοίμην: May I suffer; opt. of wish, aor.
  opt. mid. ὄλλυμι
662 φρόνησιν τήνδε: this thought
665 μοι δυσμόρῳ: for me; dat. of interest
  γῆ φθινὰς: the withering land; aor. pple
667 προσάψει: fut., τάδε κακὰ is subject
  κακοῖς τοῖς πάλαι: to...; dat. compound
  τὰ πρὸς σφῷν: from you two; 2nd person
  dual gen. of source, modifies τάδε κακὰ
669 ὁ δ'...ἴτω: then, let him go; 3s imper.
  ἔρχομαι (εἶμι); i.e. Creon
  κεἰ: even if; καὶ εἰ, concessive
  θανεῖν: aor. inf. θνήσκω
670 γῆς τῆσδε: from...; gen. separation

ἀπωσθῆναι: aor. pass. inf. ἀπωθέω;
  following χρή, με is acc. subject
  βίᾳ: with...; abl. of manner
671 τὸ σόν (στόμα): your words; acc. obj.
  τὸ τοῦδε στόμα: the words of this one
672 οὗτος: i.e. Creon
  ἔνθα ἂν ᾖ: wherever...; general relative
  clause; 3s pres. subjunctive εἰμί
673 στυγνός...εἶ: you are clear(ly) hateful,
  when yielding; 2s εἰμί
674 περάσῃς: you cross the bounds of anger;
  'of spirit,' aor. subj. general temporal
  clause; partitive genitive
675 αὑταῖς: for themselves; ἑαυταῖς, the
  antecedent is fem. pl. φύσεις
  εἰσὶν: 3p pres. εἰμί
  φέρειν: explanatory inf. with ἄλγισται

Οἰδ οὔκουν μ' ἐάσεις κἀκτὸς εἶ; 676
Κρέ   πορεύσομαι,
  σοῦ μὲν τυχὼν ἀγνῶτος, ἐν δὲ τοῖσδ' ἴσος.
Χορ γύναι, τί μέλλεις κομί- ἀντ.
  ζειν δόμων τόνδ' ἔσω;
Ἰοκ μαθοῦσά γ' ἥτις ἡ τύχη. 680
Χορ δόκησις ἀγνὼς λόγων
  ἦλθε, δάπτει δὲ καὶ τὸ μὴ 'νδικον.
Ἰοκ ἀμφοῖν ἀπ' αὐτοῖν;
Χορ   ναίχι.
Ἰοκ   καὶ τίς ἦν λόγος;
Χορ ἅλις ἔμοιγ', ἅλις, γᾶς προπονουμένας, 685
  φαίνεται ἔνθ' ἔληξεν αὐτοῦ μένειν.
Οἰδ ὁρᾷς ἵν' ἥκεις, ἀγαθὸς ὢν γνώμην ἀνήρ,
  τοὐμὸν παριεὶς καὶ καταμβλύνων κέαρ;
Χορ ὦναξ, εἶπον μὲν οὐχ ἅπαξ μόνον, 690

ἀγαθός, -ή, -όν: good, brave, capable, 2
ἀ-γνώς, -ῶτος, ὁ, ἡ: ignorant; unknown, 2
ἅλις: enough, sufficiently; in abundance, 4
ἄμφω: both, 1
ἅπαξ: once, only once, 2
γνώμη, ἡ: judgment; opinion, resolve, 8
δάπτω: gnaw, devour, consume, 1
δόκησις, ἡ: suspicion; opinion, belief, 1
δόμος, ὁ: a house, 9
ἐάω: to permit, allow, let be, suffer, 6
ἐκτός: outside, out of; beyond, 1
ἔν-δικος, -ον: just, right, legitimate, 4
ἔσω: into, inwards, to within, into, in (gen) 7

ἥκω: to have come, be present, 9
κατ-αμβλύνω: dull, blunt, 1
κέαρ, τό: heart (poetic for κῆρ) 1
κομίζω: bring, carry away, attend to, 4
λήγω: cease, stop, leave off, 3
μέλλω: be about to, intend; hesitate, delay, 3
μένω: stay, remain, wait for, 4
ναίχι: yes, 1
οὔκ-ουν: not therefore, and so not, 6
παρ-ίημι: let drop, give up; pass over, 3
πορεύομαι: to travel, traverse; enter, 3
προ-πονέω: be wearied already, work up, 1

676 οὔκουν...ἐάσεις...καὶ (ἐ)κτὸς εἶ: *will you not...?*; 2s fut. ἐάω and ἔρχομαι
677 τυχών: (I) having found (x) (y); σοῦ partitive gen. and ἀγνῶτος pred. gen.
  ἐν δὲ τοῖσδε: *among these men here*
  ἴσος: *(I am) fair*
678 τί μέλλεις: *why do you hesitate?*; μέλλω may suggest an intention unfulfilled
679 τόνδ(ε): demonstrative, i.e. Oedipus
680 μαθοῦσά γ': *(yes) once having learned at least*; aor. pple. μανθάνω; γέ gives assent and then restricts the assent
  ἥτις (ἐστίν)...τύχη: i.e. what happened
681 ἀγνώς: *unfamiliar, unknown*; pass. sense
682 δόκησις λόγων: i.e. verbal accusation
683 δάπτει: *gnaws at (him)*; obj. is vague
  τὸ μὴ (ἔ)νδικον: *the injustice*; subject

684 ἀμφοῖν ἀπ'αὐτοῖν: *on...*; dual gen.
  ἦν: impf. εἰμί
  λόγος: *story*; or 'account'
685 ἅλις: predicate of φαίνεται
  γῆς προπονουμένης: gen. abs., 'already worked up' is equiv. to 'already troubled'
686 ἔνθα ἔληξεν αὐτοῦ μένειν: *to remain there where (the story) stopped*; inf. is subject of φαίνεται, αὐτοῦ is an adv. formed from αὐτός: 'in the very place'
688 ἵνα: *where*
  ὤν: pres. pple εἰμί
  γνώμην: *in...*; acc. of respect
689 τοὐμὸν: τὸ ἐμὸν modifies neuter κέαρ
  παριείς: *weakening*; pres. pple παρ-ίημι
690 ὦναξ: ὦ ἄναξ
  εἶπον: 1s aor.

ἴσθι δὲ παραφρόνιμον, ἄπορον ἐπὶ φρόνιμα 691
πεφάνθαι μ' ἄν, εἴ σ' ἐνοσφιζόμαν,
ὅς τ' ἐμὰν γᾶν φίλαν ἐν πόνοις
ἀλύουσαν κατ' ὀρθὸν οὔρισας, 695
τανῦν τ' εὔπομπος ἂν γένοιο.
Ἰοκ πρὸς θεῶν δίδαξον κἄμ', ἄναξ, ὅτου ποτὲ
μῆνιν τοσήνδε πράγματος στήσας ἔχεις.
Οἰδ ἐρῶ· σὲ γὰρ τῶνδ' ἐς πλέον, γύναι, σέβω· 700
Κρέοντος, οἷά μοι βεβουλευκὼς ἔχει.
Ἰοκ λέγ', εἰ σαφῶς τὸ νεῖκος ἐγκαλῶν ἐρεῖς.
Οἰδ φονέα με φησὶ Λαΐου καθεστάναι.
Ἰοκ αὐτὸς ξυνειδὼς ἢ μαθὼν ἄλλου πάρα;
Οἰδ μάντιν μὲν οὖν κακοῦργον εἰσπέμψας, ἐπεὶ 705

ἀλύω: be distraught, be perplexed, 1
ἄ-πορος, -ον: resourceless, without means, 1
βουλεύω: deliberate, plan, take counsel, 7
διδάσκω: teach, instruct, 5
ἐγ-καλέω: charge, cast blame, accuse, 1
εἰσ-πέμπω: send (in), bring in, 1
εὔ-πομπος, -ον: guiding well, leading well, 1
ἵστημι: make stand, set up, stop, establish 8
καθ-ίστημι: to set, establish; put into a state, 2
κακ-οῦργος, -ον: trouble-making, criminal, 1
μάντις, -εως, ὁ: seer, prophet, diviner, 8
μῆνις, ἡ: wrath, anger, 1

νεῖκος, τό: quarrel, strife, wrangle, 3
νοσφίζω: abandon, forsake; shrink from, 1
οὐρίζω: guide with a favorable breeze, blow 1
παρα-φρόνιμος, -ον: senseless, deranged, 1
πόνος, ὁ: work, toil, labor, 4
πρᾶγμα, -γματος, τό: action, deed, matter, 2
σέβω: revere, honor, worship, 3
σύν-οιδα: know, be conscious, 3
τανῦν: now, at present (adv. acc., τὰ νῦν) 4
τοσόσδε, -άδε, -όνδε: so much, many, long, 6
φονεύς, -εως ὁ: murderer, killer, 9
φρόνιμον τό: good sense, wisdom, prudence 1

691 ἴσθι: sg. imperative οἶδα
παραφρόνιμον, ἄπορον: acc. predicates
ἐπὶ φρόνιμα: *in sensible matters*
692 πεφάνθαι μ' ἄν, εἴ...ἐνοσφιζόμην: *that I would have shown...if I had...*; past contrafactual, here pf. mid. inf. φαίνω for plpf. in direct discourse
694 ὅς τ': *you who...*
695 κατ'ὀρθὸν: *straight on, straightly*; 'on a straight (course)'
οὔρισας: 2s aor.
696 ἂν γένοι(σ)ο: *would...*; potential opt., 2s aor. γίγνομαι
697 πρὸς θεῶν: *by the gods!*; in entreaty
δίδαξον: aor. imperative
κἄμ': καὶ ἐμέ
ὅτου...πράγματος: *for what matter*; 'because of what thing,' gen. of cause; gen. ὅστις, alternative to οὕτινος
699 στήσας ἔχεις: *have stirred up*; 'have set up'; pf. periphrastic, ἵστημι
700 τῶνδε: *than...*; gen. comparison

ἐς πλέον: *more*; 'still more,' comparative adv.; ἐς + adv. often means 'up to,' 'until'
701 Κρέοντος: *for Creon, because of Creon*; gen. of cause in response to the question
οἷα: *what things...!*; in exclamation
βεβουλευκὼς ἔχει: pf. periphastic, more often with aor. pple, but here pf. act. pple
μοι: *(against) me*
702 λέγ(ε): imperative in a fut. more vivid
ἐγκαλῶν: *casting blame for* (acc) *on* (dat)
ἐρεῖς: fut. λέγω
703 φησί: 3s pres. φημί
καθεστάναι: *stand to be*; 'have become,' pf. inf.; φονέα με are acc. pred. and acc. subj. respectively
704 αὐτὸς: *he himself*; i.e. Creon
ξυνειδὼς: nom. sg. pple σύνοιδα
ἄλλου πάρα: *from...*; παρὰ ἄλλου
705 μὲν οὖν: *in fact*; indicating a correction
ἐπεὶ: *(I say this) since...*; Oedipus offers an explanation for what he just said

47

τό γ' εἰς ἑαυτὸν πᾶν ἐλευθεροῖ στόμα. 706
Ἰοκ σύ νυν ἀφεὶς σεαυτὸν ὧν λέγεις πέρι
ἐμοῦ 'πάκουσον, καὶ μάθ' οὕνεκ' ἐστί σοι
βρότειον οὐδὲν μαντικῆς ἔχον τέχνης.
φανῶ δέ σοι σημεῖα τῶνδε σύντομα. 710
χρησμὸς γὰρ ἦλθε Λαΐῳ ποτ', οὐκ ἐρῶ
Φοίβου γ' ἀπ' αὐτοῦ, τῶν δ' ὑπηρετῶν ἄπο,
ὡς αὐτὸν ἕξοι μοῖρα πρὸς παιδὸς θανεῖν,
ὅστις γένοιτ' ἐμοῦ τε κἀκείνου πάρα.
καὶ τὸν μέν, ὥσπερ γ' ἡ φάτις, ξένοι ποτὲ 715
λῃσταὶ φονεύουσ' ἐν τριπλαῖς ἁμαξιτοῖς·
παιδὸς δὲ βλάστας οὐ διέσχον ἡμέραι
τρεῖς, καί νιν ἄρθρα κεῖνος ἐνζεύξας ποδοῖν
ἔρριψεν ἄλλων χερσὶν ἄβατον εἰς ὄρος.
κἀνταῦθ' Ἀπόλλων οὔτ' ἐκεῖνον ἤνυσεν 720

ἄ-βατος, -ον: untrodden; remote, 1
ἁμαξιτός, ὁ: wagon (road), 2
ἀνύω: accomplish, finish, effect, 2
ἄρθρον, τό: ankle, ankle-joint; joint, 1
ἀφ-ίημι: send forth, let loose, give up, 6
βλάστη, ἡ: birth, growth, 1
βρότειος, -ον: mortal, 1
δι-έχω: separate, go through, intervene, 1
ἑαυτοῦ (αὑτοῦ), -ῆς, -οῦ: himself, her-, it- 3
ἐλευθερόω: keep (acc) free, absolve, 1
ἐν-ζεύγνυμι: bind fast, join together, 1
ἐν-ταῦθα: in this, in here; here, there, 5
ἐπ-ακούω: heed, hear, listen to, 2
ἡμέρα, ἡ: day (ἀμέρα) 9
λῃστής, ὁ: robber, bandit, pirate, 5
μαντικός, -ή, -όν: prophetic, oracular, 4
μοῖρα, ἡ: fate, lot in life, portion, share, lot, 6

ὄρος, -εος, τό: a mountain, hill, 4
οὕνεκα: for the sake of (which); the fact that 5
περί: around, about, concerning, 3
πούς, ποδός, ὁ: a foot, 6
ῥίπτω: throw, cast, hurl, 3
σεαυτοῦ (σαυτοῦ), -ῆς, -οῦ: yourself, 4
σημεῖον, τό: sign, mark, omen; signal, flag, 2
στόμα, -ατος, τό: the mouth, 4
συν-τομος, -ον: short, concise, brief, 2
τέχνη, ἡ: art, skill, craft, 7
τρεῖς, τρία: three, 3
τριπλόος, -η, -ον: triple, threefold, 4
ὑπ-ηρέτης, ὁ: attendant, servant, minster, 1
φάτις, ἡ: talk, rumor, report; oracle, 6
φονεύω: to murder, kill, slay, 2
χρησμός, ὁ: oracle, oracular response, 2
ὥσπερ: as, just as, as if, 8

706 τό γ' εἰς ἑαυτὸν: as for the matter regarding himself; acc. of respect
ἐλευθεροῖ στόμα: kept (his) mouth clean
707 ἀφεὶς: absolving...; nom. aor. pple ἀφίημι
ὧν...πέρι: concerning (that) which; περὶ τούτων ἅ, acc relative attracted into gen.
708 (ἐ)πάκουσον: aor imper. + gen. source
μάθ(ε): 2nd aor. sg. imperative, μανθάνω
ἐστί...τέχνης: nothing mortal, you know, has a share of the prophetic art; σοι is an ethical dat.; τέχνης is a partitive gen.
710 φανῶ: fut. φαίνω
σημεῖα: proof; 'signs'
711 Λαΐῳ: for Laius; dat. of interest

713 ὡς: (namely) that...; following χρησμός
αὐτὸν ἕξοι: would hold him; fut. opt. may replace a fut. indicate in secondary seq.
πρὸς παιδὸς: at the hands of..; gen. agent
θανεῖν: aor. inf. θνῄσκω
714 ὅστις γένοιτο: whoever was born...; opt. may replace ἄν + subj. in secondary seq.
715 καὶ τὸν μέν: and this one; i.e. Laius
716 φονεύουσι: killed; historical present
717 παιδὸς δὲ βλάστας: from the birth of the child; βλάστης, gen. of separation
718 ποδοῖν: dual gen. πούς
719 ἄλλων χερσὶν: dat. of means, χείρ
720 ἤνυσεν: brought it about (that) that one...

48

	φονέα γενέσθαι πατρὸς οὔτε Λάϊον	721
	τὸ δεινὸν οὐφοβεῖτο πρὸς παιδὸς θανεῖν.	
	τοιαῦτα φῆμαι μαντικαὶ διώρισαν,	
	ὧν ἐντρέπου σὺ μηδέν· ὧν γὰρ ἂν θεὸς	
	χρείαν ἐρευνᾷ, ῥᾳδίως αὐτὸς φανεῖ.	725
Οἰδ	οἷόν μ' ἀκούσαντ' ἀρτίως ἔχει, γύναι,	
	ψυχῆς πλάνημα κἀνακίνησις φρενῶν.	
Ἰοκ	ποίας μερίμνης τοῦθ' ὑποστραφεὶς λέγεις;	
Οἰδ	ἔδοξ' ἀκοῦσαι σοῦ τόδ', ὡς ὁ Λάϊος	
	κατασφαγείη πρὸς τριπλαῖς ἁμαξιτοῖς.	730
Ἰοκ	ηὐδᾶτο γὰρ ταῦτ' οὐδέ πω λήξαντ' ἔχει.	
Οἰδ	καὶ ποῦ 'σθ' ὁ χῶρος οὗτος οὗ τόδ' ἦν πάθος;	
Ἰοκ	Φωκὶς μὲν ἡ γῆ κλῄζεται, σχιστὴ δ' ὁδὸς	
	ἐς ταὐτὸ Δελφῶν κἀπὸ Δαυλίας ἄγει.	
Οἰδ	καὶ τίς χρόνος τοῖσδ' ἐστὶν οὑξεληλυθώς;	735

ἄγω: lead, bring, carry, convey, 7
ἁμαξιτός, ὁ: wagon-road, 2
ἀνα-κίνησις, ἡ: stirring up, excitement, 1
ἀρτίως: just, newly, recently, 9
Δαυλία, ἡ: Daulia, 1 Δελφοί, οἱ: Delphi, 1
διωρίζω: define, mark out, divide, 2
ἐν-τρέπω: turn to, pay regard to (gen) 3
ἐξ-έρχομαι (εἶμι, ἦλθον): come or go out, 4
ἐρευνάω: seek, search after, 1
κατα-σφάζω: slaughter, murder, 1
κλῄζω: call; celebrate, make famous, 4
λήγω: cease, stop, leave off, 3
μαντικός, -ή, -όν: prophetic, oracular, 4
μέριμνα, ἡ: care, thought, worry, 2
ὁδός, ἡ: road, way, path, journey, 7

οὗ: where, 1
πάθος, -εος, τό: misfortune, incident, 4
πλάνημα, -ατος, τό: wandering, roaming, 2
ποῦ: where? 6
ῥᾳδίως: easily, 1
σχιστός, -ή, -όν: split, divided, 1
τριπλόος, -η, -ον: triple, threefold, 4
ὑπο-στρέφω: turn back, turn in flight, 1
φοβέω: terrify; *mid.* fear, dread, 5
φονεύς, -εως ὁ: murderer, killer, 9
φρήν, φρενός, ἡ: wits, sense, mind; midriff, 6
Φωκίς, ἡ: Phocis, 1
χρεία, ἡ: need, want, need; request, 4
χῶρος, ὁ: place, region, land, 3
ψυχή, ἡ: breath, life, spirit, soul, 5

721 γενέσθαι: *that that one became..*; aor. inf.
722 τὸ δεινὸν: *the horror*; a substantive in apposition to the acc. + inf. construction
οὐφοβεῖτο: *which...*; ὃ ἐφοβεῖτο
πρὸς: *at the hands of...*; gen. agent
θανεῖν: aor. inf. θνῄσκω
724 ὧν: *which*; obj. of ἐντρέπου, aor. imper.
μηδέν: *not at all*; inner acc.
ὧν... ἂν...ἐρευνᾷ: *for whatever...*; objective gen. + χρείαν; 3s pres. subj. α-contract in a general relative clause
725 φανεῖ: fut. φαίνω, θεὸς is subject
726 οἷόν...πλάνημα κἀνακίνησις: *what a wandering...and stirring...!*; exclamation
728 ποίας μερίμνης: *from what worry...?*; or 'because of...,' gen. separation or cause

ὑποστραφείς: nom. aor. pass. pple
τοῦθ': τοῦτο, object of λέγεις
729 ἔδοξ(α): 1s aor. + aor. inf. ἀκούω
ὡς: *(namely) that*; in apposition to τόδε
730 κατασφαγείη: 3s aor. pass. opt. in ind. disc. in secondary sequence
πρὸς: *near*...; dat. of place where
731 ηὐδᾶτο: *were said*; impf. passive
λήξαντα ἔχει: periphrastic pf., λήγω
732 'σθ': ἐστί
οὗ: *where*...; relative adverb
734 ταὐτὸ: *the same*...; τὸ αὐτό
κἀπὸ: ἀπὸ Δελφῶν καὶ Δαυλίας
τοῖσδε: *from these events*; dat. compound
ὁ ἐξεληλυθώς: *having passed*; pf. pple ἐξ-έρχομαι attributive adj. with χρόνος

49

Ἰοκ σχεδόν τι πρόσθεν ἦ σὺ τῆσδ' ἔχων χθονὸς 736
 ἀρχὴν ἐφαίνου, τοῦτ' ἐκηρύχθη πόλει.
Οἰδ ὦ Ζεῦ, τί μου δρᾶσαι βεβούλευσαι πέρι;
Ἰοκ τί δ' ἐστί σοι τοῦτ', Οἰδίπους, ἐνθύμιον;
Οἰδ μήπω μ' ἐρώτα· τὸν δὲ Λάϊον φύσιν 740
 τίν' ἦλθε φράζε, τίνα δ' ἀκμὴν ἥβης ἔχων.
Ἰοκ μέγας, χνοάζων ἄρτι λευκανθὲς κάρα,
 μορφῆς δὲ τῆς σῆς οὐκ ἀπεστάτει πολύ.
Οἰδ οἴμοι τάλας· ἔοικ' ἐμαυτὸν εἰς ἀρὰς
 δεινὰς προβάλλων ἀρτίως οὐκ εἰδέναι. 745
Ἰοκ πῶς φής; ὀκνῶ τοι πρός σ' ἀποσκοποῦσ', ἄναξ.
Οἰδ δεινῶς ἀθυμῶ μὴ βλέπων ὁ μάντις ᾖ·
 δείξεις δὲ μᾶλλον, ἢν ἓν ἐξείπῃς ἔτι.
Ἰοκ καὶ μὴν ὀκνῶ μέν, ἃ δ' ἂν ἔρῃ μαθοῦσ' ἐρῶ.
Οἰδ πότερον ἐχώρει βαιὸς ἢ πολλοὺς ἔχων 750

ἀ-θυμέω: be disheartened, be afraid, 1
ἀκμή, ἡ: point, edge; hand, foot, 4
ἀπο-σκοπέω: look away from, look to, 1
ἀπο-στατέω: be far from, stand aloof from, 1
ἀρά, ἡ: prayer, vow, curse, 4
ἄρτι: just, newly, recently, 1
ἀρτίως: just, newly, recently, 9
ἀρχή, ἡ: a beginning; rule, office, 8
βαιός, -όν: scant, few; little, 1
βουλεύω: deliberate, plan, take counsel, 7
δείκνυμι: show, reveal; prove, 9
ἐν-θύμιος, -ον: (weighing) on the heart, 1
ἐξ-εῖπον: spoke out, declared, 1
ἔοικα: to be or seem likely, be reasonable, 3
ἔρομαι: ask, enquire, question, 2
ἐρωτάω: ask, inquire, 3
ἥβη, ἡ: youth, youthful prime, 1
κάρα, τό: head, 8
κηρύσσω: announce, proclaim, 1

λευκ-ανθής, -ές: white-blossoming, white, 1
μᾶλλον: more, rather, 9
μάντις, -εως, ὁ: seer, prophet, diviner, 8
μήν: truly, surely, 9
μή-πω: not yet, 1
μορφή, ἡ: form, shape, 1
οἴμοι: ah me!, woe's me, oh, alas, 6
ὀκνέω: shrink from, hesitate (out of fear), 7
περί: around, about, concerning, 3
πότερος -α -ον: which of two (untranslated) 3
προ-βάλλω: cast forth, put forward, 1
πρόσθεν: before, earlier, 8
σχεδόν: just, almost, nearly, 1
τάλας, τάλαινα, τάλαν: wretched, unhappy 5
τοι: you know, let me tell you, surely, 5
φύσις, -εως, ἡ: nature, character; birth, 5
χθών, χθονός, ἡ: earth, ground, 9
χνοάζω: get a down (layer of hair) on, 1
χωρέω: proceed, travel, advance, go, 2

736 σχεδόν...πρόσθεν: *just somewhat earlier*
737 ἐφαίνου: ἐφαίνε(σ)ο, 2s impf. φαίνω
 ἐκηρύχθη: 3s aor. pass. κηρύσσω
738 μου...πέρι: *about me*; anastrophe
 βεβούλευσαι: 2s pf. mid. βουλεύω
740 ἐρώτα: imperative, ἐρωτα-ε
 τὸν δὲ Λάϊον φύσιν τίνα (ἔχων) ἦλθε
 φράζε: *tell (me) having what stature
 Laius went...*; lit. 'tell (of) Laius, (having) what stature he went...', prolepsis
 τίνα δ' ἀκμὴν ἥβης ἔχων: *and what bloom of...*; parallel to τίνα φύσιν (ἔχων)
741 χνοάζων: *getting grey down on* + acc.

743 πολύ: *far*; adverbial acc.
744 ἔοικ(α)...οὐκ εἰδέναι: *I seem not to know*
746 πῶς φής;: i.e. what do you mean?
747 μή...ᾖ: *lest...is*; fearing, 3s subj. εἰμί
748 δείξεις, ἢν...ἐξείπῃς: ἢν = ἐάν, fut. more vivid condition (ἐάν + subj., fut.)
 ἕν: *one thing*
749 καὶ μήν: *indeed I also...*; reply to ἀθυμῶ
 ἃ δ' ἂν ἔρῃ: *whatever...*; ἔρη(σ)αι, 2s pres. subj. ἔρομαι, general relative
 ἐρῶ: fut. λέγω
750 βαιὸς: *scant(ly escorted)*; i.e. alone

	ἄνδρας λοχίτας, οἷ᾽ ἀνὴρ ἀρχηγέτης;	751
Ἰοκ	πέντ᾽ ἦσαν οἱ ξύμπαντες, ἐν δ᾽ αὐτοῖσιν ἦν κῆρυξ· ἀπήνη δ᾽ ἦγε Λάϊον μία.	
Οἰδ	αἰαῖ, τάδ᾽ ἤδη διαφανῆ. τίς ἦν ποτε ὁ τούσδε λέξας τοὺς λόγους ὑμῖν, γύναι;	755
Ἰοκ	οἰκεύς τις, ὅσπερ ἵκετ᾽ ἐκσωθεὶς μόνος.	
Οἰδ	ἦ κἀν δόμοισι τυγχάνει τανῦν παρών;	
Ἰοκ	οὐ δῆτ᾽· ἀφ᾽ οὗ γὰρ κεῖθεν ἦλθε καὶ κράτη σέ τ᾽ εἶδ᾽ ἔχοντα Λάϊόν τ᾽ ὀλωλότα, ἐξικέτευσε τῆς ἐμῆς χειρὸς θιγὼν ἀγρούς σφε πέμψαι κἀπὶ ποιμνίων νομάς, ὡς πλεῖστον εἴη τοῦδ᾽ ἄποπτος ἄστεως. κἄπεμψ᾽ ἐγώ νιν· ἄξιος γὰρ οἷ᾽ ἀνὴρ δοῦλος φέρειν ἦν τῆσδε καὶ μείζω χάριν.	760
Οἰδ	πῶς ἂν μόλοι δῆθ᾽ ἡμῖν ἐν τάχει πάλιν;	765

ἀγρός, ὁ: fields, lands, 4
ἄγω: lead, bring, carry, convey, 7
αἰαῖ: ah! (exclamation of grief) 3
ἄξιος, -α, -ον: worthy of, deserving of, 8
ἀπήνη, ἡ: wagon, four-wheeled wagon, 3
ἄπ-οπτος, -ον: out of sight from (gen.), 1
ἀρχ-ηγέτης, -ου, ὁ: chief, leader, 1
ἄστυ, -εως, τό: town, city, 4
δια-φανής, -ές: transparent, clear to the light, 1
δόμος, ὁ: a house, 9
δοῦλος, ὁ: a slave, 4
ἐκ-σῴζω: save, keep safe, preserve, 2
ἔμολον: go, come (aor. of βλώσκω,) 7
ἐξ-ικετεύω: entreat or plead successfully, 1
θιγγάνω: take hold of, touch, 4
κεῖ-θεν (ἐκεῖ-θεν): from here, from there, 2

κῆρυξ, -υκος, ὁ: herald, messenger, envoy, 2
κράτος, -εος, τό: strength, power, 3
λοχίτης, ὁ: armed follower, fellow-soldier, 1
μείζων, -ον: greater, bigger, stronger, 4
νομή, ἡ: roaming, pasturing, grazing, 1
οἰκεύς, ὁ: servant, house servant, 1
πάλιν: again, once more; back, backwards, 9
πέντε: five, 1
πλεῖστος, -η, -ον: most, greatest, largest, 3
ποιμνίον, τό: flock, 3
συμ-πᾶς, -πᾶσα, -πᾶν: all together, in all, 2
σφεῖς: they, 4
τανῦν: now, at present (adv. acc., τὰ νῦν) 4
τάχος, -εος τό: speed, haste, swiftness, 4
χάρις, -ριτος, ἡ: favor, gratitude, thanks, 7

751 οἷ(α): *like, just as*; adverbial acc.
752 ἦσαν: 3p impf. εἰμί
 ἐν δ᾽αὐτοῖσιν: *and among them*
754 διαφανῆ (ἐστίν): διαφανέ-α nom. pred.
755 ὁ...λέξας: *the one telling*; aor. pple λέγω
756 ἵκετ(ο): aor. ἱκνέομαι
 ἐκσωθεὶς: aor. pass. pple ἐκ-σῴζω
757 κἄν: καὶ ἐν; καί is an adverb, 'actually'
 τυγχάνει: *happen to*; + pple, as often
 παρών: pple πάρειμι
758 ἀφ᾽ οὗ: *from which (time)*; i.e. ever since
 ἦλθε: οἰκεύς is the subject; aor. ἔρχομαι
759 εἶδε: aor. ὁράω, οἰκεύς is still subject
 ὀλωλότα: *being dead*; pf. pple. ὄλλυμι
760 θιγὼν: aor. pple θιγάννω + partitive gen

761 ἀγρούς...κἀπὶ...νομάς: *to...and..*; καὶ ἐπί
 σφε: *him*; unusual acc. sg. of 3p σφεῖς
 πέμψαι: aor. inf. πέμπω
762 ὡς...εἴη: *so that he might be*; purpose, 3rd sg. opt. (εἰμί) in secondary sequence
 πλεῖστον: *very much*; superlative adverb
 τοῦδ᾽...ἄστεως: *from...*; gen. separation
763 κἄπεμψ᾽: καὶ ἔπεμψα
 οἷ(α)...δοῦλος: *for a slave*; 'as a slave'
764 φέρειν: *to carry off*; 'win,' explanatory inf
 τῆσδε: *than...*; gen. comparison
 καί: *even*; adverbial
 μείζω: acc. sg., μείζο(ν)α
765 ἂν μόλοι: *could...?*; potential opt. ἔμολον
 ἐν τάχει: *quickly*; 'in speed' dat. manner

Ἰοκ πάρεστιν· ἀλλὰ πρὸς τί τοῦτ' ἐφίεσαι; 766
Οἰδ δέδοικ' ἐμαυτόν, ὦ γύναι, μὴ πόλλ' ἄγαν
 εἰρημέν' ᾖ μοι δι' ἅ νιν εἰσιδεῖν θέλω.
Ἰοκ ἀλλ' ἵξεται μέν· ἀξία δέ που μαθεῖν
 κἀγὼ τά γ' ἐν σοὶ δυσφόρως ἔχοντ', ἄναξ. 770
Οἰδ κοὐ μὴ στερηθῇς γ', ἐς τοσοῦτον ἐλπίδων
 ἐμοῦ βεβῶτος. τῷ γὰρ ἂν καὶ μείζονι
 λέξαιμ' ἂν ἢ σοί, διὰ τύχης τοιᾶσδ' ἰών;
 ἐμοὶ πατὴρ μὲν Πόλυβος ἦν Κορίνθιος,
 μήτηρ δὲ Μερόπη Δωρίς. ἠγόμην δ' ἀνὴρ 775
 ἀστῶν μέγιστος τῶν ἐκεῖ, πρίν μοι τύχη
 τοιάδ' ἐπέστη, θαυμάσαι μὲν ἀξία,
 σπουδῆς γε μέντοι τῆς ἐμῆς οὐκ ἀξία.
 ἀνὴρ γὰρ ἐν δείπνοις μ' ὑπερπλησθεὶς μέθῃ
 καλεῖ παρ' οἴνῳ, πλαστὸς ὡς εἴην πατρί. 780

ἄγαν: too much, excessively, 4
ἄγω: lead, bring, carry, convey, 7
ἄξιος, -α, -ον: worthy of, deserving of, 8
ἀστός, ὁ: townsman, citizen, 6
βαίνω: step, walk, go, 8
δείδω: fear, dread, 6
δεῖπνον, τό: dinner, banquet, meal, 1
διά: through (gen.) on account of, (acc.), 7
δύσφορός, -ον: hard to bear, heavy, 3
Δωρίς, -ίδος, ἡ: Dorian (fem. adj.), 1
ἐκεῖ: there, in that place, 2
ἐλπίς, -ίδος, ἡ: hope, expectation, 7
ἐφ-ίημι: enjoin, command; permit, allow, 2
ἐφ-ίστημι: set upon, beset, 1
θαυμάζω: wonder, marvel, be amazed, 1

καλέω: to call, summon, invite, 6
Κορίνθιος, -α, -ον: Corinthian, 3
μέγιστος, -η, -ον: greatest, biggest, best, 5
μέθη, ἡ: strong drink; drunkenness, 1
μείζων, -ον: greater, bigger, stronger, 4
μέντοι: however, nevertheless; certainly, 3
Μερόπη, ἡ: Merope, 2
οἶνος, ὁ: wine, 1
πλαστός -ή -όν: fabricated, molded, formed, 1
που: somewhere; I think, I suppose, 5
πρίν: before (+ inf.), until (+ finite verb) 8
σπουδή, ἡ: attention, interest; effort, pains, 1
στερέω: deprive, rob, despoil, 2
τοσοῦτος, -αύτη, -το: so great, much, many 5
ὑπερ-πίμπλημι: overfill, be overly full of, 2

766 πάρεστιν: *it is possible*; impersonal
 πρὸς τί: *to what (purpose)*
 ἐφίεσαι: 2s pres. mid. ἐφ-ίημι
767 δέδοικ(α): pf. δείδω
 μὴ...εἰρημένα ᾖ: *lest...have been said*;
 fearing clause; periphrastic pf. pass. subj.
768 μοι: *by...*; dat of agent often with pf.
 δι(ὰ) ἅ: *on account of which*
 εἰσ-ιδεῖν: aor. inf. εἰσ-οράω
769 ἀλλὰ ἵξεται: *well, he will come*; ἱκνέομαι
 ἀξία...κἀγω: *I too (am)...*; add εἰμί
 που: *I suppose*; parenthetical
 μαθεῖν: explanatory aor. inf. with ἀξία
770 τά δυσφόρως ἔχοντα: *things being hard
 to bear*; ἔχω + adv. equiv. to εἰμί + adj.
771 καί...γε: *yes, and*; in assent

 οὐ μὴ στερηθῇς: *you are not to be
 deprived*; or 'you will not be deprived'
 strong denial (οὐ μή + aor. subj.)
 ἐς...ἐλπίδων: *to so far in my forebodings*
772 ἐμοῦ βεβῶτος: *since...*; gen. abs., causal
 in sense; pf. pple. βαίνω
 τῷ...μείζονι: *to whom better...?*;
773 ἄν...λέξαιμι: potential opt., aor. λέγω
 ἰών: nom. sg. pple ἔρχομαι
775 ἠγόμην: *I was considered*; impf.
777 ἐπέστη: *set upon*; + dat. of compound
 aor. ἐφίστημι
 θαυμάσαι: *to wonder at*; explanatory inf.
779 ὑπερπλησθείς: nom. sg. aor. pass. pple
780 μ(ὲ)...παρ(ὰ): *to me*; οἴνῳ is dat. means
 πλαστὸς ὡς εἴην: *that I was illegitimate*

52

κἀγὼ βαρυνθεὶς τὴν μὲν οὖσαν ἡμέραν 781
μόλις κατέσχον, θατέρᾳ δ' ἰὼν πέλας
μητρὸς πατρός τ' ἤλεγχον· οἱ δὲ δυσφόρως
τοὔνειδος ἦγον τῷ μεθέντι τὸν λόγον.
κἀγὼ τὰ μὲν κείνοιν ἐτερπόμην, ὅμως δ' 785
ἔκνιζέ μ' ἀεὶ τοῦθ'· ὑφεῖρπε γὰρ πολύ.
λάθρᾳ δὲ μητρὸς καὶ πατρὸς πορεύομαι
Πυθώδε, καί μ' ὁ Φοῖβος ὧν μὲν ἱκόμην
ἄτιμον ἐξέπεμψεν, ἄλλα δ' ἄθλια
καὶ δεινὰ καὶ δύστηνα προύφηνεν λέγων, 790
ὡς μητρὶ μὲν χρείη με μιχθῆναι, γένος δ'
ἄτλητον ἀνθρώποισι δηλώσοιμ' ὁρᾶν,
φονεὺς δ' ἐσοίμην τοῦ φυτεύσαντος πατρός.
κἀγὼ 'πακούσας ταῦτα τὴν Κορινθίαν,
ἄστροις τὸ λοιπὸν ἐκμετρούμενος, χθόνα 795

ἄγω: lead, bring, carry, convey, 7
ἀεί: always, forever, in every case, 6
ἄθλιος, -η, -ον: wretched, miserable, pitiful, 9
ἄνθρωπος, ὁ: human being, human, man, 7
ἄστρον, τό: star, 1
ἄ-τιμος, -ον: dishonored, unhonored, 3
ἄ-τλητος, -ον: insufferable, intolerable, 1
βαρύνω: weigh down, depress, 1
γένος, -εος, τό: family, stock, race; birth, 7
δηλόω: show, make visible, 5
δύσ-τηνος, -ον: ill-suffering, wretched, 7
δύσφορός, -ον: hard to bear, heavy, 3
ἐκ-μετρόω: measure out, measure, 1
ἐκ-πέμπω: sent out, send forth, 3
ἐλέγχω: question, examine, 2
ἐπ-ακούω: hear, listen to; heed, 1
ἕτερος, -α, -ον: one, other, next, 1
ἡμέρα, ἡ: day (ἀμέρα) 9

κατ-έχω: hold fast, hold back, restrain, 1
κνίζω: chafe, grate; scratch, gash, 1
Κορίνθιος, -α, -ον: Corinthian, 3
λάθρᾳ: in secret, by stealth, 3
λοιπός, -ή, -όν: remaining, the rest, 3
μεθ-ίημι: let go, release, relax; give up, 2
μίγνυμι: mix, have intercourse with, unite to 2
μόλις: scarcely, hardly, 1
ὄνειδος, τό: reproach, disgrace, rebuke 5
πέλας: near, close; neighbor, other, 5
πορεύομαι: to travel, traverse; enter, 3
προ-φαίνω: show (forth), reveal, 3
Πυθώ-δε: to Pytho, 2
τέρπομαι: enjoy, delight in, be satisfied (dat) 1
ὑφ-έρπω: creep on secretly, steal upon, 1
φονεύς, -εως ὁ: murderer, killer, 9
φυτεύω: beget, produce, sire; plant, 7
χθών, χθονός, ἡ: earth, ground, 9

781 βαρυνθείς: aor. pass. pple.
    τὴν...ἡμέραν: *for the existing day*; εἰμί
782 κατέσχον: aor., supply ἐμαυτόν
    θατέρᾳ: *on the next (day)*; τῇ ἑτέρᾳ
    ἰών: pple ἔρχομαι
783 οἱ δὲ...ἦγον: *and they brought...*; impf.
784 τῷ μεθέντι: *against the one releasing the account*; aor. pple. μεθίημι, dat. interest
785 τὰ μὲν: *in these things*; respect
    (ἐ)κείνοιν: dual dat. object of τέρπομαι
787 πολύ: *far*; adverbial acc.
787 μητρός...: *in secrecy from...*; separation
788 ὧν μὲν ἱκόμην ἄτιμον: *dishonored from these things in respect to which I came*; (τούτων) ἃ ἱκόμην; acc. of respect
791 ὡς...χρείη: *that it was necessary*; opt χρή
    μιχθῆναι: *have sexual intercourse with...*; aor. pass. inf. μίγνυμι + dat. association
792 δηλώσοιμι: *I would...*; fut. opt.
    ὁρᾶν: explanatory inf. with ἄτλητον
793 ἐσοίμην: *I would be*; fut. opt. εἰμί
794 (ἐ)πακούσας: aor. pple. nom. sg.
    τὴν Κορινθίαν...χθόνα: *to...*; acc. ptw
795 τὸ λοιπόν: *hereafter*; 'for the future'
    ἄστροις: *with...*; dat. of means

ἔφευγον, ἔνθα μήποτ' ὀψοίμην κακῶν 796
χρησμῶν ὀνείδη τῶν ἐμῶν τελούμενα.
στείχων δ' ἱκνοῦμαι τούσδε τοὺς χώρους, ἐν οἷς
σὺ τὸν τύραννον τοῦτον ὄλλυσθαι λέγεις.
καί σοι, γύναι, τἀληθὲς ἐξερῶ. τριπλῆς 800
ὅτ' ἦ κελεύθου τῆσδ' ὁδοιπορῶν πέλας,
ἐνταῦθά μοι κῆρύξ τε κἀπὶ πωλικῆς
ἀνὴρ ἀπήνης ἐμβεβώς, οἷον σὺ φῇς,
ξυνηντίαζον· κἀξ ὁδοῦ μ' ὅ θ' ἡγεμὼν
αὐτός θ' ὁ πρέσβυς πρὸς βίαν ἠλαυνέτην. 805
κἀγὼ τὸν ἐκτρέποντα, τὸν τροχηλάτην,
παίω δι' ὀργῆς· καί μ' ὁ πρέσβυς ὡς ὁρᾷ,
ὄχου παραστείχοντα τηρήσας, μέσον
κάρα διπλοῖς κέντροισί μου καθίκετο.
οὐ μὴν ἴσην γ' ἔτισεν, ἀλλὰ συντόμως 810

ἀληθής, -ές: true, 7
ἀπήνη, ἡ: wagon, four-wheeled wagon, 3
βία, ἡ: force, power, bodily strength, 2
διά: through (gen.) on account of, (acc.), 7
ἐκ-τρέπω: turn aside, turn off, 2
ἐλαύνω: drive, march, 6
ἐμ-βαίνω: mount, step on, 1
ἐν-ταῦθα: in this, in here; here, there, 5
ἐξ-ερέω: will speak (out), 5
ἡγεμών, -όνος, ὁ: leader, guide, 2
καθ-ικνέομαι: come down upon, 1
κάρα, τό: head, 8
κέλευθος, ἡ: path, way, road, 2
κέντρον, τό: goad, horse-goad, whip, 2
κῆρυξ, -υκος, ὁ: herald, messenger, envoy, 2
μέσος, -η, -ον: the middle of, middle, 2
μήν: truly, surely, 9
μή-ποτε: not ever, never, 8
ὁδοι-πορέω, ὁ: travel, walk the way, 1
ὁδός, ἡ: road, way, path, journey, 7
ὄνειδος, τό: reproach, disgrace, rebuke, 5

ὀργή, ἡ: anger; panic, passion, 7
ὅτε: when, at some time, 2
ὄχος, ὁ: carriage, 1
παίω: strike, smite, dash, 3
παρα-στείχω: walk past, pass by, 1
πέλας: near, close; neighbor, other, 5
πρέσβυς, ὁ: old man, elder, 8
πωλικός, -ή, -όν: drawn by colts (or foals), 1
στείχω: to come or go, walk, proceed, 4
συν-αντιάζω: meet with, meet, 1
συν-τομος, -ον: short, concise, brief, 2
τελέω: fulfill, accomplish; pay, 8
τηρέω: watch for, watch over, observe, 1
τίνω: pay the price, repay, 1
τριπλόος, -η, -ον: triple, threefold, 4
τροχ-ηλάτης, ὁ: driver, charioteer, 1
τύραννος, ὁ: sovereign, tyrant, 9
φεύγω: flee, run away, 6
χρησμός, ὁ: oracle, oracular response, 2
χῶρος, ὁ: place, region, land, 3

796 ἔνθα...ὀψοίμην: *where I would...*; fut. opt. ὁράω replacing fut. ind. in secondary seq
796 τελούμενα: *being fulfilled*; pres. pass.
798 ἱκνοῦμαι: ἱκνέομαι; 1s pres.
799 ὄλλυσθαι: *that...was killed*; pres. pass.
801 ἦ...πέλας: *I was near*; + gen.; impf. εἰμί
802 ἐπὶ πωλικῆς ἀπήνης: *upon*...
  ἐμβεβώς: pf. act. pple ἐμβαίνω
803 οἷον: *just like*; pronoun or adverbial acc.
804 ξυνηντίαζον: 1s impf.
805 πρός βίαν: *by force, with a view to force*

ἠλαυνέτην: *tried to drive*; conative impf. dual form, ἐλαύνω
806 τὸν ἐκτρέποντα: *the one turning me out (from the road)*
807 ὡς: *as, when*
808 ὄχου: *from the chariot*; place from which Laius watches and attacks from the cart
  μέσον κάρα: *on*...; acc. of respect
809 διπλοῖς κέντροισι: *with*...; dat. of means
  καθίκετο: aor., governs gen. of compound
810 οὐ...ἴσην: *not an equal penalty*; inner acc.

54

σκήπτρῳ τυπεὶς ἐκ τῆσδε χειρὸς ὕπτιος 811
μέσης ἀπήνης εὐθὺς ἐκκυλίνδεται·
κτείνω δὲ τοὺς ξύμπαντας. εἰ δὲ τῷ ξένῳ
τούτῳ προσήκει Λαΐου τι συγγενές,
τίς τοῦδέ γ' ἀνδρός ἐστιν ἀθλιώτερος; 815
τίς ἐχθροδαίμων μᾶλλον ἂν γένοιτ' ἀνήρ;
ὃν μὴ ξένων ἔξεστι μηδ' ἀστῶν τινι
δόμοις δέχεσθαι μηδὲ προσφωνεῖν τινα,
ὠθεῖν δ' ἀπ' οἴκων. καὶ τάδ' οὔτις ἄλλος ἦν
ἢ 'γὼ 'π' ἐμαυτῷ τάσδ' ἀρὰς ὁ προστιθείς. 820
λέχη δὲ τοῦ θανόντος ἐκ χεροῖν ἐμαῖν
χραίνω, δι' ὧνπερ ὤλετ'· ἆρ' ἔφυν κακός;
ἆρ' οὐχὶ πᾶς ἄναγνος; εἴ με χρὴ φυγεῖν,
καί μοι φυγόντι μῆστι τοὺς ἐμοὺς ἰδεῖν
μηδ' ἐμβατεύειν πατρίδος, ἢ γάμοις με δεῖ 825

ἄθλιος, -η, -ον: wretched, miserable, pitiful, 9
ἄν-αγνος, -ον: unclean, impure, 2
ἀπήνη, ἡ: wagon, four-wheeled wagon, 3
ἀρά, ἡ: prayer, vow, curse, 4
ἆρα: introduces a yes/no question, 8
ἀστός, ὁ: townsman, citizen, 6
γάμος, ὁ: marriage, marriage rites, 5
δέχομαι: receive, take, accept, 5
διά: through (gen.) on account of, (acc.), 7
δόμος, ὁ: a house, 9
ἐκ-κυλίνδω: roll out, 1
ἐμ-βατεύω: set foot on, enter upon, 1
ἔξεστι: it is allowed, is permitted, 1
εὐθύς: straight, straightaway, at once, 3
ἐχθρο-δαίμων, -ον: hated by the gods, 1
λέχος, -εος, τό: (marriage) bed, couch, 3

μᾶλλον: more, rather, 9
μέσος, -η, -ον: middle, in the middle of, 2
οὔ-τις, οὔ-τι: no one, nothing, 2
πατρίς, πατρίδος, ἡ: fatherland, 2
προσ-ήκω: belong to; be at hand, 1
προσ-τίθημι: add, attribute, impose, give, 2
προσ-φωνέω: address, utter to, 2
σκῆπτρον, τό: staff; sceptre, 2
συγ-γενής, -ές: akin, related; relative, 3
συμ-πᾶς, -πᾶσα, -πᾶν: all together, in all, 2
τύπτω: strike, beat, hit, 1
ὕπτιος, α, ον: on his back, upturned, 1
φεύγω: flee, run away; avoid, 9
χραίνω: defile, pollute; touch lightly, 1
ὠθέω: push, drive, banish, 3

---

811 σκήπτρῳ: dat. means
 τυπείς: nom. sg. aor. pass. pple τύπτω
812 μέσης ἀπήνης: from...
813 κτείνω: historical pres.: translate in past
 εἰ...συγγενές: if some kinship to Laius belongs to this stranger
815 τοῦδε γ' ἀνδρός: than...; gen. comparison
816 ἂν γένοιτο: would become; potential opt.
817 ὅν: whom...; object of all three infinitives
 μὴ ἔξεστι...τινι: it is not permitted for anyone; + partitive genitives
818 μηδὲ δέχεσθαι...μηδὲ προσφωνεῖν...
 ὠθεῖν δὲ: either to...or to...but to...
 δόμοις: at...; dat. of place where
819 τάδε: in these matters; acc. of respect

ἦν: impf. εἰμί; ὁ προστιθείς is nom. pred.
820 ἤ: than...; following ἄλλος
 ἐπὶ ἐμαυτῷ: upon myself
 ὁ προστιθείς: the one...; . pres. act. pple
821 θανόντος: aor. pple. θνῄσκω
 ἐν χεροῖν ἐμαῖν: by my two...; dual gen.
822 διὰ ὧνπερ ὤλετο: through which he perished; aor. mid. ὄλλυμι
 ἔφυν: am I; 1s aor. φύω, pres. sense
823 ἆρα οὐχὶ πᾶς...: (am I) not entirely...?
824 μοι φυγόντι: dat. sg. aor. pple φεύγω
 μῆστι: it is not permitted; μὴ ἔστι
 τοὺς ἐμούς: my own (kin); i.e. in Corinth
 ἰδεῖν: aor. inf. ὁράω (εἶδον)
825 γάμοις: dat. of means

55

μητρὸς ζυγῆναι καὶ πατέρα κατακτανεῖν 826
Πόλυβον, ὃς ἐξέφυσε κἀξέθρεψέ με.
ἆρ' οὐκ ἀπ' ὠμοῦ ταῦτα δαίμονός τις ἂν
κρίνων ἐπ' ἀνδρὶ τῷδ' ἂν ὀρθοίη λόγον;
μὴ δῆτα, μὴ δῆτ', ὦ θεῶν ἁγνὸν σέβας, 830
ἴδοιμι ταύτην ἡμέραν, ἀλλ' ἐκ βροτῶν
βαίην ἄφαντος πρόσθεν ἢ τοιάνδ' ἰδεῖν
κηλῖδ' ἐμαυτῷ συμφορᾶς ἀφιγμένην.
Χορ ἡμῖν μέν, ὦναξ, ταῦτ' ὀκνήρ'· ἕως δ' ἂν οὖν
πρὸς τοῦ παρόντος ἐκμάθῃς, ἔχ' ἐλπίδα. 835
Οἰδ καὶ μὴν τοσοῦτόν γ' ἐστί μοι τῆς ἐλπίδος,
τὸν ἄνδρα τὸν βοτῆρα προσμεῖναι μόνον.
Ἰοκ πεφασμένου δὲ τίς ποθ' ἡ προθυμία;
Οἰδ ἐγὼ διδάξω σ'· ἢν γὰρ εὑρεθῇ λέγων
σοὶ ταῦτ', ἔγωγ' ἂν ἐκπεφευγοίην πάθος. 840

ἁγνός, -ή, -όν: holy, pure, 2
ἆρα: introduces a yes/no question, 8
ἄ-φαντος, -ον: out of sight, forgotten, 2
ἀφ-ικνέομαι: to come, arrive, 6
βαίνω: step, walk, go, 8
βοτήρ, -ῆρος, ὁ: herdsman, 6
διδάσκω: teach, instruct, 5
ἔγωγε: I, for my part, 8
ἐκ-μανθάνω: to learn well or thoroughly, 8
ἐκ-τρέφω: rear, raise up, bring up, 2
ἐκ-φεύγω: to flee away or out, 2
ἐκ-φύω: generate, beget, produce, 6
ἐλπίς, -ίδος, ἡ: hope, expectation, 7
ἕως: until; while, so long as, 1
ζεύγνυμι: join, bind, yoke, 1

ἡμέρα, ἡ: day (ἀμέρα) 9
κατα-κτείνω: kill, murder, slaughter 3
κηλίς, κηλῖδος, ἡ: stain, blemish, defilement, 2
κρίνω: judge, choose, decide, 3
μήν: truly, surely, 9
ὀκνηρός, -ή, -όν: causing fear, 1
ὀρθόω: to set straight, set upright, 2
πάθος, -εος, τό: misfortune, incident, 4
προ-θυμία, ἡ: eagerness, readiness, zeal, 2
προσ-μένω: wait for, await, 2
πρόσθεν: before, earlier, 8
σέβας, τό: reverence, awe, worship, 1
συμ-φορά, ἡ: misfortune; happening, event, 4
τοσοῦτος, -αύτη, -το: so great, much, many 5
ὠμός, -ή, -όν: cruel, savage; raw, crude, 1

826 ζυγῆναι: aor. pass. inf. ζεύγνυμι
827 κἀξέθρεψέ: καὶ ἐξέθρεψε, aor. ἐκτρέφω
829 ἐπὶ ἀνδρὶ τῷδε: *in the case of this man*
ἄν...ἂν ὀρθοίη λόγον: *would set the account straight*; double ἄν highlights the intervening words
830 μὴ δῆτα: *let me not...*; or 'may I not', aor. opt. of wish, ὁράω in a passionate neg.
831 ἐκ βροτῶν: *from men*
832 βαίην: *May I...*; aor. opt. of wish, βαίνω πρόσθεν ἤ...ἰδεῖν: *before (I) see...*
833 κηλῖδ(α): acc. sg. modified by pf. pple
ἐμαυτῷ: *upon me*; dat. of compound verb
συμφορᾶς: *of...*; gen. modifies κηλῖδα
834 ὀκνήρ(α): *(are) a cause for shrinking fear*

δ'οὖν: *but at any rate*; in strong contrast
ἄν...ἐκμάθῃς: general temporal; aor. subj.
835 πρὸς...παρόντος: *from...*; i.e. witness
ἔχ(ε): imperative
836 καὶ μὴν...γε: *and indeed*; γε is emphatic
ἐστί μοι: *I have...*; dat. of possession
837 προσμεῖναι: *(namely) to wait for...*; aor. inf. in apposition, τὸν ἄνδρα is an object
838 πεφασμένου: *with him having appeared*; gen. abs.; subj. omitted; pf. pass. φαίνω
839 ἢν...εὑρεθῇ, ἂν...ἐκπεφευγοίην: *if...is found, I would...*; ἢν = ἐάν, mixed future more and less vivid (ἐάν + subj., ἂν + opt); aor. pass. εὑρίσκω, pf. act. ἐκφεύγω
840 σοὶ ταὐτά: *same things as you*; τὰ αὐτὰ

Ἰοκ ποῖον δέ μου περισσὸν ἤκουσας λόγον; 841
Οἰδ λῃστὰς ἔφασκες αὐτὸν ἄνδρας ἐννέπειν
ὥς νιν κατακτείνειαν. εἰ μὲν οὖν ἔτι
λέξει τὸν αὐτὸν ἀριθμόν, οὐκ ἐγὼ 'κτανον·
οὐ γὰρ γένοιτ' ἂν εἷς γε τοῖς πολλοῖς ἴσος· 845
εἰ δ' ἄνδρ' ἕν' οἰόζωνον αὐδήσει, σαφῶς
τοῦτ' ἐστὶν ἤδη τοὔργον εἰς ἐμὲ ῥέπον.
Ἰοκ ἀλλ' ὡς φανέν γε τοὔπος ὧδ' ἐπίστασο,
κοὐκ ἔστιν αὐτῷ τοῦτό γ' ἐκβαλεῖν πάλιν·
πόλις γὰρ ἤκουσ', οὐκ ἐγὼ μόνη, τάδε. 850
εἰ δ' οὖν τι κἀκτρέποιτο τοῦ πρόσθεν λόγου,
οὔτοι ποτ', ὦναξ, σόν γε Λαΐου φόνον
φανεῖ δικαίως ὀρθόν, ὅν γε Λοξίας
διεῖπε χρῆναι παιδὸς ἐξ ἐμοῦ θανεῖν.
καίτοι νιν οὐ κεῖνός γ' ὁ δύστηνός ποτε 855

ἀριθμός, ὁ: number, 1
αὐδάω: to say, speak, utter, 11
δι-εῖπον, -ον: tell thorough or distinctly, 2
δίκαιος, -α, -ον: just, right, lawful, fair, 7
δύσ-τηνός, -ον: ill-suffering, wretched, 7
ἐκ-βάλλω: to throw out of, cast away, 4
ἐκ-τρέπω: turn aside, turn off, 2
ἐνν-επω: say, tell; bid, 6
ἐπίσταμαι: to know (how), understand, 4
ἔργον, τό: work, labor, deed, act, 12
καίτοι: and yet, and indeed, and further, 3
κατα-κτείνω: kill, murder, slaughter 3
λῃστής, ὁ: robber, bandit, pirate, 5

Λοξίας, -ου, ὁ: Loxias (epithet for Apollo), 4
οἰό-ζωνος ον: single-girded; lonely warfarer 1
ὀρθός, -ή, -όν: straight, upright, right, 13
οὔ-τοι: not indeed, 3
πάλιν: again, once more; back, backwards, 9
περισσός, -ή, -όν: extraordinary, uncommon, 1
πρόσθεν: before, earlier, 8
ῥέπω: fall, sink, incline, 1
σαφής, -ές: reliable, definite, clear, distinct, 14
φάσκω: to say, claim, assert, 5
φόνος, ὁ: murder, slaughter, bloodshed, gore 8
χρή: it is necessary or fitting; must, ought, 14
ὧδε: in this way, so, thus, 14

841 μου: *from me*; gen. of source
842 αὐτὸν...ἐννέπειν: *that he...*; ind. disc.
  λῃστας ὥς...κατακτείνειαν: *that bandits killed*; aor. opt. for ind. in secondary seq.
844 (ἔ)κτανον: 1s aor. κτείνω
845 γένοιτο ἂν: *would be*; potential aor. opt.
  εἷς: *one (person)*; note accent
  τοῖς πολλοῖς: dat. of special adj.
846 ἄνδρ(α) ἕν(α): *one man*; acc. sg.
847 τοῦτο...τοὔργον: τοῦτο τὸ ἔργον
  ῥέπον: *falling*; neut. pple., the image is of a balancing scale, tilting in one direction
848 ὡς...ἐπίστασο: *know (that)...thus at least the story was revealed*; pres. imperative + ind. disc. (acc. + neut. sg. aor. pass. pple φαίνω); ὡς (1) introduces a comparison: 'as (it was revealed)" or more likely (2) +

pple: '(on the grounds that)...' (S 2086b)
849 κοὐκ ἔστιν: *it is not permitted*; καὶ οὐκ
  τοῦτο: i.e. the account of many robbers,
850 ἤκουσ(ε): *has heard*; 3s aor.
851 δ' οὖν: *but at any rate*; in strong contrast
  τοῦ...λόγου: *from...*; gen. separation
852 σόν γε...φόνον: *your murder of Laius*
853 φανεῖ: *he will show (x) (y)*; fut. φαίνω
  δικαίως ὀρθόν: *rightly correct*; pred. acc.
  ὅν γε: *since...him*; 'whom,' antecedent is Λαΐου; a relative + γε is causal in force
854 χρῆναι: *that it was necessary*; inf. χρή
  παιδὸς ἐξ ἐμοῦ: *by...*; gen. agent
  θανεῖν: aor. inf. θνῄσκω
855 (ἐ)κεῖνος ὁ δύστηνός: i.e. the παῖς

κατέκταν', ἀλλ' αὐτὸς πάροιθεν ὤλετο. 856
ὥστ' οὐχὶ μαντείας γ' ἂν οὔτε τῇδ' ἐγὼ
βλέψαιμ' ἂν εἵνεκ' οὔτε τῇδ' ἂν ὕστερον.
Οἰδ καλῶς νομίζεις· ἀλλ' ὅμως τὸν ἐργάτην
πέμψον τινὰ στελοῦντα μηδὲ τοῦτ' ἀφῇς. 860
Ἰοκ πέμψω ταχύνασ'· ἀλλ' ἴωμεν ἐς δόμους·
οὐδὲν γὰρ ἂν πράξαιμ' ἂν ὧν οὐ σοὶ φίλον.

Χορ εἴ μοι ξυνείη φέροντι μοῖρα τὰν   στρ. α
εὔσεπτον ἁγνείαν λόγων
ἔργων τε πάντων, ὧν νόμοι πρόκεινται 865
ὑψίποδες, οὐρανίαν δι'
αἰθέρα τεκνωθέντες, ὧν Ὄλυμπος
πατὴρ μόνος, οὐδέ νιν
θνατὰ φύσις ἀνέρων
ἔτικτεν οὐδὲ μή ποτε λά-
θα κατακοιμάσῃ· 870

ἁγνεία, ἡ: purity; chastity, 1
αἰθήρ, αἰθέρος, τό: aether, sky, 1
ἀφ-ίημι: send forth, let loose, give up, 6
διά: through (gen.) on account of, (acc.), 7
δόμος, ὁ: a house, 9
εἵνεκα: for the sake of, because of, 2
ἐργάτης, ὁ: workman, worker; peasant, 1
εὔ-σεπτος, -ον: reverent, well-revered, 1
θνητός, -ή, -όν: mortal, 4
κατα-κοιμάω: put to sleep, put to rest, 2
κατα-κτείνω: kill, murder, slaughter 3
λήθη, ἡ: forgetfulness, oblivion, 1
μαντεία, ἡ: oracle, prophecy, 3
μοῖρα, ἡ: fate, lot in life, portion, share, lot, 6

νομίζω: believe, consider, deem, hold, 6
νόμος, ὁ: law, custom, 1
Ὄλυμπος, ὁ: Mt. Olympus, 2
οὐράνιος, -η, -ον: heavenly, of the sky, 2
πάροιθεν: before, formerly, in front, 3
πρό-κειμαι: lie in front, be set before, 1
στέλλω: send, send for, 2
σύν-ειμι: to be with, associate with, 4
ταχύνω: make haste, be quick, speed, 1
τεκνόω: bring to life, beget, 3
τίκτω (ἔτεκον): bring to life, beget, 9
ὕστερον: later, 2
ὑψι-πούς, -ποδος: high-footed, lofty, 1
φύσις, -εως, ἡ: nature, character; birth, 5

856 κατέκταν(ε): 3s aor.
   ὤλετο: *perished*; aor. mid. ὄλλυμι
857 οὐχὶ: strong negation
   μαντείας εἵνεκα: *for the sake of an oracle*
   οὔτε τῇδ(ε)...οὔτε τῇδ(ε): *either in this (direction) or in that (direction)*
858 ἂν βλέψαιμι: *would...*; potential aor. opt.
860 πέμψον: aor. imperative
   στελοῦντα: *to send for*; fut. pple. expresses purpose; modifies τινα, the obj. of πέμψον; ἐργάτην is obj. of pple.
   μηδὲ...ἀφῇς: *don't give up*; prohibitive subj. (μή + aor. subj.) ἀφίημι
861 πέμψω: fut.
   ἴωμεν: *let us...*; hortatory subj. ἔρχομαι
862 πράξαιμ(ι): potential aor. opt. πράττω

   ὧν: *of the things which*; lost antecedent
   (ἐστὶ) φίλον (πρᾶξαι): *(it is) dear (to do)*
863 εἴ...ξυνείη: *Would that...may accompany*; + dat.; εἰ, 'if only,' introduces an opt. of wish; 3s opt. σύν-ειμι
   φέροντι: *carrying off*; 'winning' with μοι
865 ὧν... πρόκεινται: *for which...are displayed*; as if inscribed
866 διὰ αἰθέρα οὐρανίαν: *through...*; + acc.
867 τεκνωθέντες: aor. pass. pple τεκνόω
868 πατὴρ (ἐστὶ): *(is) father*; predicate
   νιν: *them*; i.e. laws (νόμοι); pl. not sg.
869 ἀνέρων: *of men*; gen. pl. ἀνήρ
870 οὐδὲ μή...κατακοιμάσῃ: *will not ever put (them) to sleep*; i.e. the νόμοι; οὐ μή + aor. subj. indicates a strong denial

μέγας ἐν τούτοις θεὸς οὐδὲ γηράσκει. 871

ὕβρις φυτεύει τύραννον· ὕβρις, εἰ   ἀντ. α
πολλῶν ὑπερπλησθῇ μάταν,
ἃ μὴ 'πίκαιρα μηδὲ συμφέροντα, 875
ἀκρότατον εἰσαναβᾶσ' αἶπος
ἀπότομον ὤρουσεν εἰς ἀνάγκαν,
ἔνθ' οὐ ποδὶ χρησίμῳ
χρῆται. τὸ καλῶς δ' ἔχον
πόλει πάλαισμα μήποτε λῦ- 880
σαι θεὸν αἰτοῦμαι.
θεὸν οὐ λήξω ποτὲ προστάταν ἴσχων.

εἰ δέ τις ὑπέροπτα χερσὶν   στρ. β
ἢ λόγῳ πορεύεται,
δίκας ἀφόβητος οὐδὲ 885

αἶπος, τό: a height; an ascent, 1
αἰτέω: ask for, ask; pray, 4
ἄκρος, -α, -ον: highest, topmost, 5
ἀνάγκη, ἡ: distress, anguish; necessity, 2
ἀπό-τομος, -ον: cut off, abrupt, precipitous, 1
ἀ-φόβητος, -ον: not fearful, fearless, 1
γηράσκω: grow old, 1
δίκη, ἡ: punishment, penalty, justice, 3
εἰσ-ανα-βαίνω: step or go up to, mount, 1
ἔνθα: where; there, 10
ἐπί-καιρος, -ον: proper, convenient for, 1
ἴσχω: have, hold; check, restrain, 2
καλός, -ή, -όν: beautiful, fine, noble; well, 17
λήγω: cease, stop, leave off, 3
λύω: loosen; fulfill, accomplish; pay, 6
μάτην: in vain; at random, without reason, 5
μέγας, μεγάλη, μέγα: big, great, important 13

μη-δέ: and not, but not, nor, 12
μή-ποτε: not ever, never, 8
ὀρούω: rush, dart forward, 1
πάλαισμα, -ατος, τό: (wrestling) bout, competition, 1
πορεύομαι: to travel, traverse; enter, 3
πούς, ποδός, ὁ: a foot, 6
προστάτης, -ου, ὁ: protector, leader, 3
συμ-φέρων, -οντος: suitable, useful, 1
τύραννος, ὁ: sovereign, tyrant, 9
ὕβρις, ἡ: arrogance, insolence, pride, 2
ὑπέρ-οπτος, -ον: disdainful, haughty, 1
ὑπερ-πίμπλημι: overfill of, be overfull of, 2
φυτεύω: beget, produce, sire; plant, 7
χράομαι: use, employ, experience (dat) 3
χρήσιμος, -η, -ον: useful, serviceable, 1

871 ἐν τούτοις: *among these*; i.e. the νόμοι; possibly dat. of means, 'by these (laws)'
874 εἰ...ὑπερπλησθῇ: *if it is overfilled with*; + partitive gen.; aor. pass. subj.
875 ἃ μὴ: *which...*; ἣ μὴ, fem. sg. ὕβρις is the antecedent, governs following adjectives
876 ἀκρότατον: superlative, with neut. αἶπος εἰσαναβᾶσ(α): fem. sg. aor. pple with ἃ
877 ἀπότομον: fem. acc. modifies ἀνάγκαν ὤρουσεν: *rushes (down)*; gnomic aorist, expressing a general truth: translate in the present tense
878 ἔνθ(α): *where*
879 χρῆται: χράεται, pres. mid.

τὸ καλῶς...πάλαισμα: *the competition being good for the city*; ἔχω + adv. is often equiv. to 'to be' + pred.: 'holding well' = 'being good' and dat. of interest
880 μήποτε λῦσαι...θεὸν: *that god not...*; aor. inf.; as in a wish, μή is preferred to οὐ
882 προστάτην: *as protector*
883 ὑπέροπτα: *disdainfully*; adverbial acc. χερσὶν ἢ λόγῳ: *in deeds and in words*; 'by hands and word,' dat. of means dat. pl. χερσὶν instead of expected ἔργοις
885 δίκης: *of justice*; 'from justice,' gen. of separation modifies nom. ἀφόβητος

δαιμόνων ἕδη σέβων, 886
κακά νιν ἕλοιτο μοῖρα,
δυσπότμου χάριν χλιδᾶς,
εἰ μὴ τὸ κέρδος κερδανεῖ δικαίως
καὶ τῶν ἀσέπτων ἕρξεται 890
ἢ τῶν ἀθίκτων θίξεται ματάζων.
τίς ἔτι ποτ' ἐν τοῖσδ' ἀνὴρ θεῶν βέλη
εὔξεται ψυχᾶς ἀμύνειν;
εἰ γὰρ αἱ τοιαίδε πράξεις τίμιαι, 895
τί δεῖ με χορεύειν;

οὐκέτι τὸν ἄθικτον εἶμι ἀντ. β
γᾶς ἐπ' ὀμφαλὸν σέβων,
οὐδ' ἐς τὸν Ἀβαῖσι ναὸν 900
οὐδὲ τὰν Ὀλυμπίαν,

Ἄβαι, αἱ: Abae, 1
ἄθικτος, -ον: not to be touched, holy, sacred 2
αἱρέω: seize, take; mid. choose, 6
ἀμύνω: ward off, keep off, defend, 1
ἄ-σεπτος, -ον: irreverent, unholy, 1
βέλος, -εος, τό: arrow; missle, 2
δαίμων, -ονος, ὁ: divine being or spirit, 12
δίκαιος, -α, -ον: just, right, lawful, fair, 7
δύσ-ποτμος, -ον: ill-fated, -starred, unlucky, 3
ἕδος, -εος, τό: seat; dwelling, seated statue, 1
ἕργω: shut up, shut in; shut out, bar, 2
εὔχομαι: pray; boast, vaunt, 3
θιγγάνω: take hold of, touch, 4
κερδαίνω: gain, make profit, gain advantage 1
κέρδος, -εος τό: profit, gain, advantage, 4

ματάζω: work folly, speak folly, 1
μοῖρα, ἡ: fate, lot in life, portion, share, lot, 6
ναός, ὁ: temple, 3
Ὀλυμπία, ἡ: Olympia, 1
ὀμφαλός, ὁ: navel, central point, 1
οὐκ-έτι: no more, no longer, no further, 4
πρᾶξις, ἡ: deed, action; business, 1
σέβω: revere, honor, worship, 3
τίμιος, -α, -ον: honored, in honor, valued, 1
χάρις, -ριτος, ἡ: favor, gratitude, thanks, 7
χλιδή, ἡ: insolence, arrogant luxury, 1
χορεύω: dance, take part in the chorus, 2
ψυχή, ἡ: breath, life, spirit, soul, 5

886 ἕδη: *seated statues*; ἕδε-α, neut. pl. acc.
  σέβων: pres. pple.
887 ἕλοιτο: *may...seize*; opt. of wish. aor.
  mid. αἱρέω (stem ἑλ-)
888 χάριν: *for the sake of...*; + gen., acc. of respect often employed as a preposition
889 κέρδος: cognate acc. of κερδανεῖ: 'will gain his gain'
  κερδανεῖ: κερδανέ-ε, future
890 τῶν ἀσέπτων: *from unholy deeds*; gen. separation
  ἕρξεται: *will bar himself*; fut. mid. ἕργω is reflexive, μὴ does not modify this verb
891 ἢ: *or*
  τῶν ἀθίκτων: partitive gen. obj.
  θίξεται: fut. mid. θιγγάνω + gen.
892 τίς...ἀνὴρ: *what man..?*; interrogative adj.

ἐν τοῖσδε: *among such (affairs)*; neuter
  θεῶν βέλη: βέλε-α, acc. obj. of ἀμύνειν
893 εὔξεται: *will boast*; + inf.
  ψυχᾶς: *from...*; gen. separation
895 τίμιαι: *(are) honored*; nom. predicate
896 τί δεῖ με χορεύειν: *why should I dance?*;
  the chorus seems to stand outside the play and ask 'Why should we perform this tragedy in honor of the gods?'
897 τὸν ἄθικτον: modifies ὀμφαλὸν
  εἶμι: 1s fut. ἔρχομαι; apodosis is a fut. more vivid; protasis in ll. 901-2
898 γῆς ἐπὶ ὀμφαλὸν: *to...*; place to which
900 Ἀβαῖσι: *at Abai*; dat. pl. of place where, Abai is a town in Phocis and the site of one of Apollo's oracles

εἰ μὴ τάδε χειρόδεικτα 901
πᾶσιν ἁρμόσει βροτοῖς.
ἀλλ', ὦ κρατύνων, εἴπερ ὄρθ' ἀκούεις,
Ζεῦ, πάντ' ἀνάσσων, μὴ λάθοι
σὲ τάν τε σὰν ἀθάνατον αἰὲν ἀρχάν. 905
φθίνοντα γὰρ Λαΐου παλαίφατα
θέσφατ' ἐξαιροῦσιν ἤδη,
κοὐδαμοῦ τιμαῖς Ἀπόλλων ἐμφανής·
ἔρρει δὲ τὰ θεῖα. 910

Ἰοκ χώρας ἄνακτες, δόξα μοι παρεστάθη
ναοὺς ἱκέσθαι δαιμόνων, τάδ' ἐν χεροῖν
στέφη λαβούσῃ κἀπιθυμιάματα.
ὑψοῦ γὰρ αἴρει θυμὸν Οἰδίπους ἄγαν
λύπαισι παντοίαισιν· οὐδ' ὁποῖ' ἀνὴρ 915

ἄγαν: too much, excessively, 4
ἀ-θάνατος, -ον: undying, immortal, 1
αἰέν: always, forever, (poetic ἀεί) 1
αἴρω: to lift, raise up, get up, 4
ἀνάσσω: be lord, be master; rule, 3
Ἀπόλλων, ὁ: Apollo, 8
ἁρμόζω: fit, join, adapt, harmonize, 1
ἀρχή, ἡ: rule, beginning, office, 8
δόξα, ἡ: notion, opinion, thought, 1
εἴ-περ: if really, if, 7
ἐμ-φανής, -ες: visible, manifest, open, 3
ἐξ-αίρω: lift up, rise off, 1
ἐπί-θυμίαμα, -ατος, τό: offering of incense, 1
ἔρρω: disappear, be lost, be gone, 2
θεῖος, -α, -ον: divine, sent by the gods, 3
θέσφατα, τά: divine decrees, oracles, 2

θυμός, ὁ: spirit, soul; desire, heart, 3
κρατύνω: rule, govern (gen.), strengthen, 2
λανθάνω: escape (the notice of), 5
λύπη, ἡ: pain; grief, 2
ναός, ὁ: temple, 3
ὁποῖος, -α, -ον: of what sort or kind, 5
οὐδαμοῦ: no where, 2
παλαί-φατος, -ον: spoken long ago, old, 1
παντοῖος, -ον: of all sorts, all kinds, 1
παρ-ίστημι: stand beside, stand near, 3
στέφος, -εος, τό: garlands, wreaths, 1
τιμή, ἡ: honor, worship, reference, 1
ὑψοῦ: aloft, on high, 1
φθί(ν)ω: waste away, decay, perish, 7
χειρό-δεικτος, -ον: manifest; pointable, 1
χώρη, ἡ: land, region, area, place, 5

901 εἰ μὴ τάδε χειρόδεικτα πᾶσιν ἁρμόσει βροτοῖς: *if these things do not fit together, pointable by all mortals*; i.e. if these oracles do not come true; protasis of a future more vivid; dat. pl. may be governed by adj., verb or both
903 ὦ κρατύνων...Ζεῦ: vocative, direct address
ὄρθ(α): *correct things*; 'straight and true'
904 μὴ λάθοι: *may it not escape*; aor. opt. of wish λανθάνω; the subject is vague and may pertain to everything related to O.
905 ἀθάνατον: fem. sg. two-ending adj.
αἰὲν: i.e. everlasting
906 Λαΐου: *about Laius*; objective gen.
907 ἐξαιροῦσιν: *(the people) are rejecting*

908 τιμαῖς: *with…*; dat. of means or manner
Ἀπόλλων: *Apollo (is)*; supply ἐστί
910 τὰ θεῖα: i.e. matters of religion
911 χώρης: *of the land*; gen. sg.
δόξα μοι παρεστάθη: *a thought was set before me*; aor. pass. παρίστημι
912 ναοὺς: *to…*; acc. place to which
ἱκέσθαι: *(namely) to;* apposition to δόξα
τάδε..στεφη...καὶ ἐπιθμιάματα: acc. obj. of aor. pple. λαβούσῃ
χεροῖν: dual dat, χείρ
913 λαβούσῃ: aor. pple λαμβάνω with μοι
914 αἴρει: note accent: from αἴρω, not αἱρέω
915 ὁποῖ(α): *like a sensible man*; adv. acc.

61

ἔννους τὰ καινὰ τοῖς πάλαι τεκμαίρεται, 916
ἀλλ' ἐστὶ τοῦ λέγοντος, εἰ φόβους λέγοι.
ὅτ' οὖν παραινοῦσ' οὐδὲν ἐς πλέον ποιῶ,
πρὸς σ', ὦ Λύκει' Ἄπολλον, ἄγχιστος γὰρ εἶ,
ἱκέτις ἀφῖγμαι τοῖσδε σὺν κατεύγμασιν, 920
ὅπως λύσιν τιν' ἡμῖν εὐαγῆ πόρῃς·
ὡς νῦν ὀκνοῦμεν πάντες ἐκπεπληγμένον
κεῖνον βλέποντες ὡς κυβερνήτην νεώς.

Ἄγγ ἆρ' ἂν παρ' ὑμῶν, ὦ ξένοι, μάθοιμ' ὅπου
τὰ τοῦ τυράννου δώματ' ἐστὶν Οἰδίπου; 925
μάλιστα δ' αὐτὸν εἴπατ', εἰ κάτισθ', ὅπου.

Χορ στέγαι μὲν αἵδε, καὐτὸς ἔνδον, ὦ ξένε·
γυνὴ δὲ μήτηρ ἥδε τῶν κείνου τέκνων.

Ἄγγ ἀλλ' ὀλβία τε καὶ ξὺν ὀλβίοις ἀεὶ
γένοιτ', ἐκείνου γ' οὖσα παντελὴς δάμαρ. 930

ἄγχιστος, -ον: nearest, very close, 1
ἀεί: always, forever, in every case, 6
Ἀπόλλων, ὁ: Apollo, 8
ἆρα: introduces a yes/no question, 8
ἀφ-ικνέομαι: to come, arrive, 6
δάμαρ, τό: wife, spouse, 1
δῶμα, -ατος, τό: house, 7
ἐκ-πλήσσω: strike (with panic), astound, 1
ἔν-νους, -ουν: sensible, intelligent, 1
ἔνδον: within, in; in the house, 1
εὐ-αγής, -ές: free from pollution, purified, 1
ἱκέτις, ἡ: suppliant (fem. of ἱκέτης), 1
καινός, -όν: new, fresh; strange, 1
κατ-εῦγμα, -ατος τό: symbols of prayer; vows, curses, 1
κάτ-οιδα: know well, understand, 5
κυβερνήτης, ὁ: helmsman, pilot, 1

Λύκειος, -ον: Lycian (epithet of Apollo), 3
λύσις, ἡ: escape, release, atonement, 1
ναῦς, νεώς, ἡ: a ship, boat, 2
σύν: along with, with, together (+ gen.) 6
ὀκνέω: shrink from, hesitate (out of fear), 7
ὄλβιος, -α, - ον: happy, blest, 2
ὅ-που: where, 5
ὅτε: when, at some time, 2
παντελής, -ες: all-accomplishing, complete, 2
παραινέω: advise, counsel, recommend, 2
ποιέω: to do, make, create, compose, 5
πόρω: furnish, present, (only aor. ἔπορον) 2
στέγη, ἡ: a roof; shelter, home, 8
τεκμαίρομαι: judge, calculate, 1
τύραννος, ὁ: sovereign, tyrant, 9
φόβος, ὁ: fear, dread, 9

916 ἔννους: see note for 915
  τὰ καινά: *new things*; substantive
  τοῖς πάλαι: *by the old*; i.e. oracles
  τεκμαίρεται: *he judges*
917 ἐστὶ τοῦ λέγοντος: *he is (under the power) of the one speaking*; pred. gen.
  εἰ...λέγοι: *if he says*; opt.
918 ὅτ(ε) οὖν: *since then*...
  οὐδὲν ἐς πλέον: *nothing more*; ἐς often means 'up to,' 'until'; obj. of ποιέω
919 πρὸς σε: *for you*; with ποιέω
  εἶ: 2s pres. εἰμί
920 ἀφῖγμαι: pf. mid. ἀφικνέομαι
921 ὅπως...πόρῃς: *so that*; purpose; aor subj.
922 ὡς: *as*; possibly 'since'

ἐκπεπληγμένον: pf. pass. ἐκ-πλήσσω
923 ὡς κυβερνήτην: *just as...*
  νεώς: gen. sg. ναῦς
924 ἄν...μάθοιμ(ι): *May I...?*; opt. of wish; aor. opt. μανθάνω
  παρά...: *from...*; gen. source
926 αὐτὸν...ὅπου (ἐστίν): *where he is*; 'him, where (he is); add ἐστί
  εἴπατ(ε): 1st aorist pl. imperative εἶπον
  κάτιστε: 2p κάτοιδα
927 γυνὴ: *wife*
  καὐτὸς: *and he himself*; i.e. Oedipus
930 γένοιτ(ο): *May she be...*; opt. of wish, the subject is Jocasta, as suggested by ὀλβία
  οὖσα: *(since) being*; γε + pres. pple. εἰμί

Ἰοκ   αὔτως δὲ καὶ σύ γ', ὦ ξέν'· ἄξιος γὰρ εἶ 931
      τῆς εὐεπείας εἵνεκ'· ἀλλὰ φράζ' ὅτου
      χρῄζων ἀφῖξαι χὤ τι σημῆναι θέλων.
Ἄγγ   ἀγαθὰ δόμοις τε καὶ πόσει τῷ σῷ, γύναι.
Ἰοκ   τὰ ποῖα ταῦτα; παρὰ τίνος δ' ἀφιγμένος; 935
Ἄγγ   ἐκ τῆς Κορίνθου· τὸ δ' ἔπος οὐξερῶ τάχα,
      ἥδοιο μέν, πῶς δ' οὐκ ἄν, ἀσχάλλοις δ' ἴσως.
Ἰοκ   τί δ' ἔστι; ποίαν δύναμιν ὧδ' ἔχει διπλῆν;
Ἄγγ   τύραννον αὐτὸν οὑπιχώριοι χθονὸς
      τῆς Ἰσθμίας στήσουσιν, ὡς ηὐδᾶτ' ἐκεῖ. 940
Ἰοκ   τί δ'; οὐχ ὁ πρέσβυς Πόλυβος ἐγκρατὴς ἔτι;
Ἄγγ   οὐ δῆτ', ἐπεί νιν θάνατος ἐν τάφοις ἔχει.
Ἰοκ   πῶς εἶπας; ἦ τέθνηκε Πόλυβος, ὦ γέρον;
Ἄγγ   εἰ μὴ λέγω τἀληθές, ἀξιῶ θανεῖν.
Ἰοκ   ὦ πρόσπολ', οὐχὶ δεσπότῃ τάδ' ὡς τάχος 945

ἀγαθός, -ή, -όν: good, brave, capable, 2
ἀληθής, -ές: true, 7
ἄξιος, -α, -ον: worthy of, deserving of, 8
ἀξιόω: to deem worth, consider worthy, 3
ἀσχάλλω: be vexed, 1
αὔτως: likewise, in the same way, 1
ἀφ-ικνέομαι: to come, arrive, 6
γέρων, -οντος: old, 5
δεσποτής, ὁ: master, 5
δόμος, ὁ: a house, 9
δύναμις, ἡ: power, might, strength, 1
ἐγ-κρατής, -ές: in power, 1
εἵνεκα: for the sake of, because of, 2
ἐκεῖ: there, in that place, 2
ἐξ-ερέω: will speak (out), 5
ἐπι-χώριος, ὁ: native, inhabitant, 2

εὐ-επεία, ἡ: gracious words; eloquence, 1
ἥδομαι: enjoy, take delight in (dat), 2
θάνατος, ὁ: death, 4
Ἴσθμιος, -α, -ον: Isthmian, 1
ἵστημι: make stand, set up, stop, establish 8
Κόρινθος, ἡ: Corinth, 4
πόσις, ὁ: husband, spouse, 3
πρέσβυς, ὁ: old man, elder, 8
πρόσπολος, ἡ, ὁ: maid, servant, attendant, 1
σημαίνω: indicate, show, point out, 4
τάφος, ὁ: tomb, grave; burial, funeral, 4
τάχα: perhaps, soon, quickly, 9
τάχος, -εος τό: speed, haste, swiftness, 4
τύραννος, ὁ: sovereign, tyrant, 9
χθών, χθονός, ἡ: earth, ground, 9

931 καὶ σύ γε: *you also*; γε emphasizes σύ
  εἶ: 2s pres. εἰμί
932 ὅτου: *what*; οὕτινος, partitive gen. obj.
  of χρῄζων, first of two ind. questions
933 ἀφῖξαι: 2s pf. mid. ἀφικνέομαι
  χὤ τι..θέλων: *and wishing what*; καὶ ὅ τι
934 δόμοις…σῷ: *for…*; dat. of interest
935 τὰ ποῖα ταῦτα: *what (are) these?*; ποῖος
  may have an article, when asking about
  an obj. just noted, see also l. 291
935 παρὰ τίνος: *from…*; with pf. mid. pple.
936 οὐξερῶ: *which…*; ὃ ἐξερῶ; crasis, a
  neut. relative pronoun and verb
937 τάχα ἥδοι(σ)ο μέν: *you perhaps might
  rejoice at* + acc.; 2s potential opt., add ἄν

πῶς δ' οὐκ ἄν (ἥδοισο): *How could you
  not (rejoice)?*; potential opt. with ellipsis
ἀσχάλλοις δὲ: potential opt., supply ἄν
ἴσως: *perhaps*
939 τύραννον αὐτὸν: *him tyrant*; double acc.
  οὑπιχώριοι: οἱ ἐπιχώριοι
940 ὡς ηὐδᾶτ(ο): *as…*; impf. pass. αὐδάω
941 τί δ': *what?*; often expressing surprise
942 ἐπεί: *since…*
943 πῶς εἶπας: i.e. what do you mean?
  τέθνηκε: pf. θνῄσκω
945 δεσπότῃ: dat. indirect object
  ὡς τάχος: *as quickly as possible*

μολοῦσα λέξεις; ὦ θεῶν μαντεύματα, 946
ἵν' ἐστέ· τοῦτον Οἰδίπους πάλαι τρέμων
τὸν ἄνδρ' ἔφευγε μὴ κτάνοι, καὶ νῦν ὅδε
πρὸς τῆς τύχης ὄλωλεν οὐδὲ τοῦδ' ὕπο.

Οἰδ ὦ φίλτατον γυναικὸς Ἰοκάστης κάρα, 950
τί μ' ἐξεπέμψω δεῦρο τῶνδε δωμάτων;

Ἰοκ ἄκουε τἀνδρὸς τοῦδε, καὶ σκόπει κλύων
τὰ σέμν' ἵν' ἥκει τοῦ θεοῦ μαντεύματα.

Οἰδ οὗτος δὲ τίς ποτ' ἐστὶ καὶ τί μοι λέγει;

Ἰοκ ἐκ τῆς Κορίνθου, πατέρα τὸν σὸν ἀγγελῶν 955
ὡς οὐκέτ' ὄντα Πόλυβον, ἀλλ' ὀλωλότα.

Οἰδ τί φῄς, ξέν'; αὐτός μοι σὺ σημάντωρ γενοῦ.

Ἄγγ εἰ τοῦτο πρῶτον δεῖ μ' ἀπαγγεῖλαι σαφῶς,
εὖ ἴσθ' ἐκεῖνον θανάσιμον βεβηκότα.

Οἰδ πότερα δόλοισιν ἢ νόσου ξυναλλαγῇ; 960

ἀγγέλλω: report, announce, 1
ἀπ-αγγέλλω: report, bring word, 1
βαίνω: step, walk, go, 8
δεῦρο: here, to this point, hither, 8
δόλος, ὁ: cunning, trickery, deceit, 2
δῶμα, -ατος, τό: house, 7
ἐκ-πέμπω: sent out, send forth, 3
ἔμολον: go, come (aor. of βλώσκω,) 7
ἥκω: to have come, be present, 9
θανάσιμος, -ον: deadly, fatal, dead, 2
Ἰοκάστη, ἡ: Jocasta, 4
κάρα, τό: head, 8
Κόρινθος, ἡ: Corinth, 4

μάντευμα, -ατος, τό: oracle, 3
νόσος, ὁ: sickness, illness, disease, 6
οὐκ-έτι: no more, no longer, no further, 4
πότερος, -α, -ον: which of two? whether? 3
πρῶτος, -η, -ον: first, earliest, 7
σεμνός, -η, -ον: revered, holy, 1
σημάντωρ, ὁ: informer, indicator, guide, 1
σκοπέω: to examine, consider, behold, 7
συν-αλλαγή, ἡ: dealings, exchange, 2
τρέμω: tremble (at), fear (at), 2
ὑπό: by, because of (gen), under (dat), 7
φεύγω: flee, run away; avoid, 9

946 μολοῦσα: aor. pple ἔμολον
  λέξεις: fut. λέγω
947 ἵν(α): *where*; as often with indicative
  ἐστέ: 2p pres. εἰμί
948 μὴ κτάνοι: *lest*...; fearing clause; aor.
  opt. replaces subj. in secondary seq.
949 πρὸς τῆς τύχης: *by*...; 'because of' gen.
  of agent or cause
  ὄλωλεν: pf. ὄλλυμι
  τοῦδε ὕπο: *because of*...; gen. cause
951 τί: *why*?
  ἐξεπέμψω: ἐξεπέμψα(σ)ο; 2s aor.
952 τοῦ ἀνδρὸς τοῦδε: *from*...; gen. source
  σκόπει: σκόπε-ε, sg. imperative

953 ἵν(α) ἥκει: *where*...; i.e. to what end;
  ind. question governed by σκόπει
955 τίς: *who in the world*...?; οὗτος is pred.
  ἀγγελῶν ὡς: *intending to announce
  that*...; fut. pple expressing purpose
956 ὄντα: *being (alive)*; pple εἰμί
  ὀλωλότα: pf. pple ὄλλυμι
957 φῄς: 2s φημί
  γενοῦ: γενε(σ)ο, 2s aor. mid.
958 ἀπαγγεῖλαι: aor. inf.
959 ἴσθ(ι): sg. imperative οἶδα
  βεβηκότα: pf. pple βαίνω
960 πότερα: leave untranslated
  ξυναλλαγῇ: *by the contact*; dat. of means

Ἀγγ σμικρὰ παλαιὰ σώματ' εὐνάζει ῥοπή. 961
Οἰδ νόσοις ὁ τλήμων, ὡς ἔοικεν, ἔφθιτο.
Ἀγγ καὶ τῷ μακρῷ γε συμμετρούμενος χρόνῳ.
Οἰδ φεῦ φεῦ, τί δῆτ' ἄν, ὦ γύναι, σκοποῖτό τι
τὴν Πυθόμαντιν ἑστίαν ἢ τοὺς ἄνω 965
κλάζοντας ὄρνεις, ὧν ὑφηγητῶν ἐγὼ
κτενεῖν ἔμελλον πατέρα τὸν ἐμόν; ὁ δὲ θανὼν
κεύθει κάτω δὴ γῆς. ἐγὼ δ' ὅδ' ἐνθάδε
ἄψαυστος ἔγχους: εἴ τι μὴ τὠμῷ πόθῳ
κατέφθιθ': οὕτω δ' ἂν θανὼν εἴη 'ξ ἐμοῦ. 970
τὰ δ' οὖν παρόντα συλλαβὼν θεσπίσματα
κεῖται παρ' Ἅιδῃ Πόλυβος ἄξι' οὐδενός.
Ἰοκ οὔκουν ἐγώ σοι ταῦτα προύλεγον πάλαι;
Οἰδ ηὔδας: ἐγὼ δὲ τῷ φόβῳ παρηγόμην.
Ἰοκ μὴ νῦν ἔτ' αὐτῶν μηδὲν ἐς θυμὸν βάλῃς. 975

Ἅιδης, -ου ὁ: Hades, 3
ἄνω: above; a lot, up, 2
ἄξιος, -α, -ον: worthy of, deserving of, 8
ἄ-ψαυστος, -ον: not touching (gen), 1
βάλλω: throw, cast, hit, put, 3
ἔγχος, -εός, τό: sword; spear, lance, 3
ἐνθάδε: here, hither, there, thither, 5
ἔοικα: to be or seem likely, be reasonable, 3
ἑστία, ἡ: hearth (of a house); home, 1
εὐνάζω: lay to rest, put to bed; sleep, 1
θέσπισμα, -ατος, τά: oracles, oracular words 1
θυμός, ὁ: spirit, soul; desire, heart, 3
κατα-φθίνω: perish, waste away, decay, 1
κάτω: below, under (gen), 1
κεῖμαι: to lie, lie down, 4
κεύθω: to cover up, conceal; lie hidden, 2
κλάζω: scream, screech, cry sharply, 1
μακρός, -ή, -όν: long, far, distant, large, 7
μέλλω: be about to, intend; hesitate, delay, 3
νόσος, ὁ: sickness, illness, disease, 6

ὄρνις, ὄρνιθος, ὁ, ἡ: a bird, 3
οὔκ-ουν: not therefore, and so not, 6
οὕτως: in this way, thus, so, 8
παλαιός, -ή, -όν: old in years, old, aged, 7
παρ-άγω: mislead, lead past or by, 1
πόθος, ὁ: longing, yearning, desire, 2
προ-λέγω: foretell, tell beforehand, 1
Πυθό-μαντις, -εως ὁ, ἡ: (of the) Pythian seer 1
ῥοπή, ἡ: tip of the scale, slight inclination, 1
σκοπέω: to examine, consider, behold, 7
σμικρός, -ά, -όν: small, little; insignificant, 2
συλ-λαμβάνω: take along, lay hold of, 1
συμ-μετρέω: measure, calculate, 2
σῶμα, -ατος, τό: the body, 2
τλήμων, ὁ, ἡ: wretched, suffering, enduring 8
ὑφ-ηγητής, -οῦ, ὁ: guide, leader, 2
φεῦ: ah, alas, woe, 8
φθί(ν)ω: waste away, decay, perish, 7
φόβος, ὁ: fear, dread, 9

961 σμικρὰ: *slight*; fem. modifies ῥοπή
962 ὡς ἔοικεν, ἔφθιτο: *as it seems...*; aor. mid.
963 καί...γε: *yes, and...*
συμμετρούμενος: *measured out...*; i.e. commensurate with his old age
964 τί δῆτα...ἄν σκοποῖτό τι: *why exactly would one consider at all*; inner acc.
966 ὧν ὑφηγητῶν: *whom as guides*; gen abs.
967 ὁ δὲ: *and he...*; Polybus, change of subj.
θανών: nom. sg. aor. pple θνήσκω
968 κεύθει: *lies hidden*; used intransitively
δή: temporal, equiv. to ἤδη

969 ἔγχους: gen. of separation
εἴ τι...κατέφθιτο: *if perhaps...*; adv. acc.
τὠμῷ πόθῳ: *with longing for me*; τῷ ἐμῷ; possessive equiv. to objective gen.
970 ἄν...εἴη: potential opt. εἰμί
ἐξ ἐμοῦ: i.e. because of me; gen. of source
971 δ'οὖν: *but at any rate*; more importantly
τὰ...παρόντα: *existing...*; pple πάρειμι
ἄξι(α): predicative in emphatic position
974 ηὔδας: impf. αὐδάω
975 μὴ...βάλῃς: *Don't...*; prohibitive subj.

65

Οἰδ καὶ πῶς τὸ μητρὸς οὐκ ὀκνεῖν λέχος με δεῖ; 976
Ἰοκ τί δ' ἂν φοβοῖτ' ἄνθρωπος ᾧ τὰ τῆς τύχης
κρατεῖ, πρόνοια δ' ἐστὶν οὐδενὸς σαφής;
εἰκῇ κράτιστον ζῆν, ὅπως δύναιτό τις.
σὺ δ' εἰς τὰ μητρὸς μὴ φοβοῦ νυμφεύματα· 980
πολλοὶ γὰρ ἤδη κἀν ὀνείρασιν βροτῶν
μητρὶ ξυνηυνάσθησαν. ἀλλὰ ταῦθ' ὅτῳ
παρ' οὐδέν ἐστι, ῥᾷστα τὸν βίον φέρει.
Οἰδ καλῶς ἅπαντα ταῦτ' ἂν ἐξείρητό σοι,
εἰ μὴ 'κύρει ζῶσ' ἡ τεκοῦσα· νῦν δ' ἐπεὶ 985
ζῇ, πᾶσ' ἀνάγκη, κεἰ καλῶς λέγεις, ὀκνεῖν.
Ἰοκ καὶ μὴν μέγας γ' ὀφθαλμὸς οἱ πατρὸς τάφοι.
Οἰδ μέγας, ξυνίημ'· ἀλλὰ τῆς ζώσης φόβος.
Ἄγγ ποίας δὲ καὶ γυναικὸς ἐκφοβεῖσθ' ὕπερ;
Οἰδ Μερόπης, γεραιέ, Πόλυβος ἧς ᾤκει μέτα. 990

ἀνάγκη, ἡ: distress, anguish, necessity, 2
ἄνθρωπος, ὁ: human being, human, man, 7
ἅπας, ἅπασα, ἅπαν: every, quite all, 2
γεραιός, -ά, -όν: old, aged, elder, 3
δύναμαι: be able, can, be capable, 5
εἰκῇ (εἰκῆ): without plan, at random, 1
ἐκ-φοβέομαι: be much afraid, fear greatly, 1
ἐξ-ερέω: will speak (out), 5
κρατέω: control, rule; overpower, 7
κράτιστος, -η, -ον: strongest, mightiest, best, 3
κυρέω: hit upon, light upon, encounter, 6
λέχος, -εος, τό: (marriage) bed, couch, 3
Μερόπη, ἡ: Merope, 2
μετά: with (+gen.); after (+ acc.), 5
μήν: truly, surely, 9

νυμφεύμα, -ατος, τό: marriage, espousal, 1
οἰκέω: life, dwell, 3
ὀκνέω: shrink from, hesitate (out of fear), 7
ὄνειρος, τό: dream, 1
ὀφθαλμός, ὁ: eye, 2
πρό-νοια, ἡ: foresight, forethought, 1
ῥᾷστα: most easily, 2
συν-εὐνάζομαι: lie with, bed with, 1
συν-ίημι: understand, realize, 4
τάφος, ὁ: tomb, grave; burial, funeral, 4
τίκτω (ἔτεκον): bring to life, beget, 9
ὑπέρ: on behalf of (gen); over, beyond (acc) 7
φοβέω: terrify; mid. fear, dread, 5
φόβος, ὁ: fear, dread, 9

977 ᾧ: *for whom*; dat. of interest
τὰ: *matters of...*; subj. of 3s verb
978 οὐδενὸς: *of nothing*; objective gen.
979 κράτιστον: *(it is) best*; inf. ζάω
ὅπως δύναιτο: *however..*; general clause, opt. replaces ἄν + subj. in secondary seq., but is here used atypically in primary seq.
980 μὴ φοβοῦ: φοβέ(σ)ο, mid. imperative
981 κἀν: καὶ ἐν; καὶ is adverbial: 'also'
982 μητρί: dat. of compound verb
συνηυνάσθησαν: aor. pass. deponent
ταῦτα ὅτῳ...ἐστί: *the one to whom these things are...*; ᾧτινι; dat. of reference
983 παρὰ οὐδὲν: *of no importance*; predicate lit. 'equivalent to nothing'
984 καλῶς: *well*

ἂν ἐξείρητο...εἰ μὴ (ἐ)κύρει ζῶσα: *would have..., if...did not happen to be alive*; mixed contrafactual (εἰ + impf., ἄν + plpf. pass.), ἐξερέω; κυρέω, governs a pple and is often translated 'happens to'
σοι: *by you*; dat. of agent with plpf. pass.
985 νῦν δ' ἐπεί: *but as it is since*
ζῇ: 3s pres. ind. ζάω; ζάει (alt. ζᾷ)
987 καὶ μὴν...γε: *indeed great*; γε is emphatic
μέγας ὀφθαλμός: *(are) a great benefit*; 'a great aid to sight,' nom. predicate
988 τῆς ζώσης: *the one...*; pple., i.e. Merope
989 ποίας...ὕπερ: *on behalf of what woman?*
ἐκφοβεῖσθ(ε): 2p pres. mid.
990 ἧς: *whom...*; obj. of μέτα
ᾤκει: impf. οἰκέω

Ἄγγ τί δ' ἔστ' ἐκείνης ὑμῖν ἐς φόβον φέρον; 991
Οἰδ θεήλατον μάντευμα δεινόν, ὦ ξένε.
Ἄγγ ἦ ῥητόν; ἦ οὐχὶ θεμιτὸν ἄλλον εἰδέναι;
Οἰδ μάλιστά γ'· εἶπε γάρ με Λοξίας ποτὲ
χρῆναι μιγῆναι μητρὶ τἠμαυτοῦ τό τε 995
πατρῷον αἷμα χερσὶ ταῖς ἐμαῖς ἑλεῖν.
ὧν οὕνεχ' ἡ Κόρινθος ἐξ ἐμοῦ πάλαι
μακρὰν ἀπῳκεῖτ'· εὐτυχῶς μέν, ἀλλ' ὅμως
τὰ τῶν τεκόντων ὄμμαθ' ἥδιστον βλέπειν.
Ἄγγ ἦ γὰρ τάδ' ὀκνῶν κεῖθεν ἦσθ' ἀπόπτολις; 1000
Οἰδ πατρός τε χρῄζων μὴ φονεὺς εἶναι, γέρον.
Ἄγγ τί δῆτ' ἐγὼ οὐχὶ τοῦδε τοῦ φόβου σ', ἄναξ,
ἐπείπερ εὔνους ἦλθον, ἐξελυσάμην;
Οἰδ καὶ μὴν χάριν γ' ἂν ἀξίαν λάβοις ἐμοῦ.
Ἄγγ καὶ μὴν μάλιστα τοῦτ' ἀφικόμην, ὅπως 1005

αἷμα, -ατος τό: blood, 4
αἱρέω: seize, take; mid. choose, 6
ἄξιος, -α, -ον: worthy of, deserving of, 8
ἀπ-οικέω: live away from home, emigrate, 1
ἀπό-πτολις, -ον: far from the city, banished, 1
ἀφ-ικνέομαι: to come, arrive, 6
γέρων, -οντος: old, 5
ἐκ-λύω: set free, unloosen, 2
ἐπεί-περ: since, seeing that, 2
εὔ-νους, -ουν: well-minded, kindly, 1
εὐτυχής, -ές: successful, fortunate, 2
ἡδύς, -εῖα, -ύ: sweet, pleasant, glad, 4
θε-ήλατος, -ον: god-driven, god-directed, 2
θεμιτός, -ή, -όν: lawful, righteous, 1
κεῖ-θεν (ἐκεῖ-θεν): from here, from there, 2

Κόρινθος, ἡ: Corinth, 4
Λοξίας, -ου, ὁ: Loxias (epithet for Apollo), 4
μακρός, -ή, -όν: long, far, distant, large, 7
μάντευμα, -ατος, τό: oracle, 3
μήν: truly, surely, 9
μίγνυμι: mix, have intercourse with, unite to 2
ὀκνέω: shrink from, hesitate (out of fear), 7
ὄμμα, -ατος, τό: the eye, 8
οὕνεκα: for the sake of (which); the fact that 5
πατρῷος, η, -ον: of one's father, ancestral 3
ῥητός, -ή, -όν: able to be spoken, speakable, 2
τίκτω (ἔτεκον): bring to life, beget, 9
φόβος, ὁ: fear, dread, 9
φονεύς, -εως ὁ: murderer, killer, 9
χάρις, -ριτος, ἡ: favor, gratitude, thanks, 7

991 ἐκείνης: objective gen. following φόβον
  φέρον: *leading*; predicate, neut. sg. pple.
993 ῥητόν: *(is it)...*; supply ἐστί
  θεμιτὸν: *or (is it)...*; supply ἐστί
  ἄλλον εἰδέναι: *that another...*; inf. οἶδα
994 μάλιστά γ(ε): *very much so*; i.e. ῥητόν
995 χρῆναι: pres. inf. χρή
  με...μιγῆναι: *that...*; aor. pass. dep. inf.
  μίγνυμι; με is acc. subject
  μητρὶ: *with...*; dat. association
  τἠμαυτοῦ: τῇ ἐμαυτοῦ with μητρὶ
996 χερσὶ...ἐμαῖς: dat. pl. of means, χείρ
  ἑλεῖν: i.e. to exact, aor. inf. αἱρέω
997 ὧν οὕνεχα: *for the sake of which*
998 μακρὰν: *far*; adv. acc. see l. 16
  ἀπῳκεῖτ(ο): impf. mid. ἀπ-οικέω

999 τεκόντων: *of the parents*; aor. pple
  ὄμμα(τα): *faces*; 'eyes,' synecdoche
  ἥδιστον: superlative ἡδύς, add ἐστί
1000 ἦ γὰρ: *really...?*; often in surprise
  ἦσθ(α): 2s impf. εἰμί
1002 τί δῆτα...ἐξελυσάμην: *Why exactly did I not relieve you...?*; rhetorical question
  τοῦδε...φόβου: *from...*; gen. separation
1003 ἦλθον: 1s aor. ἔρχομαι
1004 καὶ μήν...γε: *and indeed*; γε emphasizes
  ἂν...λάβοις: *you would...*; potential opt.
  ἐμοῦ: *from...*; gen. of source
1005 καὶ μὴν: *and indeed, and in fact*
  τοῦτο: *in respect to this*; i.e. for this reason, acc. of respect
  ὅπως: *(namely) that...*; 'namely how'

σοῦ πρὸς δόμους ἐλθόντος εὖ πράξαιμί τι. 1006
Οἰδ ἀλλ' οὔποτ' εἶμι τοῖς φυτεύσασίν γ' ὁμοῦ.
Ἄγγ ὦ παῖ, καλῶς εἶ δῆλος οὐκ εἰδὼς τί δρᾷς.
Οἰδ πῶς, ὦ γεραιέ; πρὸς θεῶν δίδασκέ με.
Ἄγγ εἰ τῶνδε φεύγεις οὕνεκ' εἰς οἴκους μολεῖν. 1010
Οἰδ ταρβῶν γε μή μοι Φοῖβος ἐξέλθῃ σαφής.
Ἄγγ ἦ μὴ μίασμα τῶν φυτευσάντων λάβῃς;
Οἰδ τοῦτ' αὐτό, πρέσβυ, τοῦτό μ' εἰσαεὶ φοβεῖ.
Ἄγγ ἆρ' οἶσθα δῆτα πρὸς δίκης οὐδὲν τρέμων;
Οἰδ πῶς δ' οὐχί, παῖς γ' εἰ τῶνδε γεννητῶν ἔφυν; 1015
Ἄγγ ὁθούνεκ' ἦν σοι Πόλυβος οὐδὲν ἐν γένει.
Οἰδ πῶς εἶπας; οὐ γὰρ Πόλυβος ἐξέφυσέ με;
Ἄγγ οὐ μᾶλλον οὐδὲν τοῦδε τἀνδρός, ἀλλ' ἴσον.
Οἰδ καὶ πῶς ὁ φύσας ἐξ ἴσου τῷ μηδενί;
Ἄγγ ἀλλ' οὔ σ' ἐγείνατ' οὔτ' ἐκεῖνος οὔτ' ἐγώ. 1020

ἄρα: introduces a yes/no question, 8
γείνομαι: beget, bring into being, 1
γεννητής, ου, ὁ: begetter, parent, 1
γένος, -εος, τό: family, stock, race; birth, 7
γεραιός, -ά, -όν: old, aged, elder, 3
δῆλος, -η, -ον: clear, visible, evident, 2
διδάσκω: teach, instruct, 5
δίκη, ἡ: punishment, penalty, justice, 3
δόμος, ὁ: a house, 9
εἰσαεὶ: for ever, 2
ἐκ-φύω: generate, beget, produce, 6
ἔμολον: go, come (aor. of βλώσκω,) 7
ἐξ-έρχομαι (εἶμι, ἦλθον): come or go out, 4

μᾶλλον: more, rather, 9
μίασμα, -ατος, τό: pollution, defilement, 4
ὁθούνεκα, ὅτου ἕνεκα: for this sake, because, 3
ὁμοῦ: at once, at the same place, together, 8
οὕνεκα: for the sake of (which); the fact that 5
οὔ-ποτε: not ever, never, 5
πρέσβυς, ὁ: old man, elder, 8
ταρβέω: to be terrified, alarmed, 1
τρέμω: tremble (at), fear (at), 2
φεύγω: flee, run away; avoid, 9
φοβέω: terrify; mid. fear, dread, 5
φυτεύω: beget, produce, sire; plant, 7

1006 σοῦ...ἐλθόντος: when...; gen. abs.
 εὖ πράξαιμί τι: May I fare somewhat well; i.e. gain some benefit; opt. of wish
1007 εἶμι: fut. ἔρχομαι
 τοῖς φυτεύσασιν: as...; dat. with ὁμοῦ
1008 καλῶς: well enough
 εἶ...εἰδώς: you do not know; periphrastic pf. (εἰμί + pf. pple. οἶδα), pres. in sense
 δῆλος: clearly
1009 πρὸς θεῶν: by the gods!; in entreaty
1010 τῶνδε...οὕνεκ(α): for these reasons
 φεύγεις: you avoid; + aor. inf. ἔμολον
1011 γε: yes, since...; affirmative and causal
 μή μοι...ἐξέλθῃ: lest...turn out; fearing clause, aor. subj., and dat. of interest
 σαφής: reliable; predicative
1012 μὴ...λάβῃς: is it lest...?; clarifying 1011
1013 τοῦτο αὐτό: this very thing; intensive

1014 οἶσθα: 2s οἶδα
 πρὸς δίκης: justly; 'proceeding from justice' or 'on the side of justice'
1015 ἔφυν: I am; aor. φύω with pres. sense
1016 οὐδὲν ἐν γένει: nothing in respect to family; predicate, dat. of respect
1017 πῶς εἶπας: i.e. what do you mean?
1018 οὐ μᾶλλον οὐδὲν: no, in no way more; acc. of extent in degree (equiv. to dat. of degree of difference)
 τοῦδε τοῦ ἀνδρός: than...; comparison, the messenger is referring to himself
 ἴσον: adv. acc.
1019 ὁ φύσας: the one...; nom. sg. aor. pple, φύω; add form of ἐξέφυσε from 1017
 ἐξ ἴσου τῷ μηδενί: equally to a nobody; i.e. a person not related to the family
1020 οὔ...οὔτε...οὔτε: not...either...or; or leave οὐ untranslated: 'neither...nor'

Οἰδ ἀλλ' ἀντὶ τοῦ δὴ παῖδά μ' ὠνομάζετο; 1021
Ἄγγ δῶρόν ποτ', ἴσθι, τῶν ἐμῶν χειρῶν λαβών.
Οἰδ κᾆθ' ὧδ' ἀπ' ἄλλης χειρὸς ἔστερξεν μέγα;
Ἄγγ ἡ γὰρ πρὶν αὐτὸν ἐξέπεισ' ἀπαιδία.
Οἰδ σὺ δ' ἐμπολήσας ἢ τυχών μ' αὐτῷ δίδως; 1025
Ἄγγ εὑρὼν ναπαίαις ἐν Κιθαιρῶνος πτυχαῖς.
Οἰδ ὡδοιπόρεις δὲ πρὸς τί τούσδε τοὺς τόπους;
Ἄγγ ἐνταῦθ' ὀρείοις ποιμνίοις ἐπεστάτουν.
Οἰδ ποιμὴν γὰρ ἦσθα κἀπὶ θητείᾳ πλάνης;
Ἄγγ σοῦ τ', ὦ τέκνον, σωτήρ γε τῷ τότ' ἐν χρόνῳ. 1030
Οἰδ τί δ' ἄλγος ἴσχοντ' ἀγκάλαις με λαμβάνεις;
Ἄγγ ποδῶν ἂν ἄρθρα μαρτυρήσειεν τὰ σά·
Οἰδ οἴμοι, τί τοῦτ' ἀρχαῖον ἐννέπεις κακόν;
Ἄγγ λύω σ' ἔχοντα διατόρους ποδοῖν ἀκμάς.
Οἰδ δεινόν γ' ὄνειδος σπαργάνων ἀνειλόμην. 1035

ἀγκάλη, ἡ: arm, bent arm, 1
ἀκμή, ἡ: point, edge; hand, foot, 4
ἄλγος, τό: pain, distress, grief, 3
ἀν-αιρέω: take up, pick up, 1
ἀντί: instead of, in place of (+ gen.), 7
ἀ-παιδία, ἡ: childlessness, 1
ἄρθρον, τό: joint; ankle-joint, ankle, 3
ἀρχαῖος, -α, -ον: old, former; ancient, 1
διά-τορος, -ον: pierced, bored through, 1
δῶρον, τό: gift, present, 1
εἶτα: then, thereupon, at that time, 3
ἐκ-πείθω: persuade completely, 1
ἐμ-πολάω: buy, purchase; traffic, deal, 1
ἐν-ταῦθα: in this, in here; here, there, 5
ἐνν-επω: tell, say; bid, 6
ἐπι-στατέω: be set over, in charge of, 1
θητεία, ἡ: hired service, hire, 1
ἴσχω: have, hold; check, restrain, 2
Κιθαιρών, -ῶνος ὁ: Mt. Cithaeron, 6

λύω: loosen; fulfill, accomplish; pay, 6
μαρτυρέω: bear witness, be witness, 1
ναπαῖος, -η, -ον: wooded, sylvan, 1
ὁδοι-πορέω, ὁ: travel, walk the way, 2
οἴμοι: ah me!, woe's me, oh, alas, 6
ὄνειδος, τό: reproach, disgrace, rebuke 5
ὀνομάζω: call by name, name, 3
ὄρειος, -η, -ον: of the mountains, 1
πλάνης, ὁ: wanderer, roamer, vagabond, 1
ποιμνίον, τό: flock, 3
ποιήν, -ένος, ὁ: herdsman, shepherd, 1
πούς, ποδός, ὁ: a foot, 6
πρίν: before (+ inf.), until (+ finite verb) 8
πτυχή, ἡ: glen, cleft, fold (of the earth), 1
σπάργανα, τά: swaddling-clothes, 1
στέργω: to love, feel affection, 2
σωτήρ, -ῆρος, ὁ: savior, deliverer, 5
τόπος, ὁ: a place, region, 3
τότε: at that time, then, 9

1021 ἀντὶ τοῦ δή: *why exactly*; 'in return for what exactly,' alt. to interrogative τίνος, παῖδα: *his son*; predicative, double acc.
1022 ἴσθι: sg. imperative οἶδα
1023 κᾆθ': *then...*; καὶ εἶτα
μέγα: *greatly, so much*; adverbial acc.
1024 ἡ γὰρ πρίν: *(yes) for it previously...*
1025 ἐμπολήσας ἢ τυχών: nom. sg. aor. pple with σύ; τυχών means 'chancing upon'
δίδως: *did give*; historical 2s present
1026 εὑρών: aor. pple εὑρίσκω
1027 πρὸς τί: *to what (purpose)*

1028 ἐπεστάτουν: 1s impf. ἐπι-στατέω
1029 ἦσθα: 2s impf. εἰμί
καὶ ἐπὶ θητείᾳ: *and...for hire*
1030 γε: *in fact*; emphasizes σοῦ...σωτήρ
τῷ τότε...χρόνῳ: *at the time then*
1032 ἂν μαρτυρήσειεν: *might...*; potential opt.
1033 τί ...κακόν: *What('s) this old trouble...*; or 'why do you... this old trouble?'
1034 ποδοῖν: dual gen. πούς
1035 δεινόν γ' ὄνειδος: i.e. a mark of shame
σπαργάνων: *from...*; gen. separation
ἀνειλόμην: aor. mid. ἀν-αιρέω (ἑλ)

69

Ἄγγ ὥστ' ὠνομάσθης ἐκ τύχης ταύτης ὃς εἶ. 1036
Οἰδ ὦ πρὸς θεῶν, πρὸς μητρὸς ἢ πατρός; φράσον.
Ἄγγ οὐκ οἶδ'· ὁ δοὺς δὲ ταῦτ' ἐμοῦ λῷον φρονεῖ.
Οἰδ ἦ γὰρ παρ' ἄλλου μ' ἔλαβες οὐδ' αὐτὸς τυχών;
Ἄγγ οὔκ, ἀλλὰ ποιμὴν ἄλλος ἐκδίδωσί μοι. 1040
Οἰδ τίς οὗτος; ἦ κάτοισθα δηλῶσαι λόγῳ;
Ἄγγ τῶν Λαΐου δήπου τις ὠνομάζετο.
Οἰδ ἦ τοῦ τυράννου τῆσδε γῆς πάλαι ποτέ;
Ἄγγ μάλιστα· τούτου τἀνδρὸς οὗτος ἦν βοτήρ.
Οἰδ ἦ κἄστ' ἔτι ζῶν οὗτος, ὥστ' ἰδεῖν ἐμέ; 1045
Ἄγγ ὑμεῖς γ' ἄριστ' εἰδεῖτ' ἂν οὑπιχώριοι.
Οἰδ ἔστιν τις ὑμῶν τῶν παρεστώτων πέλας,
ὅστις κάτοιδε τὸν βοτῆρ' ὃν ἐννέπει,
εἴτ' οὖν ἐπ' ἀγρῶν εἴτε κἀνθάδ' εἰσιδών;
σημήναθ', ὡς ὁ καιρὸς ηὑρῆσθαι τάδε. 1050

ἀγρός, ὁ: fields, lands, 4
ἄριστος, -η, -ον: best, most excellent, 7
βοτήρ, -ῆρος, ὁ: herdsman, 6
δηλόω: show, make visible, 5
δήπου: I suppose, I presume, perhaps, 1
δίδωμι: give, hand over, 9
ἐκ-δίδωμι: give up, lend out, 1
ἐνθάδε: here, hither, there, thither, 5
ἐνν-επω: tell, say; bid, 6
ἐπι-χώριος, ὁ: native, inhabitant, 2

καιρός ὁ: due measure; occasion, opportunity 4
κατ-οιδα: know well, understand, 5
λῴων, -ονος: better, more desirable, 2
ὀνομάζω: call by name, name, 3
παρ-ίστημι: stand beside, stand near, 3
πέλας: near, close; neighbor, other, 5
ποιμήν, -ένος, ὁ: herdsman, shepherd, 2
σημαίνω: indicate, show, point out, 4
τύραννος, ὁ: sovereign, tyrant, 9

1036 ὠνομάσθης: 2s aor. pass. ὀνομάζω
ὅς εἶ: *(the name) who you are*
1037 πρὸς θεῶν: *by the gods!*; in entreaty
πρὸς μητρός...: *by...*; gen. of agent
φράσον: aor. imperative
1038 οἶδ': οἶδα
δούς: nom. sg. aor. pple δίδωμι
ἐμοῦ: *than...*; gen. of comparison
λῷον: comparative adverb
1039 ἦ γάρ: *really...?*; often in surprise
αὐτός: *you yourself*; intensive pronoun
τυχών: *chancing upon me*
1041 κάτοισθα: 2s
δηλῶσαι: *so as to reveal*; aor. inf. of result
λόγῳ: *in a word, in a sentence*; manner
1042 τῶν Λαΐου: *of Laius' men*; partitive
ὠνομάζετο: *he was named (to be)*; impf. pass., τις is nom. predicate
1044 ἦν: 3s impf. εἰμί
1045 κἄστι': *is this one in fact...?*; καὶ ἐστί

ζῶν: pres. pple ζάω
ἰδεῖν: result clause, aor. inf. ὁράω
1046 ἄριστα: superlative adv.
εἰδεῖτε ἂν: *you would...*; potential opt., 2p οἶδα
οὑπιχώριοι: *you inhabitants*; οἱ ἐπιχώριοι
1047 ἔστιν: *is there...?*
τῶν παρεστώτων: pf. pple παρ-ίστημι
1048 ὅν: *whom*
1049 εἴτε οὖν...εἴτε: *whether indeed...or...*; οὖν lends emphasis
ἐπ(ὶ) ἀγρῶν: *in the fields*
κἀνθάδ': καὶ ἐνθάδε
εἰσιδών: aor. pple. εἰσ-οράω
1050 σημήνατω: *let him...*; 3s aor. imperative σημαίνω
ὡς: *since...*
ὁ καιρός: *(it is) the right time*
ηὑρῆσθαι: pf. pass. εὑρίσκω

Χορ οἶμαι μὲν οὐδέν' ἄλλον ἢ τὸν ἐξ ἀγρῶν, 1051
 ὃν κάματευες πρόσθεν εἰσιδεῖν· ἀτὰρ
 ἥδ' ἂν τάδ' οὐχ ἥκιστ' ἂν Ἰοκάστη λέγοι.
Οἰδ γύναι, νοεῖς ἐκεῖνον, ὅντιν' ἀρτίως
 μολεῖν ἐφιέμεσθα; τόνδ' οὗτος λέγει; 1055
Ἰοκ τί δ' ὅντιν' εἶπε; μηδὲν ἐντραπῇς· τὰ δὲ
 ῥηθέντα βούλου μηδὲ μεμνῆσθαι μάτην.
Οἰδ οὐκ ἂν γένοιτο τοῦθ' ὅπως ἐγὼ λαβὼν
 σημεῖα τοιαῦτ' οὐ φανῶ τοὐμὸν γένος.
Ἰοκ μὴ πρὸς θεῶν, εἴπερ τι τοῦ σαυτοῦ βίου 1060
 κήδει, ματεύσῃς τοῦθ'· ἅλις νοσοῦσ' ἐγώ.
Οἰδ θάρσει· σὺ μὲν γὰρ οὐδ' ἐὰν τρίτης ἐγὼ
 μητρὸς φανῶ τρίδουλος, ἐκφανεῖ κακή.
Ἰοκ ὅμως πιθοῦ μοι, λίσσομαι· μὴ δρᾶ τάδε.
Οἰδ οὐκ ἂν πιθοίμην μὴ οὐ τάδ' ἐκμαθεῖν σαφῶς. 1065

ἀγρός, ὁ: fields, lands, 4
ἅλις: enough, sufficiently; in abundance, 4
ἀρτίως: just, newly, recently, 9
ἀτάρ: but, yet, 1
βούλομαι: wish, be willing, 4
γένος, -εος, τό: family, stock, race; birth, 7
ἐάν (ἤν): εἰ ἄν, if (+ subj.), 7
εἴ-περ: if really, if, 7
ἐκ-μανθάνω: to learn well or thoroughly, 8
ἐκ-φαίνω: show, reveal, 3
ἔμολον: go, come (aor. of βλώσκω,) 7
ἐν-τρέπω: turn to, pay regard to (gen) 3
ἐφ-ίημι: enjoin, command; permit, allow, 2
ἥκιστα: least; not in the least (superl. adv.), 3
θαρσέω: take courage, take heart, 1

Ἰοκάστη, ἡ: Jocasta, 4
κήδομαι: care for, be troubled or distressed, 1
λίσσομαι: pray, beg, beseech, 2
ματεύω: seek after, strive for, search, 2
μάτην: in vain; at random, without reason, 5
μιμνήσκω: remind, mention, recall, 4
νοέω: recognize, know; think, consider, 2
νοσέω: be sick, be ill; suffer, 6
οἴομαι (οἶμαι): suppose, imagine, think, 2
πείθω: persuade; mid. obey, 9
πρόσθεν: before, earlier, 8
σεαυτοῦ (σαυτοῦ), -ῆς, -οῦ: yourself, 4
σημεῖον, τό: sign, mark, omen; signal, flag, 2
τρίδουλος, -ον: slave through 3 generations, 1
τρίτος, -η, -ον: the third, 2

1051 ἢ τὸν...ὅν: *than this one...whom*
1052 κάματευες: καὶ ἐμάτευες, inf. εἰσ-οράω
1053 ἥδε...Ἰοκάστη: *Jocasta here could...*
 οὐχ ἥκιστα: *not the least*; 'best,' litotes
1055 μολεῖν: aor. inf. ἔμολον
 ἐφίεμεσθα: 1p impf. mid. ἐφ-ίημι
1056 τί...εἶπε: *why (ask) whom he spoke to?*
 μηδὲν ἐντραπῇς: *Don't at all...*; inner acc. and prohibitive aor. subj.
1056 τὰ ῥηθέντα: *things...*; aor. pass λέγω
1057 βούλου: βούλε(σ)ο; mid. sg. imperative
 μεμνῆσθαι: pf. mid. inf. μιμνήσκω
1058 ἂν γένοιτο: *this could not happen*
 ὅπως: *(namely) that...*; follows τοῦτο
1059 φανῶ: fut. φαίνω
 τοὐμὸν γένος: *my birth*; τὸ ἐμὸν γένος

1060 μὴ...ματεύσῃς: *Don't...*; prohibitive subj.
 πρὸς θεῶν: *by the gods!*; in entreaty
 τι...κήδει: *you care at all for* + gen.;
 κήδε(σ)αι, 2s mid.; inner acc.
1061 ἅλις νοσοῦσ(α) ἐγώ: *my suffering is enough*; 'I, suffering, (am) enough'
1062 θάρσει: θάρσε-ε, sg. imperative
 φανῶ: *I am shown*; 1s aor. pass. subj.
 φαίνω; compare the fut. in l. 1059
 τρίτης μητρὸς τρίδουλος: *a 3rd generation slave, from my great-grandmother*
1063 ἐκφανεῖ: *will you appear*; 2s fut.
 κακή: i.e. lowborn, predicate nom.
1064 πιθοῦ: πιθέ(σ)ο, aor. mid. imper. πείθω
1065 ἂν πιθοίμην: *I could...*; potential opt.
 μὴ οὐ...ἐκμαθεῖν: *so as not to learn...*

Ἰοκ καὶ μὴν φρονοῦσά γ' εὖ τὰ λῷστά σοι λέγω. 1066
Οἰδ τὰ λῷστα τοίνυν ταῦτά μ' ἀλγύνει πάλαι.
Ἰοκ ὦ δύσποτμ', εἴθε μήποτε γνοίης ὃς εἶ.
Οἰδ ἄξει τις ἐλθὼν δεῦρο τὸν βοτῆρά μοι;
 ταύτην δ' ἐᾶτε πλουσίῳ χαίρειν γένει. 1070
Ἰοκ ἰοὺ ἰού, δύστηνε· τοῦτο γάρ σ' ἔχω
 μόνον προσειπεῖν, ἄλλο δ' οὔποθ' ὕστερον.
Χορ τί ποτε βέβηκεν, Οἰδίπους, ὑπ' ἀγρίας
 ᾄξασα λύπης ἡ γυνή; δέδοιχ' ὅπως
 μὴ 'κ τῆς σιωπῆς τῆσδ' ἀναρρήξει κακά. 1075
Οἰδ ὁποῖα χρῄζει ῥηγνύτω· τοὐμὸν δ' ἐγώ,
 κεἰ σμικρόν ἐστι, σπέρμ' ἰδεῖν βουλήσομαι.
 αὕτη δ' ἴσως, φρονεῖ γὰρ ὡς γυνὴ μέγα,
 τὴν δυσγένειαν τὴν ἐμὴν αἰσχύνεται.
 ἐγὼ δ' ἐμαυτὸν παῖδα τῆς Τύχης νέμων 1080

ἄγριος, -α, -ον: wild, fierce; cruel, 5
ἄγω: lead, bring, carry, convey, 7
ᾁσσω: rush, dart, shoot, 1
αἰσχύνω: to shame, dishonor; feel ashamed, 1
ἀλγύνω: to pain, distress, grieve, 3
ἀναρ-ρήγνυμι: break, break up, 1
βαίνω: step, walk, go, 8
βοτήρ, -ῆρος, ὁ: herdsman, 6
βούλομαι: wish, be willing, 4
γένος, -εος, τό: family, stock, race; birth, 7
δείδω: fear, dread, 6
δεῦρο: here, to this point, hither, 8
δυσ-γένεια, ἡ: low birth, 1
δύσ-ποτμος, -ον: ill-fated, -starred, unlucky, 3
δύσ-τηνος, -ον: ill-suffering, wretched, 7
ἐάω: to permit, allow, let be, suffer, 6
εἴθε (αἴθε): would that (introduces a wish), 3
ἰού: alas, 4

ἴσως: perhaps; equally, 2
λύπη, ἡ: pain; grief, 2
λῷστος, -η, -ον: best, most desirable, 2
μή-ποτε: not ever, never, 8
μήν: truly, surely, 9
νέμω: wield, manage; distribute; consider, 5
ὁποῖος, -α, -ον: of what sort or kind, 5
οὔ-ποτε: not ever, never, 5
πλούσιος, -όν: wealthy, rich, opulent, 2
προσ-εῖπον: speak, address, 1
ῥήγνυμι: break, break forth or loose, 2
σιωπή, ἡ: silence, 1
σμικρός, -ά, -όν: small, little; insignificant 2
σπέρμα, -ατος, τό: seed, descent, race, 3
τοίνυν: accordingly, well then, therefore, 3
ὑπό: by, because of (gen) under (dat), 7
ὕστερος, -η, -ον: latter, next; later, 2
χαίρω: rejoice, enjoy (dat.) 3

1066 καὶ μὴν…: *and indeed…*; γε emphasizes εὖ: modifies fem. pple φρονοῦσα
1068 ἀλγύνει πάλαι: *have been distressing for a long time*; pf. progressive in sense
1068 εἴθε…γνοίης: opt. of wish, γιγνώσκω
1070 πλουσίῳ χαίρειν: *to rejoice in her wealthy stock*; dat. of respect
1071 ἔχω: *I am able*; + inf.
1073 τί… βέβηκεν: *why has…?*; pf. βαίνω ὑπό…λύπης: *because of…*; gen. of cause
1074 ᾄξασα: fem. sg. aor. pple ᾁσσω δέδοιχα: pf. δείδω ὅπως μὴ…ἀναρρήξει: *that…will break out*; a clause of effort/prohibition where one expects a fearing clause (μή + subj.)
1075 κακά: neut. pl. subject
1076 ὁποῖα: *whatever*; antecedent is subject ῥηγνύτω: *let it…*; 3s imperative τοὐμόν: τὸ ἐμόν…σπέρμα; acc. object
1077 κεἰ: *even if*; concessive σμικρόν: *insignificant*; i.e. lowly birth ἰδεῖν: aor. inf. ὁράω
1078 φρονεῖ…μέγα: *is arrogant, is proud, thinks big thoughts*; a common idiom ὡς γυνή (οὖσα): *for a woman*; 'as a…'
1080 ἐμαυτόν…νέμων: *considering myself…*

72

τῆς εὖ διδούσης οὐκ ἀτιμασθήσομαι. 1081
τῆς γὰρ πέφυκα μητρός· οἱ δὲ συγγενεῖς
μῆνές με μικρὸν καὶ μέγαν διώρισαν.
τοιόσδε δ' ἐκφὺς οὐκ ἂν ἐξέλθοιμ' ἔτι
ποτ' ἄλλος, ὥστε μὴ 'κμαθεῖν τοὐμὸν γένος. 1085

Χορ εἴπερ ἐγὼ μάντις εἰ-   στρ.
μὶ καὶ κατὰ γνώμαν ἴδρις,
οὐ τὸν Ὄλυμπον ἀπείρων,
ὦ Κιθαιρών, οὐκ ἔσει τὰν αὔριον
πανσέληνον, μὴ οὐ σέ γε καὶ πατριώταν Οἰδίπουν 1090
καὶ τροφὸν καὶ ματέρ' αὔξειν,
καὶ χορεύεσθαι πρὸς ἡ-
μῶν, ὡς ἐπὶ ἦρα φέροντα 1095
τοῖς ἐμοῖς τυράννοις.

ἄ-πειρων, -ονος: inexperienced, ignorant, 1
ἀ-τιμάζω: dishonor, insult, 2
αὐξάνω: increase, honor, enrich, 2
αὔριον: tomorrow, 1
γένος, -εος, τό: family, stock, race; birth, 7
γνώμη, ἡ: judgment; opinion, resolve, 8
δίδωμι: give, hand over, 9
διωρίζω: define, mark out, divide, 2
εἴ-περ: if really, if, 7
ἐκ-μανθάνω: to learn well or thoroughly, 8
ἐκ-φύω: generate, beget, produce, 6
ἐξ-έρχομαι (εἶμι, ἦλθον): come or go out, 4
ἦρα: services, benefits, gifts, 1

ἴδρις, ἴδριος, ὁ, ἡ: experienced, skilled, wise, 1
Κιθαιρών, -ῶνος ὁ: Mt. Cithaeron, 6
μάντις, -εως, ὁ: seer, prophet, diviner, 8
μείς, μηνός ὁ: a month, 1
μικρός, -ά, -όν: small, little, 1
Ὄλυμπος, ὁ: Mt. Olympus, 2
παν-σέληνος, ἡ: full moon, 1
πατριώτης, -ου, ὁ: fellow-countryman, 1
συγ-γενής, -ές: akin, related; relative, 3
τροφός, ὁ, ἡ: nurse, 1
τύραννος, ὁ: sovereign, tyrant, 9
χορεύω: dance, take part in the chorus, 2

1081 τῆς εὖ διδούσης: *the one giving good fortune*; 'giving well' pple δίδωμι
 ἀτιμασθήσομαι: fut. passive; no agent
1082 πέφυκα: pf. φύω, 'to be born'
 τῆς...μητρός: *from...*; source, i.e. Τύχη
 οἱ...μῆνές: *my kinsmen, the months,*
1083 διώρισαν: *defined (x) as (y)*; double acc.
 ἐκφὺς: *being born*; aor. pple, passive in sense, τοιόσδε is predicative
 ἂν ἐξέλθοιμι: *I could turn out*; a linking verb with nom. predicate ἄλλος
1085 ὥστε: *so as not...*; + ἐκμαθεῖν, aor. inf. ἐκμανθάνω, result clause
1087 κατὰ γνώμην: *in...*; acc. of respect
1088 οὐ τὸν Ὄλυμπον: *by Mt. Olympus!*; an invocation: μά is omitted before οὐ
 ἀπείρων...οὐκ ἔσει...μὴ οὐ...Οἰδίπουν

...αὔξειν: *you will not be ignorant that Oedipus will honor...*; ἔσε(σ)αι, 2s fut. εἰμί ; a double neg. may follow a negated verb (often a prohibition)
1089 τὴν αὔριον πανσέληνον: *during tomorrow's full moon...*; acc. duration.
1090 σὲ γε: *you as...*; all of the following accusatives are predicative
1093 χορεύσθαι: *(you) are celebrated by dance*; pass. inf., change of acc. subject
 πρὸς ἡμῶν: *by...*; gen. of agent
1095 ὡς ἐπὶ...φέροντα: *since (you)...*; 'on the grounds of...' ὡς + pple indicates alleged cause; tmesis for ὡς ἦρα ἐπιφέροντα
1096 τοῖς...τυράννοις: *upon my rule*; dat. of compound or dat. of interest

ἰήϊε Φοῖβε, σοὶ δὲ 1096
ταῦτ' ἀρέστ' εἴη.

τίς σε, τέκνον, τίς σ' ἔτικ-　　ἀντ.
τε τᾶν μακραιώνων ἄρα
Πανὸς ὀρεσσιβάτα πα- 1100
τρὸς πελασθεῖσ'; ἢ σέ γ' εὐνάτειρά τις
Λοξίου; τῷ γὰρ πλάκες ἀγρόνομοι πᾶσαι
φίλαι·
εἴθ' ὁ Κυλλάνας ἀνάσσων,
εἴθ' ὁ Βακχεῖος θεὸς 1105
ναίων ἐπ' ἄκρων ὀρέων σ' εὕ-
ρημα δέξατ' ἔκ του
Νυμφᾶν Ἑλικωνίδων, αἷς
πλεῖστα συμπαίζει.

Οἰδ εἰ χρή τι κἀμὲ μὴ συναλλάξαντά πω, 1110

ἀγρο-νόμος, -ον: roaming wild, rural, wild, 1
ἄκρος, -α, -ον: highest, top of, 5
ἀνάσσω: be lord, be master; rule, 3
ἄρα: then, therefore, it seems, it turns out, 3
ἀρεστός, -ή, -όν: pleasing, acceptable, 1
Βακχεῖος, -α, -ον: of Bacchus; frenzied, 1
δέχομαι: receive, take, accept, 5
Ἑλικωνιάδες, οἱ, αἱ: dwellers of Mt. Helicon, 1
εὐνάτειρα, ἡ: bedfellow, bedpartner, 1
εὕρημα, -ατος, τό: foundling, new-found, 1
ἰήϊος, ον: invoked by the call ἰή (of grief), 3
Κυλλάνη, ἡ: Mt. Cyllene, 1
Λοξίας, -ου, ὁ: Loxias (epithet for Apollo), 4

μακραίων, -ωνος, ὁ, ἡ: long-lived, 2
ναίω: dwell, abide; settle, 4
νύμφη, ἡ: young wife, bride; nymph, 2
ὀρεσσι-βάτης, -ου, ὁ: mountain-roaming, 1
ὄρος, -εος, τό: a mountain, hill, 4
Πάν, Πανός, ὁ: Pan, 1
πελάζω: approach, draw near, (gen) 2
πλάξ, -ακος, ἡ: plain, flat laid, 1
πλεῖστος, -η, -ον: most, greatest, largest, 3
συμ-παίζω: play, sport with, 1
συν-αλλάσσω: have dealings with, 2
τίκτω (ἔτεκον): bring to life, beget, 9

1096 ἰήϊε Φοῖβε: vocative, direct address
　εἴη: *may...be!*; opt. of wish, εἰμί
1098 τίς...τίς: *who...who?*
　τᾶν μακραιώνων: *among the long-
　lived*; partitive gen.
1100 Πανὸς...πατρὸς: gen. obj. of
　πελασθεῖσα
　ὀρεσσιβάτα: Doric gen. with Πανός
1101 πελασθεῖσα: *having draw near to* + gen.
　i.e. having had intercourse; aor. pass.
　ἢ...εὐνάτειρά τις: *or did some bedfellow
　of Apollo (beget) you?*
1102 τῷ...φίλαι: *(are) dear to this one*; τῷ
　is a demonstrative, dat. of special adj.
1104 εἴθ'...εἴθε: *either...or*; εἴτα...εἴτα

　ὁ...ἀνάσσων: i.e. Hermes
　Κυλλάνας: gen. sg.
1106 ἐπὶ: *upon*
　εὕρημα: *as a foundling*; i.e. newborn
1107 (ἐ)δέξατ(ο): aor. δέχομαι
　του: *one*; indefinite, alt. to τινος
1108 Νυμφᾶν Ἑλικωνίδων: partitive gen. pl.
　ἇις: *with whom*; dat. of compound
1109 πλεῖστα: *most often*; superlative adv.
1010 τι...: inner acc. with σταθμᾶσθαι
　κἀμέ: *that I also*; καὶ ἐμέ, adverbial καὶ
　μὴ συναλλάξαντά πω: *(though) not
　having dealings with (him) yet*; aor. pple
　is concessive and modifies ἐμέ

πρέσβεις, σταθμᾶσθαι, τὸν βοτῆρ' ὁρᾶν δοκῶ, 1111
ὅνπερ πάλαι ζητοῦμεν· ἔν τε γὰρ μακρῷ
γήρᾳ ξυνᾴδει τῷδε τἀνδρὶ σύμμετρος,
ἄλλως τε τοὺς ἄγοντας ὥσπερ οἰκέτας
ἔγνωκ' ἐμαυτοῦ· τῇ δ' ἐπιστήμῃ σύ μου 1115
προύχοις τάχ' ἄν που, τὸν βοτῆρ' ἰδὼν πάρος.
Χορ ἔγνωκα γάρ, σάφ' ἴσθι· Λαΐου γὰρ ἦν
εἴπερ τις ἄλλος πιστὸς ὡς νομεὺς ἀνήρ.
Οἰδ σὲ πρῶτ' ἐρωτῶ, τὸν Κορίνθιον ξένον, ἢ τόνδε φράζεις;
Ἄγγ τοῦτον, ὅνπερ εἰσορᾷς. 1120
Οἰδ οὗτος σύ, πρέσβυ, δεῦρό μοι φώνει βλέπων
ὅσ' ἄν σ' ἐρωτῶ. Λαΐου ποτ' ἦσθα σύ;
Θερ ἦ δοῦλος οὐκ ὠνητός, ἀλλ' οἴκοι τραφείς.
Οἰδ ἔργον μεριμνῶν ποῖον ἢ βίον τινά;
Θερ ποίμναις τὰ πλεῖστα τοῦ βίου συνειπόμην. 1125

ἄγω: lead, bring, carry, convey, 7
ἄλλως: otherwise, in another way, 3
βοτήρ, -ῆρος, ὁ: herdsman, 6
γῆρας, τό: old age, 2
δεῦρο: here, to this point, hither, 8
δοῦλος, ὁ: a slave, 4
εἴ-περ: if really, if, 7
ἐπιστήμη, ἡ: knowledge, understanding, 1
ἐρωτάω: ask, inquire, 3
ζητέω: to seek, 7
Κορίνθιος, -α, -ον: Corinthian, 3
μακρός, -ή, -όν: long, far, distant, large, 7
μεριμνάω: care for, worry over, meditate on, 1
νομεύς, ἡ: shepherd, herdsman, 1
οἰκέτης, ὁ: servant, house servant, 1
οἴκοι: at home, 1
πάρος: before, formerly, 4

πιστός, -ή, -όν: trustworthy, trusted (gen), 2
πλεῖστος, -η, -ον: most, greatest, largest, 3
ποίμνη, ἡ: flock, 1
που: anywhere, somewhere; I suppose, 5
πρέσβυς, ὁ: old man, elder, 8
προ-έχω: surpass (gen), hold before, 1
πρῶτος, -η, -ον: first, earliest; adv. πρῶτα, 7
σταθμάω: guess; measure, weigh out, 1
σύμ-μετρος, -ον: suitable, fit, of like age, 2
συν-ᾴδω: be in harmony with, sing with, 1
συν-έπομαι: follow (along), tend to (dat), 2
τάχα: perhaps, soon, quickly, 9
τρέφω: to rear, foster, nuture, 8
φωνέω: utter, speak, 4
ὠνητός, -ή, -όν: bought, purchased, 1
ὥσπερ: as, just as, as if, 8

1111 πρέσβεις: O Elders; voc. direct address.
τι...σταθμᾶσθαι: to make some guess
1112 πάλαι ζητοῦμεν: we have been seeking; πάλαι + pres. indicates pf. progressive
1113 τῷδε τῷ ἀνδρὶ: dat. of compound verb
1114 ἄλλως τε: and in addition; 'otherwise'
τοὺς ἄγοντας: those guiding (him)
1115 ἔγνωκ(α): pf. γίγνωσκω; pres. sense
τῇ ἐπιστήμῃ: in...; dat. of respect
1116 προύχοις...ἄν: might...; potential opt.
ἰδών: aor. pple. ὁράω
1117 γάρ: (Yes), for...; assent is often omitted
σάφ(α): reliably; adverbial acc.
ἴσθι: sg. imperative οἶδα

Λαΐου...ἦν: he was Laius' (man); impf.
1118 πιστὸς: predicate, supply a linking verb
ὡς νομεὺς ἀνήρ: for a shepherd
1119 τὸν...ξένον: in apposition to σὲ
ἢ τόνδε φράζεις: are you pointing out this here man?
1121 οὗτος σύ: you there
φώνει: φώνε-ε, imperative
1122 ὅσ(α) ἄν: (all) that, whatever; general relative clause with pres. subj. ἐρωτάω
1123 ἦ: I was; 1s impf. εἰμί
τραφείς: aor. pass. pple. τρέφω
1124 βίον τινά: what way of life?
1125 τὰ πλεῖστα...βίου: for...; acc. duration

Οἰδ χώροις μάλιστα πρὸς τίσι ξύναυλος ὤν; 1126
Θερ ἦν μὲν Κιθαιρών, ἦν δὲ πρόσχωρος τόπος.
Οἰδ τὸν ἄνδρα τόνδ' οὖν οἶσθα τῇδέ που μαθών;
Θερ τί χρῆμα δρῶντα; ποῖον ἄνδρα καὶ λέγεις;
Οἰδ τόνδ' ὃς πάρεστιν· ἢ ξυναλλάξας τί πω; 1130
Θερ οὐχ ὥστε γ' εἰπεῖν ἐν τάχει μνήμης ἄπο.
Ἄγγ κοὐδέν γε θαῦμα, δέσποτ'· ἀλλ' ἐγὼ σαφῶς
ἀγνῶτ' ἀναμνήσω νιν. εὖ γὰρ οἶδ' ὅτι
κάτοιδεν, ἦμος τῷ Κιθαιρῶνος τόπῳ,
ὁ μὲν διπλοῖσι ποιμνίοις, ἐγὼ δ' ἑνί, 1135
ἐπλησίαζον τῷδε τἀνδρὶ τρεῖς ὅλους
ἐξ ἦρος εἰς ἀρκτοῦρον ἐκμήνους χρόνους·
χειμῶνα δ' ἤδη τἀμά τ' εἰς ἔπαυλ' ἐγὼ
ἤλαυνον οὗτός τ' εἰς τὰ Λαΐου σταθμά.
λέγω τι τούτων ἢ οὐ λέγω πεπραγμένον; 1140

ἀ-γνώς, -ῶτος, ὁ, ἡ: ignorant; unknown, 2
ἅμα: at the same time; along with (dat.), 9
ἀνα-μιμνῄσκω: remind, remember (gen), 1
ἀρκτοῦρος, ὁ: Arcturus (star, constellation), 1
δεσπότης, ὁ: master, 5
ἔαρ (ἦρ), ἦρος, τό: spring (season), 1
ἔκ-μηνος, -ον: of six months, 1
ἐκ-πείθω: persuade completely, 1
ἐλαύνω: drive, march, 6
ἔπ-αυλος, ὁ: fold, pen, 1
ἦμος: at which time, when, 1
θαῦμα, -ατος, τό: a wonder, marvel, 2
κατ-οιδα: know well, understand, 5
Κιθαιρών, -ῶνος ὁ: Mt. Cithaeron, 6
μνήμη, ἡ: a remembrance, record, memory, 4

ὅλος, -η, -ον: entire, whole, 1
ὅτι: that; because, 4
πλησιάζω: come near, approach (dat), 2
ποιμνίον, τό: flock, 3
που: anywhere, somewhere; I suppose, 5
πρόσ-χωρος, -ον: neighboring, placed near, 1
σταθμά, τά: farmstead, post, fold, 1
συν-αλλάσσω: have dealings with, 2
σύν-αυλος, -ον: dwelling (with), haunt, 1
τάχος, -εος τό: speed, haste, swiftness, 4
τόπος, ὁ: a place, region, 3
τρεῖς, τρία: three, 3
χειμών, -ῶνος, ὁ: winter, 1
χρῆμα, -ατος, τό: thing, money, goods, 2
χῶρος, ὁ: place, region, land, 3

1126 χώροις...πρὸς τίσι: *near what regions*; dat. pl. place where, interrogative τίς
ὤν: pple εἰμί
1127 ἦν μὲν...ἦν δὲ: *there was...there was*
1128 οἶσθα: 2s οἶδα
τῇδε που: *somewhere there*; place where
μαθών: aor. pple. μανθάνω
1129 δρῶντα: acc. pple, modifies acc. ἄνδρα
καὶ λέγεις: i.e. do you mean
1130 τόνδε: *this one...?*; in reply to ἄνδρα
συναλλάξας: nom. sg. aor. pple.
τί: *any (dealings)*; τι, inner acc.
1131 ὥστε γ'εἰπεῖν: *so to speak at least*
1132 κοὐδέν γε θαῦμα: *and no wonder!*
1133 ἀγνῶτ(α): acc. modifying νιν, 'him'
ἀναμνήσω: fut.

οἶδ(α): 1s
1134 τῷ...τόπῳ: *in...*; dat. place where
1135 ὁ μὲν διπλοῖσι ποιμνίοις: *he with...*; with no verb, perhaps dat. of accompaniment
ἐγὼ δ' ἑνί: *and I with one (flock)*
1136 τρεῖς...χρόνους: *for...*; acc. of duration
1137 ἐξ ἦρος: *from spring*; gen. sg. ἔαρ
εἰς ἀρκτοῦρον: *til the time of Arcturus*; a rising star in the month of September
1138 χειμῶνα: *for...*; acc. of duration of time
τἀμά: τὰ ἐμὰ ποίμνια, obj. of ἤλαυνον
1139 ἤλαυνον: *used to drive*; customary impf.
οὗτος τ': *and this one...*; add ἤλαυνε
1140 τι τούτων...πεπραγμένον: *any of these things...*; pf. pass. pple πράττω

Θερ λέγεις ἀληθῆ, καίπερ ἐκ μακροῦ χρόνου. 1141
Ἄγγ φέρ᾽ εἰπὲ νῦν, τότ᾽ οἶσθα παῖδά μοί τινα
 δούς, ὡς ἐμαυτῷ θρέμμα θρεψαίμην ἐγώ;
Θερ τί δ᾽ ἔστι; πρὸς τί τοῦτο τοὔπος ἱστορεῖς;
Ἄγγ ὅδ᾽ ἐστίν, ὦ τᾶν, κεῖνος ὃς τότ᾽ ἦν νέος. 1145
Θερ οὐκ εἰς ὄλεθρον; οὐ σιωπήσας ἔσει;
Οἰδ ἆ, μὴ κόλαζε, πρέσβυ, τόνδ᾽, ἐπεὶ τὰ σὰ
 δεῖται κολαστοῦ μᾶλλον ἢ τὰ τοῦδ᾽ ἔπη.
Θερ τί δ᾽, ὦ φέριστε δεσποτῶν, ἁμαρτάνω;
Οἰδ οὐκ ἐννέπων τὸν παῖδ᾽ ὃν οὗτος ἱστορεῖ. 1150
Θερ λέγει γὰρ εἰδὼς οὐδέν, ἀλλ᾽ ἄλλως πονεῖ.
Οἰδ σὺ πρὸς χάριν μὲν οὐκ ἐρεῖς, κλαίων δ᾽ ἐρεῖς.
Θερ μὴ δῆτα, πρὸς θεῶν, τὸν γέροντά μ᾽ αἰκίσῃ.
Οἰδ οὐχ ὡς τάχος τις τοῦδ᾽ ἀποστρέψει χέρας;
Θερ δύστηνος, ἀντὶ τοῦ; τί προσχρῄζων μαθεῖν; 1155

ἆ: ah! (an exclamation), 1
αἰκίζω: mistreat, maltreat, torment, 1
ἀληθής, -ές: true, 7
ἄλλως: otherwise, in another way, 3
ἁμαρτάνω: fail, do wrong, miss (the mark), 2
ἀντί: instead of, in place of (+ gen.), 7
ἀπο-στρέφω: twist, turn away, turn back, 3
γέρων, -οντος: old, 5
δέομαι: lack, have need of (gen), 2
δεσπότης, ὁ: master, 5
δίδωμι: give, hand over, 9
δύσ-τηνος, -ον: ill-suffering, wretched, 7
ἐνν-έπω: tell, say; bid, 6
θρέμμα, -ατος, τό: foster-child, nursling, 1
ἱστορέω: inquire, ask, make inquiry, 5
καίπερ: although, albeit, 2
κλαίω: to weep, lament, wail, 2

κολάζω: punish, correct, chastise, 1
κολαστής, -οῦ, ὁ: punisher, rebuker, 1
μακρός, -ή, -όν: long, far, distant, large, 7
μᾶλλον: more, rather, 9
νέος, -η, -ον: young; new, novel, strange, 3
ὄλεθρος, ὁ: death, ruin, destruction, 3
πονέω: work, toil, 1
πρέσβυς, ὁ: old man, elder, 8
προσ-χρῄζω: want in addition, desire besides, 1
σιωπάω: to keep silence, be silent, 3
τᾶν: sir, my good friend (only vocative), 1
τάχος, -εος τό: speed, haste, swiftness, 4
τότε: at that time, then, 9
τρέφω: to rear, foster, nuture, 8
φέριστος, -η, -ον: very good, best, bravest, 1
χάρις, -ριτος, ἡ: favor, gratitude, thanks, 7

1142 φέρ(ε): *come!*; introducing an imperative
 οἶσθα: *are you aware*; i.e. do you recall
1143 δούς: nom. sg. aor. pple. δίδωμι
 θρέμμα: *as a...*; predicative
 ὡς...θρεψαίμην: *so that I might...*;
 purpose clause, aor. opt. τρέφω
1144 πρὸς τί: *to what (purpose)*
 τοὔπος: τὸ ἔπος
1145 ὦ τᾶν: *my good friend*
1146 οὐκ εἰς ὄλεθρον: *(Why) not (go) to hell?*;
 οὐ σιωπήσας ἔσει: *Will you not be quiet (for once and all)*; periphrastic fut. pf.
 (aor. pple + 2s fut. εἰμί), ἔσε(σ)αι
1147 τὰ σὰ: add neuter pl. ἔπη

1148 δεῖται: *are in need of*; + gen. separation
 τοῦδε: *of this man*; possessive with ἔπη
1150 οὐκ ἐννέπων: *(by) not telling...*; in reply
1151 εἰδώς: nom. sg. pple οἶδα
 ἄλλως: *in vain*; otherwise (than desired)
1152 πρὸς χάριν: *for a favor*
 ἐρεῖς: fut. λέγω
 μὴ...αἰκίσῃ: *Don't...*; prohibitive subj.
1153 πρὸς θεῶν: *by the gods!*; in entreaty
1154 ὡς τάχος: *as quickly as possible*
 χέρας: *hands*; acc. pl., i.e. bind the man
1155 δύστηνος: not vocative: 'I am wretched'
 ἀντὶ τοῦ: *why?*; 'in return for what?,'
 μαθεῖν: aor. inf. μανθάνω

Οἰδ τὸν παῖδ' ἔδωκας τῷδ' ὃν οὗτος ἱστορεῖ; 1156
Θερ ἔδωκ'· ὀλέσθαι δ' ὤφελον τῇδ' ἡμέρᾳ.
Οἰδ ἀλλ' εἰς τόδ' ἥξεις μὴ λέγων γε τοὐνδικον.
Θερ πολλῷ γε μᾶλλον, ἢν φράσω, διόλλυμαι.
Οἰδ ἀνὴρ ὅδ', ὡς ἔοικεν, ἐς τριβὰς ἐλᾷ. 1160
Θερ οὐ δῆτ' ἔγωγ', ἀλλ' εἶπον, ὡς δοίην, πάλαι.
Οἰδ πόθεν λαβών; οἰκεῖον ἢ 'ξ ἄλλου τινός;
Θερ ἐμὸν μὲν οὐκ ἔγωγ', ἐδεξάμην δέ του.
Οἰδ τίνος πολιτῶν τῶνδε κἀκ ποίας στέγης;
Θερ μὴ πρὸς θεῶν, μή, δέσποθ', ἱστόρει πλέον. 1165
Οἰδ ὄλωλας, εἴ σε ταῦτ' ἐρήσομαι πάλιν.
Θερ τῶν Λαΐου τοίνυν τις ἦν γεννημάτων.
Οἰδ ἦ δοῦλος ἢ κείνου τις ἐγγενὴς γεγώς;
Θερ οἴμοι, πρὸς αὐτῷ γ' εἰμὶ τῷ δεινῷ λέγειν.
Οἰδ κἄγωγ' ἀκούειν· ἀλλ' ὅμως ἀκουστέον. 1170

ἀκουστέος, -α, -ον: to be heard, heeded, 1
γέννημά, -ατος, τό: child, a begotten one, 1
δεσπότης, ὁ: master, 5
δέχομαι: receive, take, accept, 5
δι-όλλυμι: destroy utterly, lose, kill, 4
δίδωμι: give, hand over, 9
δοῦλος, ὁ: a slave, 4
ἐγ-γενής, -ές: inborn, native, 4
ἔγωγε: I, for my part, 8
ἐλαύνω: drive, march, 6
ἔν-δικος, -ον: just, right, legitimate, 4
ἔοικα: to be or seem likely, be reasonable, 3
ἔρομαι: ask, enquire, question, 2

ἥκω: to have come, be present, 9
ἡμέρα, ἡ: day (ἀμέρα) 9
ἱστορέω: inquire, ask, make inquiry, 5
μᾶλλον: more, rather, 9
οἰκεῖος, -α, -ον: from or of the house, 1
οἴμοι: ah me!, woe's me, oh, alas, 6
ὀφείλω: owe, ought; would that (+ inf.) 1
πάλιν: again, once more; back, backwards, 9
πόθεν: whence? from where?, 1
πολίτης, ὁ: citizen, 3
στέγη, ἡ: a roof; shelter, home, 8
τοίνυν: accordingly, well then, therefore, 3
τριβή, ἡ: delay, spending; wearing away, 2

1156 ἔδωκας: aor. δίδωμι
 τῷδε: dat. ind. object; antecedent of ὅν
1157 ἔδωκ(α): 1s aor.
 ὤφελον: *would that...*; aor. ὀφείλω + aor. inf. expressing an unattainable wish
 ὀλέσθαι: aor. mid. ὄλλυμι
 τῇδε ἡμέρᾳ: *on...*; dat. of time when
1158 μὴ λέγων: *if...*; pple is conditional
 τοὐνδικον: τὸ ἔνδικον
1159 πολλῷ γε: *much, far*; 'by much,' dat. of degree of difference with μᾶλλον
 ἢν φράσω: *if...*; ἢν = ἐάν + aor. subj.
1160 ὡς ἔοικεν: *as it seems*
 ἐς τριβὰς: *to delays*
 ἐλᾷ: 3s fut. ἐλαύνω
1161 εἶπον...πάλαι: *I said long before*
 ὡς δοίην: *that...*; ind. disc. 1s aor. opt. δίδωμι in secondary seq.

1162 οἰκεῖον: *(one) from your household*
1163 ἐμὸν: *(one) from my household*
 του: *from another's*; τινος, gen. source
1164 κἀκ: καὶ ἐκ
1165 μὴ...ἱστόρει: ἱστόρεε, neg. imperative
1166 ὄλωλας: *you are dead*; pf. ὄλλυμι
 ἐρήσομαι: fut. mid. ἔρομαι
1167 τοίνυν: *well then*
 ἦν: *he was*; τις is a predicate
1168 κείνου: *of that one*; i.e. of Laius
 γεγώς: nom. sg. pf. pple γίγνομαι
1169 πρὸς αὐτῷ...τῷ δεινῷ: *near the horror itself to speak of*; explanatory inf.
1170 κἄγωγ' ἀκούειν: *and I to hear it*; καὶ ἔγωγε; parallel to the line above
 ἀκουστέον (ἐστὶν): *it is...*; impersonal verbal adj., supply the verb

Θερ κείνου γέ τοι δὴ παῖς ἐκλῄζεθ'· ἡ δ' ἔσω 1171
    κάλλιστ' ἂν εἴποι σὴ γυνὴ τάδ' ὡς ἔχει.
Οἰδ ἦ γὰρ δίδωσιν ἥδε σοι;
Θερ   μάλιστ', ἄναξ.
Οἰδ ὡς πρὸς τί χρείας;
Θερ   ὡς ἀναλώσαιμί νιν.
Οἰδ τεκοῦσα τλήμων; 1175
Θερ   θεσφάτων γ' ὄκνῳ κακῶν.
Οἰδ ποίων;
Θερ   κτενεῖν νιν τοὺς τεκόντας ἦν λόγος.
Οἰδ πῶς δῆτ' ἀφῆκας τῷ γέροντι τῷδε σύ;
Θερ κατοικτίσας, ὦ δέσποθ', ὡς ἄλλην χθόνα
    δοκῶν ἀποίσειν, αὐτὸς ἔνθεν ἦν· ὁ δὲ
    κἄκ' εἰς μέγιστ' ἔσωσεν. εἰ γὰρ οὗτος εἶ 1180
    ὅν φησιν οὗτος, ἴσθι δύσποτμος γεγώς.
Οἰδ ἰοὺ ἰού· τὰ πάντ' ἂν ἐξήκοι σαφῆ.
    ὦ φῶς, τελευταῖόν σε προσβλέψαιμι νῦν,
    ὅστις πέφασμαι φύς τ' ἀφ' ὧν οὐ χρῆν, ξὺν οἷς τ'
    οὐ χρῆν ὁμιλῶν, οὕς τέ μ' οὐκ ἔδει κτανών. 1185

ἀν-αλόω (ἀναλίσκω): get rid of, kill; spend 1
ἀπο-φέρω: carry away, carry off, 1
ἀφ-ίημι: send forth, let loose, give up, 6
γέρων, -οντος: old, 5
δεσπότης, ὁ: master, 5
δίδωμι: give, hand over, 9
δύσ-ποτμος, -ον: ill-fated, -starred, unlucky, 3
ἔνθεν: from where; thence, on the one side, 4
ἐξ-ήκω: have come; have turned out, 2
ἔσω: into, inwards, to within, into, in, 7
θέσφατα, τά: divine decrees, oracles, 2
ἰού: alas, 4
κατ-οικτίζω: feeling pity, pity, 1

κλῄζω: call; celebrate, make famous, 4
μέγιστος, -η, -ον: greatest, biggest, best, 5
ὄκνος, ὁ: fear; shrinking from, 1
ὁμιλέω: consort with, have intercourse, 2
προσ-βλέπω: to look at or upon, 2
σύν: along with, with, together (+ gen.) 8
σῴζω: save, keep safe, preserve, 2
τελευταῖος, -η, -ον: last, final, uttermost, 2
τίκτω (ἔτεκον): bring to life, beget, 9
τλήμων, ὁ, ἡ: wretched, suffering, enduring 8
φῶς (φάος), φωτός, τό: light, daylight, 4
χθών, χθονός, ἡ: earth, ground, 9
χρεία, ἡ: need, want, need; request, 4

1171 γέ τοι δή: *exactly that one's, you know*,
    ἐκλῄζετ(ο): *he was called*; impf. pass.
1172 κάλλιστ(α): superlative adv.
    τάδε ὡς ἔχει: *how these things are*
1174 πρὸς τί χρείας: *so as to what purpose?*
    ὡς ἀναλώσαιμι: *so that...*; purpose, opt.
1075 ὄκνῳ: *because of...*; dat. means
1076 ποίων: *of what sort?*; gen. pl. ποῖος
    κτενεῖν: *that he...*; fut. inf., νιν is subject
1077 ἀφῆκας: *did you give (him) up*; ἀφ-ίημι
1078 ὡς...δοκῶν: *thinking that...*; ind. disc.
    ἄλλην χθόνα: *to...*; acc. place to which
    ἀποίσειν: *that he...*; fut. inf. ἀπο-φέρω

1079 αὐτὸς ἔνθεν ἦν: *from where he was*
1080 κἀκ(α) εἰς μέγιστ(α): *for...*; purpose
    εἶ: 2s pres. εἰμί
1081 ἴσθι γεγώς: *know that you...*; imperative
    οἶδα; ind. disc. pf. pple γίγνομαι 'born'
1082 ἂν ἐξήκοι: *might...*; potential opt.
1083 τελευταῖον: *for the last time*; adv. acc.
    προσβλέψαιμι: *May...*; aor. opt. of wish
1184 πέφασμαι φύς...ὁμιλῶν...κτανών: *have been shown born...*; pf. pass. φαίνω; + three pples. as predicates; aor. pple φύω
    χρῆν: *one ought*; 3s impf., χρή
    ἔδει: *it was necessary*; impf. δεῖ

79

Χορ ἰὼ γενεαὶ βροτῶν, 1186
ὡς ὑμᾶς ἴσα καὶ τὸ μη- στρ. α
δὲν ζώσας ἐναριθμῶ.
τίς γάρ, τίς ἀνὴρ πλέον
τᾶς εὐδαιμονίας φέρει 1190
ἢ τοσοῦτον ὅσον δοκεῖν
καὶ δόξαντ' ἀποκλῖναι;
τὸν σόν τοι παράδειγμ' ἔχων,
τὸν σὸν δαίμονα, τὸν σόν, ὦ
τλᾶμον Οἰδιπόδα, βροτῶν 1195
οὐδὲν μακαρίζω·

ὅστις καθ' ὑπερβολὰν ἀντ. α
τοξεύσας ἐκράτησε τοῦ
πάντ' εὐδαίμονος ὄλβου,
ὦ Ζεῦ, κατὰ μὲν φθίσας
τὰν γαμψώνυχα παρθένον
χρησμῳδόν, θανάτων δ' ἐμᾷ 1200

ἀπο-κλίνω: fall away, decline, turn aside, 1
γαμψ-ῶνυξ, -υχος: with crooked talons, 1
γενεα, ἡ: generation, descent, race, 1
δαίμων, -ονος, ὁ: divine spirit, fate, 12
ἐν-αριθμέω: count, reckon, calculate, 1
εὐ-δαιμονία, ἡ: happiness, well-being, 1
εὐ-δαίμων, -ονος: happy, blessed, well off, 1
θάνατος, ὁ: death, 4
ἰώ: ah! oh! 8
κρατέω: control, rule; overpower, 7

μακαρίζω: deem blessed, consider happy, 1
ὄλβος, ὁ: weath, riches, happiness, 3
παρά-δειγμα, -ατος, τό: example, model, 1
παρθένος, ἡ: maiden, virgin, unmarried girl, 2
τλήμων, ὁ, ἡ: wretched, suffering, enduring 8
τοξεύω: shoot (an arrow), hit (its mark), 1
τοσοῦτος, -αύτη, -το: so great, much, many 5
ὑπερβολή, ἡ: surpassing, superiority; excess 1
φθί(ν)ω: waste away, decay, perish, 7
χρησμ-ῳδός, όν: chanting oracles, prophetic 1

1187 ὡς: how....; in exclamation
    ἴσα καὶ: equal to...; 'same as' adv. acc.,
    καὶ often plays this role after adjectives
    and adverbs of likeness
    τὸ μηδὲν: nothing; i.e. worthless
1188 ζώσας: acc. pl. pple ζάω
1190 τῆς εὐδαιμονίης: partitive gen. modifies
    the acc. sg. comparative πλέον
    φέρει: carries off; i.e. 'wins'
1191 ἢ τοσοῦτον ὅσον: than as much as...;
    correlatives introducing a result clause,
    acc. object of missing inf. φέρειν
    δοκεῖν...ἀποκλῖναι: (he) thinks (to
    carry off) and, having thought (to carry

off), declines; inf. of result with aor. inf.
1193 τοι: you know, to be sure; a particle
1195 βροτῶν οὐδὲν: no mortal; 'nothing of
    mortals' instead of the expected οὐδένα
1196 κατ(ὰ) ὑπερβολὴν: in surpassing (aim)
    ἐκράτησε: gains, wins control over; +
    partitive gen., gnomic aor. expressing a
    general truth: translate as present
1197 πάντ(α): in all respects; acc. respect
    modifying the adjective εὐδαίμονος
1198 κατὰ...φθίσας: destroying; 'wasting
    away utterly,' tmesis, nom. sg. aor. pple
1200 θανάτων: against death, from death;
    gen. of separation

χώρᾳ πύργος ἀνέστα· 1201
ἐξ οὗ καὶ βασιλεὺς καλεῖ
ἐμὸς καὶ τὰ μέγιστ' ἐτι-
μάθης, ταῖς μεγάλαισιν ἐν
Θήβαισιν ἀνάσσων.
τανῦν δ' ἀκούειν τίς ἀθλιώτερος; στρ. β
τίς ἄταις ἀγρίαις, τίς ἐν πόνοις 1205
ξύνοικος ἀλλαγᾷ βίου;
ἰὼ κλεινὸν Οἰδίπου κάρα,
ᾧ στέγας λιμὴν
αὑτὸς ἤρκεσεν
παιδὶ καὶ πατρὶ
θαλαμηπόλῳ πεσεῖν; 1210
πῶς ποτε πῶς ποθ' αἱ πατρῷ-
αί σ' ἄλοκες φέρειν, τάλας,
σῖγ' ἐδυνάθησαν ἐς τοσόνδε;
ἐφηῦρέ σ' ἄκονθ' ὁ πάνθ' ὁρῶν χρόνος, ἀντ. β
δικάζει τ' ἄγαμον γάμον πάλαι
τεκνοῦντα καὶ τεκνούμενον. 1215

ἄ-γαμος, -ον: unmarried, unwedded, 1
ἄγριος, -α, -ον: wild, fierce; cruel, 5
ἄθλιος, -η, -ον: wretched, miserable, pitiful, 9
ἄκων (ἀέκων), -ουσα, -ον: unwilling, 5
ἀλλαγή, ἡ: reversal, exchange, change, 1
ἄλοξ, -οκος, ὁ: furrow (of a plow), i.e. wife 1
ἀν-ίστημι: rise, stand up, 1
ἀνάσσω: be lord, be master; rule, 3
ἀρκέω: suffice, is sufficient; ward off, 1
ἄτη, ἡ: bewilderment, mischief, ruin, 2
βασιλεύς, ὁ: a king, chief, 2
γάμος, ὁ: marriage, marriage rites, 5
δικάζω: judge; decide, determine, 1
δύναμαι: be able, can, be capable, 5
ἐφ-ευρίσκω: find out, discover, 2
θαλαμη-πόλος, ὁ: bridegroom, 1
ἰώ: ah! oh! 8
καλέω: to call, summon, invite, 6

κάρα, τό: head, 8
κλεινός, -ή, -όν: glorious, renowned, 3
λιμήν, -ένος, ὁ: harbor, haven, 2
μέγιστος, -η, -ον: greatest, biggest, best, 5
μέτ-οικος, ὁ, ἡ: resident alien, immigrant 1
πατρῷος, η, -ον: of one's father, ancestral 3
πίπτω (πεσ): to fall, fall down, drop, 6
πόνος, ὁ: work, toil, labor, 4
πύργος, ὁ: fortress, walled town; tower, 3
σῖγα: silently, 1
στέγη, ἡ: a roof; shelter, home, 8
σύν-οικος, -ον: associated or dwelling with, 1
τάλας, τάλαινα, τάλαν: wretched, unhappy 5
τανῦν: now, at present (adv. acc., τὰ νῦν) 4
τίκτω (ἔτεκον): bring to life, beget, 9
τιμάω: honor, revere, 3
τοσόσδε, -άδε, -όνδε: so much, many, long, 6
χώρη, ἡ: land, region, area, place, 5

1201 ἐμᾷ χώρῃ: for...; dat. of interest
  ἀνέστᾶ: he rose up as; impf. ἀνίστημι
1202 ἐξ οὗ: from which (time)
  καλεῖ: καλέ(σ)αι, 2s pres. pass.
  τὰ μέγιστ(α): superlative adv.
  ἐτιμήθης: 2s aor. pass. τιμάω
1204 ἀκούειν: to hear of; explanatory inf.
1205 ἄταις ἀγρίαις: dat. with adj. ξύνοικος
1206 ἀλλαγῇ βίου: with a reversal of life
1207 στέγης λιμήν: a metaphor for sex

1208 αὑτὸς: the same; ὁ αὐτός with λιμήν
1210 πεσεῖν: to fall into; explanatory inf.
1211 αἱ...ἄλοκες: another metaphor for sex
1212 φέρειν: to endure
1213 ἐδυνάθησαν: aor. pass. dep. δύναμαι
  ἐς τοσόνδε: to such (an extent)
1214 ἄγαμον γάμον: both the marriage as
  no marriage; ἄγαμον is predicative
1215 τεκνοῦντα καὶ τεκνούμενον: and the one
  conceiving as conceived; predicative

ἰώ, Λάϊειον ὦ τέκνον, 1216
εἴθε σ' εἴθε σε
μήποτ' εἰδόμαν.
δύρομαι γὰρ ὥσ-
περ ἰάλεμον χέων
ἐκ στομάτων. τὸ δ' ὀρθὸν εἰ- 1220
πεῖν, ἀνέπνευσά τ' ἐκ σέθεν
καὶ κατεκοίμασα τοὐμὸν ὄμμα.
Ἐξάγγ ὦ γῆς μέγιστα τῆσδ' ἀεὶ τιμώμενοι,
οἷ' ἔργ' ἀκούσεσθ', οἷα δ' εἰσόψεσθ', ὅσον δ'
ἀρεῖσθε πένθος, εἴπερ ἐγγενῶς ἔτι 1225
τῶν Λαβδακείων ἐντρέπεσθε δωμάτων.
οἶμαι γὰρ οὔτ' ἂν Ἴστρον οὔτε Φᾶσιν ἂν
νίψαι καθαρμῷ τήνδε τὴν στέγην, ὅσα
κεύθει, τὰ δ' αὐτίκ' εἰς τὸ φῶς φανεῖ κακὰ
ἑκόντα κοὐκ ἄκοντα. τῶν δὲ πημονῶν 1230

ἀεί: always, forever, in every case, 6
αἴρω: to lift, raise up, get up, 4
ἄκων (ἀέκων), -ουσα, -ον: unwilling, 5
ἀνα-πνέω: breathe anew, draw breath again 1
αὐτίκα: straightaway, soon, immediately, 1
δύρομαι (ὀδύρομαι): wail, mourn for, 1
δῶμα, -ατος, τό: house, 7
ἐγ-γενής, -ές: inborn, native, 4
εἴθε (αἴθε): would that (introduces a wish), 3
εἴ-περ: if really, if, 7
ἑκών, -ουσα, -ον: willing; purposely, 1
ἐν-τρέπω: turn to, pay regard to (gen) 3
ἰάλεμος, ὁ: dirge, lament, 1
Ἴστρος, ὁ: Ister river, Danube river, 1
ἰώ: ah! oh! 8
καθαρμός, ὁ: cleansing, purifying, 2
κατα-κοιμάω: put to sleep, put to rest, 2

κεύθω: to cover up, conceal; lie hidden, 2
Λαβδάκειος, -ον: of Labdacus, 2
Λαΐειος, -ον: of Laius, 2
μέγιστος, -η, -ον: greatest, biggest, best, 5
μή-ποτε: not ever, never, 8
νίζω: wash, purge, clean, 1
οἴομαι: suppose, imagine, think, 2
ὄμμα, -ατος, τό: the eye, 8
πένθος, τό: grief, woe, sorrow, 2
πημονή, ἡ: calamity, misery, 2
στέγη, ἡ: a roof; shelter, home, 8
στόμα, -ατος, τό: the mouth, 4
τιμάω: honor, revere, 3
Φᾶσις, -ιος, ὁ: Phasis river, 1
φῶς (φάος), φωτός, τό: light, daylight, 4
χέω: pour, heap on, 1
ὥσπερ: as, just as, as if, 8

1217 εἴθε...εἰδόμην: *Would that...would that I had...*; aor. ὁράω in a unfulfilled wish
1220 τὸ δ' ὀρθὸν εἰπεῖν: *to speak true*; acc. absolute, parenthetical
1221 ἐκ σέθεν: *from you*; σέ-θεν equiv. to gen.
1222 τοὐμὸν ὄμμα: *my eye(s)*; τὸ ἐμόν
1223 ὦ...τιμώμενοι: *O (you) honored...*
γῆς...τῆσδε: *within this land*; partitive
μέγιστα: superlative adv.
1224 οἷα ἔργα...οἷα...ὅσον...πένθος: *what sort of deeds...what sort...how much grief!*; in exclamation; the verbs are 2nd pl. fut. mid., ἀκούω, εἰσ-οράω, αἴρω

1225 ἐγγενῶς: *being a native*; adv.
1226 ἐντρέπεσθε: 2p fut. mid. + gen.
1227 οἶμαι: οἴομαι
ἄν...ἄν...νίψαι: *that...could wash*; aor. inf. νίζω for potential opt. in ind. disc.; repeated ἄν emphasizes words between
1228 καθαρμῷ: dat. of manner
ὅσα (κακὰ) κεύθει: *so many (evils) the house conceals!*; in exclamation
1229 τὰ δ'...κακὰ: *but these evils*; acc. obj.
φανεῖ: fut. φαίνω
1230 κοὐκ: καὶ οὐκ
πημονῶν: *among...*; partitive gen.

μάλιστα λυποῦσ' αἳ φανῶσ' αὐθαίρετοι. 1231
Χορ λείπει μὲν οὐδ' ἃ πρόσθεν εἴδομεν τὸ μὴ οὐ
βαρύστον' εἶναι· πρὸς δ' ἐκείνοισιν τί φῄς;
Ἐξάγγ ὁ μὲν τάχιστος τῶν λόγων εἰπεῖν τε καὶ
μαθεῖν, τέθνηκε θεῖον Ἰοκάστης κάρα. 1235
Χορ ὦ δυστάλαινα, πρὸς τίνος ποτ' αἰτίας;
Ἐξάγγ αὐτὴ πρὸς αὑτῆς. τῶν δὲ πραχθέντων τὰ μὲν
ἄλγιστ' ἄπεστιν· ἡ γὰρ ὄψις οὐ πάρα.
ὅμως δ', ὅσον γε κἀν ἐμοὶ μνήμης ἔνι,
πεύσει τὰ κείνης ἀθλίας παθήματα. 1240
ὅπως γὰρ ὀργῇ χρωμένη παρῆλθ' ἔσω
θυρῶνος, ἵετ' εὐθὺ πρὸς τὰ νυμφικὰ
λέχη, κόμην σπῶσ' ἀμφιδεξίοις ἀκμαῖς.
πύλας δ', ὅπως εἰσῆλθ', ἐπιρράξασ' ἔσω
καλεῖ τὸν ἤδη Λάϊον πάλαι νεκρόν, 1245

ἄθλιος, -η, -ον: wretched, miserable, pitiful, 9
αἰτία, ἡ: cause, guilt, blame, responsibility, 3
ἀκμή, ἡ: point, edge; hand, foot, 4
ἄλγιστος, -ον: most painful, most grievous, 2
ἀμφι-δεξίος, -ον: both; ambidextrous 1
ἄπ-ειμι: be away, be distant, be absent 5
αὐθ-αίρετος, -ον: self-chosen, self-elected, 1
βαρύ-στονος, -ον: heavily-lamentable, 1
δύσ-τάλας, -τάλαινα: ill-suffering, wretched 1
ἑαυτοῦ (αὑτοῦ), -ῆς, -οῦ: himself, her-, it- 3
εἰσ-έρχομαι (εἶμι, ἦλθον): come or go into, 2
ἔν-ειμι: be in, be available (ἔνι=ἔνεστι), 4
ἐπ-αράσσω: dash to, dash together, 1
ἔσω: into, inwards, to within, into, in, 7
εὐθύς: straight, straightaway, at once, 3
θεῖος, -α, -ον: divine, sent by the gods, 3
θυρών, -ῶνος, ὁ: vestibule, antechamber, 1
ἵημι: rush; send forth, let drop, 1

καλέω: to call, summon, invite, 6
κάρα, τό: head, 8
κομή, ἡ: hair, 1
λείπω: leave, leave behind, abandon, 4
λέχος, -εος, τό: (marriage) bed, couch, 3
λυπέω: to cause pain, distress, grief, 2
μνήμη, ἡ: a remembrance, record, memory, 4
νεκρόν, τό: corpse, dead body; the dead, 1
νυμφικός, -ή, -όν: of the bride, the marriage 1
ὀργή, ἡ: anger; panic, passion, 7
ὄψις, -εως, ἡ: sight, appearance, 3
πάθημα, -ατος, τό: suffering, affliction, 2
παρ-έρχομαι (εἶμι, ἦλθον):: go past, pass, 1
πρόσθεν: before, earlier, 8
πύλη, ἡ: gate, gates, 3
πυνθάνομαι: learn (by hearsay), 6
σπάω: pull, draw, tear, wrench, 1
χράομαι: use, employ, experience (dat) 3

1231 αἳ (ἂν) φανῶσι: *(those) which appear...*; general relative, aor. pass. subj. φαίνω
λείπει...οὐδέ...τὸ μὴ οὐ...εἶναι: *...do not fail to be lamentable*; article and double neg. after negative verb; inf. of result
1232 ἃ...εἴδομεν: *(troubles) which...*; 1p aor. ὁράω, antecedent is subj. of λείπει
1233 πρός: *in addition to...*; + dat.
1234 ὁ τάχιστος: *(this is) quickest of accounts...*; add ἐστί, explanatory infs.
1235 τέθνηκε: pf. θνῄσκω
1236 πρὸς τίνος: *from what...*
1237 αὐτὴ πρὸς αὑτῆς: *she herself by her own hand*; ἑαυτῆς, gen. agent or cause
τῶν πραχθέντων: aor. pass. πράσσω
1238 ἄπεστιν: *are absent (from sight)*
ὄψις: i.e. a first-hand viewing
πάρα: *is at hand*; πάρ-εστι
1239 ὅσον: *as much... as*; + partitive μνήμης
ἔνι: *lies in, exists in*; + dat., ἔνεστι
1240 πεύσει: 2s fut. πυνθάνομαι
1241 ὅπως: *when (she)*; same in 1244
ὀργῇ χρωμένη: i.e. panic-stricken
1242 ἵετ(ο): *rushed*; impf. mid. ἵημι
1243 σπῶσ(α): aor. pple + ἀκμαῖς 'fingers'
1244 ἐπιρράξασ(α): aor. pple + πύλας

μνήμην παλαιῶν σπερμάτων ἔχουσ', ὑφ' ὧν 1246
θάνοι μὲν αὐτός, τὴν δὲ τίκτουσαν λίποι
τοῖς οἷσιν αὑτοῦ δύστεκνον παιδουργίαν.
γοᾶτο δ' εὐνάς, ἔνθα δύστηνος διπλοῦς
ἐξ ἀνδρὸς ἄνδρα καὶ τέκν' ἐκ τέκνων τέκοι. 1250
χὤπως μὲν ἐκ τῶνδ' οὐκέτ' οἶδ' ἀπόλλυται·
βοῶν γὰρ εἰσέπαισεν Οἰδίπους, ὑφ' οὗ
οὐκ ἦν τὸ κείνης ἐκθεάσασθαι κακόν,
ἀλλ' εἰς ἐκεῖνον περιπολοῦντ' ἐλεύσσομεν.
φοιτᾷ γὰρ ἡμᾶς ἔγχος ἐξαιτῶν πορεῖν, 1255
γυναῖκά τ' οὐ γυναῖκα, μητρῴαν δ' ὅπου
κίχοι διπλῆν ἄρουραν οὗ τε καὶ τέκνων.
λυσσῶντι δ' αὐτῷ δαιμόνων δείκνυσί τις·
οὐδεὶς γὰρ ἀνδρῶν, οἳ παρῆμεν ἐγγύθεν.
δεινὸν δ' ἀύσας ὡς ὑφηγητοῦ τινος 1260

ἀπ-όλλυμι: destroy, lose; *mid.* perish, 3
ἄρουρα, ἡ: plowland, earth, (i.e. womb), 1
ἀύω: shout, call, cry, 1
βοάω: shout, cry, 2
γοάω: weep for, wail for, bemoan, 1
δείκνυμι: show, reveal; prove, 9
δύσ-τεκνος, -ον: of accursed children, 1
δύσ-τηνος, -ον: ill-suffering, wretched, 7
ἐγγύ-θεν: near, from nearby, nigh, 1
ἔγχος, -έος, τό: sword; spear, lance, 3
εἰσ-παίω: burst in, rush in, strike in, 1
ἐκ-θεάομαι: see completely, see to the end, 1
ἐξ-αιτέω: ask for, demand, 1
εὐνή, ἡ: bed, 1
κιχάνω: find, hit upon, reach, 1
λείπω: leave, leave behind, abandon, 4

λεύσσω: gaze upon, look on, 2
λυσσάω: be raging, rave, 1
μητρῷος, η, -ον: of one's mother, 1
μνήμη, ἡ: a remembrance, record, memory, 4
ὅ-που: where, 5
ὅς, -ἥ, -ὄν (ἑός): his own, her own, 2
οὐκ-έτι: no more, no longer, still not, 4
παιδ-ουργία, ἡ: child-maker, child-bearing, 1
παλαιός, -ή, -όν: old in years, old, aged, 7
περι-πολέω: go around, wander around, 1
πόρω: furnish, present, (only aor. ἔπορον) 2
σπέρμα, -ατος, τό: seed, descent, offspring, 3
τίκτω (ἔτεκον): bring to life, beget, 9
ὑπό: by, because of (gen), under (dat), 7
ὑφ-ηγητής, -οῦ, ὁ: guide, leader, 2
φοιτάω: move to and fro, visit, 2

1246 παλαιῶν σπερμάτων: *of old offspring*; i.e. of her son
ὑφ' ὧν: *because of…*; gen. agent/cause
1247 θάνοι…αὐτός…λίποι: *that Laius himself died…*; aor. opt. θνῄσκω, λείπω in ind. disc. in secondary sequence
1248 τοῖς οἷσιν αὑτοῦ: *for his very own (children)*; dat. of interest, 3rd person possessive ἑός (ὅς) and intensive αὐτός
δύστεκνον παιδουργίαν: *as…*; in apposition to τὴν τίκτουσαν
1249 (ἐ)γοᾶτο: *kept on…*; iterative impf. mid.
ἔνθα…τέκοι: *where…*; aor. opt. τίκτω
1250 ἄνδρα…τέκνα: in apposition to διπλοῦς
1251 χὤπως…ἀπόλλυται: *and how she perishes*; καὶ ὅπως, ind. question

ἐκ τῶνδε: *after these (events)*
οὐκέτι οἶδ(α): governs the ind. queston
1252 ὑφ' οὗ: *because of…*; gen. agent/cause
1253 οὐκ ἦν: *it was not possible*; impf. εἰμί
τὸ κείνης…κακόν: neut. obj. of the inf.
1255 φοιτᾷ: φοιτάει 3s impf. no augment
1256 γυναῖκα…ὅπου: *(and asking) where… wife*; following ἐξαιτῶν, ind. question
1257 κίχοι: *he was to…*; deliberative aor. opt. κιχάνω
οὗ: *his own*; gen. 3s possessive, ἑός
1258 δείκνυσι: *reveals his wife*
1259 παρῆμεν: 1p impf. πάρ-ειμι
δεινόν: *terribly*; adv. acc. or inner acc.
1260 ὡς ὑφηγητοῦ τινος: *as if someone (were) a guide*; ὡς + pple (gen. abs.)

πύλαις διπλαῖς ἐνήλατ', ἐκ δὲ πυθμένων   1261
ἔκλινε κοῖλα κλῇθρα κἀμπίπτει στέγῃ.
οὗ δὴ κρεμαστὴν τὴν γυναῖκ' ἐσείδομεν,
πλεκταῖσιν αἰώραισιν ἐμπεπλεγμένην.
ὁ δ' ὡς ὁρᾷ νιν, δεινὰ βρυχηθεὶς τάλας   1265
χαλᾷ κρεμαστὴν ἀρτάνην. ἐπεὶ δὲ γῇ
ἔκειτο τλήμων, δεινὰ δ' ἦν τἀνθένδ' ὁρᾶν.
ἀποσπάσας γὰρ εἱμάτων χρυσηλάτους
περόνας ἀπ' αὐτῆς, αἷσιν ἐξεστέλλετο,
ἄρας ἔπαισεν ἄρθρα τῶν αὑτοῦ κύκλων,   1270
αὐδῶν τοιαῦθ', ὁθούνεκ' οὐκ ὄψοιντό νιν
οὔθ' οἷ' ἔπασχεν οὔθ' ὁποῖ' ἔδρα κακά,
ἀλλ' ἐν σκότῳ τὸ λοιπὸν οὓς μὲν οὐκ ἔδει
ὀψοίαθ', οὓς δ' ἔχρῃζεν οὐ γνωσοίατο.
τοιαῦτ' ἐφυμνῶν πολλάκις τε κοὐχ ἅπαξ   1275

αἴρω: to lift, raise up, get up, 4
αἰώρα, ἡ: swinging rope, oscillating cord, 1
ἅπαξ: once, only once, 2
ἀπο-σπάω: pull off, tear away, wrench, 2
ἄρθρον, τό: socket, joint; ankle-joint, ankle, 3
ἀρτάνη, ἡ: noose, halter, hanging rope, 1
βρυχάομαι: bellow, roar, 1
ἑαυτοῦ (αὑτοῦ), -ῆς, -οῦ: himself, her-, it- 3
εἷμα, -ατος, τό: garment, clothing, 1
ἐκ-στέλλω: equip; fit out; send out, 1
ἐμ-πίπτω: fall in, assail, attack` (dat), 1
ἐμ-πλέκω: entwine in, entangle in (dat), 1
ἐν-άλλομαι: leap upon, rush against (dat), 2
ἐνθένδε: hence, from here, 2
ἐφ-υμνέω: sing a dirge, sing, chant over, 1
κεῖμαι: to lie, lie down, 4
κλῇθρον, τό: bar, bolt (of a door); door, 3
κλίνω: bend, turns aside, lays low, 1
κοῖλος, -η, -ον: hollowed, concave, bending, 1

κρεμαστός, -ή, -όν: hung, suspended, 2
κύκλος, ὁ: circle, orb; eyeball, eye, 1
λοιπός, -ή, -όν: remaining, the rest, 3
ὁθούνεκα, ὅτου ἕνεκα: for this sake, because, 3
ὁποῖος, -α, -ον: of what sort or kind, 5
οὗ: where, 2
παίω: strike, smite, dash, 3
πάσχω: suffer, experience, 8
περόνη, ἡ: brooch, pin, fastening, 1
πλεκτός, -ή, -όν: twisted, interwoven, 1
πολλά-κις: often, many times, 1
πυθμήν, -ένος, ὁ: sockets; foundation, base, 1
πύλη, ἡ: gate, gates, 3
σκότος, ὁ: darkness, gloom, 3
στέγη, ἡ: a roof; shelter, home, 8
τάλας, τάλαινα, τάλαν: wretched, unhappy 5
τλήμων, ὁ, ἡ: wretched, suffering, enduring 8
χαλάω: loosen, slacken, unstring, 1
χρυσ-ηλάτος, -ον: of beaten gold, 1

1261 ἐνήλατο: aor. mid. ἐν-άλλομαι
1263 οὗ δὴ: *where then*; or 'precisely where'
    ἐσ-είδομεν: aor. εἰσ-οράω
1264 ἐμπεπλεγμένην: pf. pass. pple
1265 ὁ δ' ὡς: *and when he...*
    δεινά: *terrible (roars)*; inner acc.
    βρυχηθεὶς: *having roared*; aor. pass pple
1266 γῇ: *on the ground*; dat. place where
1267 ἔκειτο: 3s impf. pass. κεῖμαι
1268 τἀνθένδε: *matters from here*; τὰ ἐνθένδε
    ὁρᾶν: explanatory inf. with pred. δεινά
1269 αἷσιν: *by which*; dat. of means

ἐξεστέλλετο: *adorned herself*; aor. mid.
1270 ἄρας: nom. sg. aor. pple αἴρω
    τῶν αὑτοῦ κύκλων: *of his own eyeballs*
    ὄψοιντο: *the eyes would behold*; fut. opt. replaces fut ind. in secondary seq. ὁράω
1272 οἷ(α)...ὁποῖ(α): *what...what sort of...*
1273 ἀλλὰ...: *in the future they would see in darkness those whom he ought not (to see) [i.e. Jocasta, children] and they would not recognize what he wanted (to recognize) [i.e. parents]*; Ionic fut. pl. opt. (ντο → ατο) ὁράω, γιγνώσκω

85

ἤρασσ' ἐπαίρων βλέφαρα. φοίνιαι δ' ὁμοῦ   1276
γλῆναι γένει' ἔτεγγον, οὐδ' ἀνίεσαν
φόνου μυδώσας σταγόνας, ἀλλ' ὁμοῦ μέλας
ὄμβρος χαλάζης αἱματοῦς ἐτέγγετο.
τάδ' ἐκ δυοῖν ἔρρωγεν, οὐ μόνου κάτα,
ἀλλ' ἀνδρὶ καὶ γυναικὶ συμμιγῆ κακά.   1280
ὁ πρὶν παλαιὸς δ' ὄλβος ἦν πάροιθε μὲν
ὄλβος δικαίως· νῦν δὲ τῇδε θἠμέρᾳ
στεναγμός, ἄτη, θάνατος, αἰσχύνη, κακῶν
ὅσ' ἐστὶ πάντων ὀνόματ', οὐδέν ἐστ' ἀπόν.

Χορ νῦν δ' ἔσθ' ὁ τλήμων ἐν τίνι σχολῇ κακοῦ;   1285
Ἐξάγγ βοᾷ διοίγειν κλῆθρα καὶ δηλοῦν τινα
τοῖς πᾶσι Καδμείοισι τὸν πατροκτόνον,
τὸν μητέρ'—αὐδῶν ἀνόσι' οὐδὲ ῥητά μοι,
ὡς ἐκ χθονὸς ῥίψων ἑαυτὸν οὐδ' ἔτι   1290

αἱματόεις, -όεσσα, -όεν: bloody, 1
αἰσχύνη, ἡ: shame, disgrace, dishonor, 1
ἀν-ίημι: send up; let go, give up, 3
ἀν-όσιος, -ον: unholy, impious, 3
ἄπ-ειμι: be away, be distant, be absent 5
ἀράσσω: smash, strike hard, dash, 1
ἄτη, ἡ: bewilderment, mischief, ruin, 2
βλέφαρον, τό: eyelid, eye, 1
βοάω: shout, cry, 2
γένειον, τό: pl. chin, beard, bearded chin, 1
γλήνη, ἡ: pupil, eyeball, 1
δηλόω: show, make visible, 5
δίκαιος, -α, -ον: just, right, lawful, fair, 7
δι-οίγνυμι: open, 2
δύο: two, 5
ἑαυτοῦ (αὑτοῦ), -ῆς, -οῦ: himself, her-, it- 3
ἐπ-αίρω: raise, lift up; stir up, excite, 3
ἡμέρα, ἡ: day (ἀμέρα) 9
θάνατος, ὁ: death, 4
Καδμεῖος, -η, -ον: Cadmean, of Thebes, 5
κλῆθρον, τό: bar, bolt (of a door), 3
μέλας, μέλαινα, μέλαν: dark, black, 2

μυδάω: ooze, drip, moisten, 1
ὄλβος, ὁ: weath, riches, happiness, 3
ὄμβρος, ὁ: shower, storm; water, 2
ὁμοῦ: at once, at the same place, together, 8
ὄνομα, ὀνόματος, τό: name, expression, 1
παλαιός, -ή, -όν: old in years, old, aged, 7
πάροιθεν: before, formerly, in front, 3
πατρο-κτόνος, ὁ: patricide, father-killer, 1
πρίν: before (+ inf.), until (+ finite verb) 8
ῥήγνυμι: break, break forth or loose, 2
ῥητός, -ή, -όν: able to be spoken, speakable, 2
ῥίπτω: throw, cast, hurl, 3
σταγών, -όνος, ἡ: a drop, 1
στεναγμός, ὁ: groaning, moaning, 2
συμ-μιγής, -ες: mingled, mixed together, 1
σχολή, ἡ: leisure, ease, respite, 2
τέγγω: wet, moisten; shed, fall, 2
τλήμων, ὁ, ἡ: wretched, suffering, enduring 8
φοίνιος, -α, -ον: blood-red, bloody, 3
φόνος, ὁ: murder, slaughter, bloodshed, gore 8
χάλαζα, ἡ: hail, hailshower, hailstorm, 1
χθών, χθονός, ἡ: earth, ground, 9

1276 ἤρασσ(ε): *kept...*; iterative impf.
  ἐπαίρων: pple, supply 'hands' as obj.
1277 γένει(α): neut. pl. acc., translate as sg.
  ἀνίεσαν: 3p impf. ἀνίημι
1278 φόνου: *of gore, bloodshed*; gen. material
  αἱματοῦς: contracted nom. αἱματόεις
1279 ἐκ δυοῖν: dual gen., i.e. Jocasta, Oedipus
  ἔρρωγεν: pf. ῥήγνυμι, τάδε is subject
  μόνου κάτα: *over one (person) alone*
1280 ἀνδρὶ, γυναικὶ: *for...*; dat. of interest

  συμμιγῆ: συμμιγέα; neut. pl.
1282 τῇδε (τῇ) ἡμέρᾳ: dat. time when
1283 κακῶν...πάντων: modifies ὀνόματα
1284 ἀπ-όν: *absent*; neut. nom. pple ἄπ-ειμι
1285 ἐν τίνι σχολῇ...: *in what respite from...?*
1286 διοίγειν...δηλοῦν: pres. infintives
  κλῆθρα: *doors*; 'bolts,' synecdoche
1287 Καδμείοισι: i.e. to the Thebans
1290 ὡς...ῥίψων: *so as to cast...*; i.e. exile
  ὡς + fut. pple indicates purpose, ῥίπτω

μενῶν δόμοις ἀραῖος, ὡς ἠράσατο. 1291
ῥώμης γε μέντοι καὶ προηγητοῦ τινος
δεῖται· τὸ γὰρ νόσημα μεῖζον ἢ φέρειν.
δείξει δὲ καὶ σοί· κλῇθρα γὰρ πυλῶν τάδε
διοίγεται· θέαμα δ' εἰσόψει τάχα 1295
τοιοῦτον οἷον καὶ στυγοῦντ' ἐποικτίσαι.
Χορ ὦ δεινὸν ἰδεῖν πάθος ἀνθρώποις,
ὦ δεινότατον πάντων ὅσ' ἐγὼ
προσέκυρσ' ἤδη. τίς σ', ὦ τλῆμον,
προσέβη μανία; τίς ὁ πηδήσας 1300
μείζονα δαίμων τῶν μακίστων
πρὸς σῇ δυσδαίμονι μοίρᾳ;
φεῦ φεῦ, δύσταν'· ἀλλ' οὐδ' ἐσιδεῖν
δύναμαί σε, θέλων πόλλ' ἀνερέσθαι,
πολλὰ πυθέσθαι, πολλὰ δ' ἀθρῆσαι· 1305

ἀθρέω: gaze at, observe, perceive, 1
ἀν-ερομαι: ask about, inquire of, 1
ἄνθρωπος, ὁ: human being, human, man, 7
ἀραῖος, -α, -ον: cursed, under a curse, 3
ἀράομαι: to pray, invoke, vow, 2
δείκνυμι: show, reveal; prove, 9
δέομαι: lack, have need of (gen), 2
δι-οίγνυμι: open, 2
δόμος, ὁ: a house, 9
δύναμαι: be able, can, be capable, 5
δυσ-δαίμων, -ονος: ill-fated, of bad fortune, 1
δύσ-τηνος, -ον: ill-suffering, wretched, 7
ἐπ-οικτίζω: feel compassion for, pity, 1
θέαμα, -ατος, τό: sight, spectacle, 1
κλῇθρον, τό: bar, bolt (of a door), 3
μανία, ἡ: madness, frenzy; enthusiasm, 2
μείζων, -ον: greater, bigger, stronger, 4

μέντοι: however, nevertheless; certainly, 3
μένω: stay, remain, wait for, 4
μηκίστος, -η, -ον: greatest, longest, 1
μοῖρα, ἡ: fate, lot in life, portion, share, lot, 6
νόσημα, -ατος, τό: illness, disease, 2
πάθος, -εος, τό: misfortune, incident, 4
πηδάω: spring, leap, bound, 1
προ-ηγητής, -οῦ, ὁ: guide, leader, 1
πρόσ-βαίνω: come upon, go to, approach, 1
πρόσ-κυρέω: come upon, meet, reach, 1
πύλη, ἡ: gate, gates, 3
πυνθάνομαι: learn (by hearsay), 6
ῥώμη, ἡ: (bodily) strength, might, 2
στυγέω: hate, abhor, 2
τάχα: perhaps, soon, quickly, 9
τλήμων, ὁ, ἡ: wretched, suffering, enduring 8
φεῦ: ah, alas, woe, 8

1291 μενῶν: fut. pple; μενέων, with ὡς above to express purpose: 'not so as to remain'
    δόμοις: dat. place where
    ὡς ἠράσατο: *as he cursed himself*; aor. mid. is reflexive, ἀράομαι
1292 δεῖται: *he lacks*; + gen. of separation
    μεῖζον: nominative predicate, add ἐστί
1293 δείξει: 3s fut. δείκνυμι
1295 εἰσόψει: εἰσόψε(σ)αι, 2s fut. mid. εἰσοράω
    τοιοῦτον οἷον: *such as to*...; + inf. of result, here an aor. inf.
1296 καὶ στυγοῦντ(α): *anyone even (though) hating (him)*; acc. subject, concessive

1297 ἰδεῖν: explanatory aor. inf. ὁράω
1299 τίς...μανία: interrogative adj.
1300 τίς...δαίμων: *who (is) the divinity*...?; interrogative pronoun, add linking verb
1301 μείζονα: *greater (leaps)*; inner acc.
    τῶν μηκίστων: *than*...; gen. comparison
1302 πρὸς...μοίρᾳ: *upon*...
1303 δύστην(ε): voc. direct address
    ἐσιδεῖν: aor. inf. εἰσ-οράω
1304 (ἐ)θέλων: *although*...; concessive
    ἀνερέσθαι: pres. inf.
1305 πυθέσθαι: aor. inf.
    ἀθρῆσαι: aor. inf.

τοίαν φρίκην παρέχεις μοι. 1306
Οἰδ αἰαῖ αἰαῖ, δύστανος ἐγώ,
    ποῖ γᾶς φέρομαι τλάμων; πᾷ μοι
    φθογγὰ διαπωτᾶται φοράδην; 1310
    ἰὼ δαῖμον, ἵν' ἐξήλλου.
Χορ ἐς δεινὸν οὐδ' ἀκουστὸν οὐδ' ἐπόψιμον.
Οἰδ ἰὼ σκότου   στρ. α
    νέφος ἐμὸν ἀπότροπον, ἐπιπλόμενον ἄφατον,
    ἀδάματόν τε καὶ δυσούριστον ὄν. 1315
    οἴμοι,
    οἴμοι μάλ' αὖθις· οἷον εἰσέδυ μ' ἅμα
    κέντρων τε τῶνδ' οἴστρημα καὶ μνήμη κακῶν.
Χορ καὶ θαῦμά γ' οὐδὲν ἐν τοσοῖσδε πήμασιν
    διπλᾶ σε πενθεῖν καὶ διπλᾶ φορεῖν κακά. 1320

ἀ-δάματος, -ον: untamed, unconquerable, 2
αἰαῖ: ah! (exclamation of grief) 3
ἀκουστός, -ή, -όν: to be heard, 1
ἅμα: at the same time; along with (dat.), 9
ἀπό-τροπος, -ον: horrible, causing to turn away, 1
αὖθις: back again, later, 5
ἄ-φατος, -ον: unspeakable, unutterable, 1
δια-πωτάομαι: fly about, flitter about, 1
δυσ-ούριστος, -ον: driven by a wind too favorable, fatally favorable, 1
δύσ-τηνος, -ον: ill-suffering, wretched, 7
εἰσ-δύνω: go into, enter, pierce, 1
ἐξ-άλλομαι: leap forth, rush out, 1
ἐπιπέλομαι: assail, attack; approach, come, 1
ἐπόψιμος, -η, -ον: to be looked on 1
θαῦμα, -ατος, τό: a wonder, marvel, 2
ἰώ: ah! oh! 8
κέντρον, τό: goad, horse-goad, whip, 2

μάλα: very, very much, exceedingly, 1
μνήμη, ἡ: a remembrance, record, memory, 4
νέφος, -εος, τό: cloud, mass of clouds, 1
οἴμοι: ah me!, woe's me, oh, alas, 6
οἴστρημα, -ατος, τό: sting; gadfly's sting, 1
παρ-έχω: provide, hand over, 4
πενθέω: mourn, lament, bewail, 1
πῆ (πᾷ): how?, in what way?, 1
πῆμα, -ατος, τό: woe, misery, suffering, 4
ποῖ: (to) where?, whither?, 1
σκότος, ὁ: darkness, gloom, 3
τλήμων, ὁ, ἡ: wretched, suffering, enduring 8
τοῖος, -α, -ον: such, 1
τοσόσδε, -άδε, -όνδε: so much, many, long, 6
φθογγή, ἡ: voice, utterance, 1
φοράδην: carried aloft, carried along, 1
φορέω: bear, carry, possess, 1
φρίκη, ἡ: shuddering, shivering, 1

1306 τοίαν φρίκην...: in exclamation
1308 ποῖ γῆς: *to where in the world*; partitive
    φέρομαι: pres. passive
    μοι φθογγὰ: *my voice*; dat. possession
1311 ἵν(α): *where*
    ἐξήλλου: ἐξήλλε(σ)ο; 2s aor. mid., ἐξ-άλλομαι, in exclamation
1312 ἐς δεινὸν: *to a terrible place*; in reply
1314 ἐπιπλόμενον: ἐπι-π(ε)λόμενον, pple
1315 ὄν: neut. sg. pple. εἰμί modifies νέφος
1317 μάλα αὖθις: *very much again*; a

comment on the second οἴμοι
οἷον...οἴστρημα: *such a sting...!*; in exclamation, nom. subj.
εἰσέδυ: εἰσεδυ-ε, 3s impf. with no augment; sg. through the subject is pl.
1319 καὶ θαῦμά γ' οὐδὲν: *and (it is) no wonder*; γε emphasizes the preceding word; supply ἐστί, compare to l. 1132;
1320 διπλᾶ (κακά): acc. obj. of πενθεῖν
    σε: *that you...*; acc. subject of πενθεῖν

Οἰδ ἰὼ φίλος, 1321 αντ. α
σὺ μὲν ἐμὸς ἐπίπολος ἔτι μόνιμος· ἔτι γὰρ
ὑπομένεις με τὸν τυφλὸν κηδεύων.
φεῦ φεῦ.
οὐ γάρ με λήθεις, ἀλλὰ γιγνώσκω σαφῶς, 1325
καίπερ σκοτεινός, τήν γε σὴν αὐδὴν ὅμως.
Χορ ὦ δεινὰ δράσας, πῶς ἔτλης τοιαῦτα σὰς
ὄψεις μαρᾶναι; τίς σ᾽ ἐπῆρε δαιμόνων;
Οἰδ Ἀπόλλων τάδ᾽ ἦν, Ἀπόλλων, φίλοι, στρ. β
ὁ κακὰ κακὰ τελῶν ἐμὰ τάδ᾽ ἐμὰ πάθεα. 1330
ἔπαισε δ᾽ αὐτόχειρ νιν οὔ-
τις, ἀλλ᾽ ἐγὼ τλάμων.
τί γὰρ ἔδει μ᾽ ὁρᾶν,
ὅτῳ γ᾽ ὁρῶντι μηδὲν ἦν ἰδεῖν γλυκύ; 1335

Ἀπόλλων, ὁ: Apollo, 8
αὐδή, ἡ: voice, 1
αὐτό-χειρ, -ος, ὁ, ἡ: with one's own hand, 3
γλυκύς, -εῖα, -ύ: sweet, pleasant, 2
ἐπ-αίρω: raise, lift up; stir up, excite, 3
ἐπί-πολος, ὁ: companion, 1
ἰώ: ah! oh! 8
καίπερ: although, albeit, 2
κηδεύω: tend to, attend to, 1
λανθάνω: escape the notice of, 5
μαραίνω: quench, put out, exstinguish, 1
μόνιμος, -ον: steadfast, stable, 1

οὔ-τις, οὔ-τι: no one, nothing, 2
ὄψις, -εως, ἡ: sight, appearance, 3
πάθος, -εος, τό: misfortune, incident, 4
παίω: strike, smite, dash, 3
σκοτεινός, -ή, -όν: dark, obscure; blind, 1
τελέω: fulfill, accomplish; pay, 8
τλάω: dare, venture; endure, undergo, 2
τλήμων, ὁ, ἡ: wretched, suffering, enduring 8
τυφλός, -η, -ον: blind, 7
ὑπο-μένω: remain, persist in (pple), 1
φεῦ: ah, alas, woe, 8

1321 φίλος: *Oh, as a friend*; the form is nom. not vocative
1322 σὺ μὲν: *you are...*; add linking verb εἶ
1325 λήθεις: 2s pres. λήθω, a variant form of λανθάνω
1327 δεινά: neut. pl., acc. object
ἔτλης: 2s aor. τλάω
τοιαῦτα: *in such a way*; adv. acc.
1328 μαρᾶναι: aor. inf. μαραίνω
ἐπῆρε: 3s aor. ἐπ-αίρω
1329 τάδε ἦν: *these things were Apollo*

1330 ὁ...τελῶν: *the one...*; pple, i.e. Apollo
1331 νιν: *them*; i.e. the ὄψεις; 3s pronoun but translate in the plural
1334 τί: either 'why' or 'what'
ὁρᾶν: α-contract inf.
1335 ὅτῳ γ᾽ ὁρῶντι: *to whom (when) seeing*; γε + relative is often causal in sense: so we could translate this passage, 'since to me (when) seeing...'; dat. of reference
ἰδεῖν: explanatory aor. inf. ὁράω

Χορ ἦν τᾷδ' ὅπωσπερ καὶ σύ φῄς 1336
Οἰδ τί δῆτ' ἐμοὶ βλεπτὸν ἢ
 στερκτὸν ἢ προσήγορον
 ἔτ' ἔστ' ἀκούειν ἡδονᾷ, φίλοι;
 ἀπάγετ' ἐκτόπιον ὅτι τάχιστά με, 1340
 ἀπάγετ', ὦ φίλοι, τὸν μέγ' ὀλέθριον,
 τὸν καταρατότατον, ἔτι δὲ καὶ θεοῖς 1345
 ἐχθρότατον βροτῶν.
Χορ δείλαιε τοῦ νοῦ τῆς τε συμφορᾶς ἴσον,
 ὥς σ' ἠθέλησα μηδέ γ' ἂν γνῶναί ποτε.
Οἰδ ὄλοιθ' ὅστις ἦν, ὃς ἀγρίας πέδας ἀντ. β
 μονάδ' ἐπιποδίας ἔλυσ' μ' ἀπό τε φόνου 1350

ἄγριος, -α, -ον: wild, fierce; cruel, 5
ἀπ-άγω: to lead off, lead away, 3
βλεπτός, -όν: worth seeing, to be seen, 1
δείλαιος, -α, -ον: wretched, sorry, 1
ἐκ-τόπιος, -α, -ον: from this place, distant, 2
ἐπι-ποδίος, -α, -ον: upon the feet, 1
ἐχθρός, -ή, -όν: hostile, hated; an enemy, 2
ἡδονή, ἡ: pleasure, enjoyment, delight, 1
κατ-άρατος, -ον: accursed, 1
λύω: loosen; fulfill, accomplish; pay, 6

μονάς, -αδος: solitary, alone, 1
νοῦς, ὁ: mind, thought, attention, 4
ὀλέθριος, -ον: lost, ruined; destructive, 3
ὅπωσ-περ: just as, in the very way which, 1
πέδη, ἡ: shackle, fetter, 1
προσ-ήγορος, -ον: (able) to be addressed 2
στερκτός, -όν: worth loving, to be loved, 1
συμ-φορά, ἡ: misfortune; happening, event, 4
ταχύς, -εῖα, -ύ: quick, swift, hastily, 10
φόνος, ὁ: murder, slaughter, bloodshed, gore 8

1336 ἦν: *it was*; in reply
 τῇδε: *in this way*; dat. of manner
 καὶ: *in fact*; adverbial
 φῄς: 2s pres. φημί
1339 ἀκούειν ἡδονᾷ: *so as to hear with pleasure*; inf. of result, dat. of manner
 φίλοι: vocative, direct address
1340 ἀπάγετ(ε): pl. imperative
 ἐκτόπιον: predicative with με
 ὅτι τάχιστα: *as quickly as possible*
1341 τὸν μέγα ὀλέθριον: *one greatly lost*; in apposition to the missing acc. με; μέγα is adverbial acc.
1345 τὸν καταρατότατον: *the one...*; in apposition to missing με, superlative
 ἔτι δὲ: *and moreover, and further*
 καὶ: *in fact*; adverbial
 θεοῖς: *to....*; dat. of reference

1346 ἐχθρότατον: *most hated*
1347 δείλαιε: vocative direct address
 τοῦ νοῦ...συμφορᾶς: *because of...*; both are genitive of cause
 ἴσον: *equally*; adverbial acc.
1348 ὡς...ἠθέλησα...ἂν γνῶναι: *how I would have wished not to have known you*; English prefers 'how I wish never to have known you'; ἄν + aor. ἐθέλω is past potential expressing an unattainable wish and governs aor. inf. γιγνώσκω
1349 ὄλοιτ(ο): *May...*; aor. mid. opt. of wish ὄλλυμι
 ὅς: *(he) who...*; missing antecedent
 ἀγρίας πέδης...ἐπιποδίας: *from...*; gen. sg. of separation
1350 μονάδ(α): acc. sg. with με
 ἔλυσ(ε): *freed*; 3s aor. λύω

  ἔρυτο κἀνέσωσεν, οὐ-   1351
  δὲν εἰς χάριν πράσσων.
  τότε γὰρ ἂν θανὼν
  οὐκ ἦ φίλοισιν οὐδ' ἐμοὶ τοσόνδ' ἄχος.   1355
Χορ θέλοντι κἀμοὶ τοῦτ' ἂν ἦν.
Οἰδ οὔκουν πατρός γ' ἂν φονεὺς
  ἦλθον οὐδὲ νυμφίος
  βροτοῖς ἐκλήθην ὧν ἔφυν ἄπο.
  νῦν δ' ἄθεος μέν εἰμ', ἀνοσίων δὲ παῖς,   1360
  ὁμολεχὴς δ' ἀφ' ὧν αὐτὸς ἔφυν τάλας.
  εἰ δέ τι πρεσβύτερον ἔτι κακοῦ κακόν   1365

ἄ-θεος, -ον: godless; adv. impiously, 3
ἀνα-σῴζω: save, return safe, recover, 1
ἀν-όσιος, -ον: unholy, impious, 3
ἄχος, -εος, τό: grief, distress, pain, woe, 1
καλέω: to call, summon, invite, 6
νυμφίος, ὁ: bridegroom; husband, 1
ὁμο-λεχής, -ές: of the same bed, bed-fellow, 1
οὔκ-ουν: not therefore, and so not, 6

πρέσβυς, ὁ: old man, elder, 8
ῥύομαι: rescue, deliver; draw out, 5
τάλας, τάλαινα, τάλαν: wretched, unhappy 5
τοσόσδε, -άδε, -όνδε: so much, many, long, 6
τότε: at that time, then, 9
φονεύς, -εως ὁ: murderer, killer, 9
χάρις, -ριτος, ἡ: favor, gratitude, thanks, 7

1351 ἔρυτο: aor. mid. ῥύομαι, parallel to ἔλυσε and ἀνέσωσεν
 κἀνέσωσεν: καὶ ἀνέσωσεν
1352 εἰς χάριν: *for a favor*; i.e. doing nothing worthy of gratitude
1353 ἂν...ἦ: *I would not be...*; ἄν + 1s impf. εἰμί is unrealized potential; the aor. pple θανών (θνῄσκω) is conditional, the construction is equiv. to present contrary-to-fact
1355 φίλοισιν...ἐμοί: *for...*; dat. of interest
1356 θέλοντι καὶ ἐμοὶ: *for me wishing also*; dat. of reference: the chorus' viewpoint
 τοῦτο ἂν ἦν: *this would be (the case)*; same unrealized potential as in l. 1353

1357 φονεύς: *as murderer*
 ἂν ἦλθον: *I would have...*; past potential (ἄν + aor. ind. ἔρχομαι)
1359 βροτοῖς: dat. of agent
 (ἂν) ἐκλήθην: *I would have...*; 1s aor. pass. καλέω + missing ἄν is past potential; νυμφίος is a predicate
 ὧν...ἄπο: *from whom*; ἀπὸ ὧν
 ἔφυν: *I was born*; 1s aor.
1360 νῦν δ': *but as it is*; commonly follows contrafactuals and unrealized wishes
1365 τι πρεσβύτερον: *any greater*; elsewhere comparative 'older'
 κακοῦ: gen. of comparison

τοῦτ' ἔλαχ' Οἰδίπους.   1366
Χορ οὐκ οἶδ' ὅπως σε φῶ βεβουλεῦσθαι καλῶς·
κρείσσων γὰρ ἦσθα μηκέτ' ὢν ἢ ζῶν τυφλός.
Οἰδ ὡς μὲν τάδ' οὐχ ὧδ' ἔστ' ἄριστ' εἰργασμένα,
μή μ' ἐκδίδασκε, μηδὲ συμβούλευ' ἔτι.   1370
ἐγὼ γὰρ οὐκ οἶδ' ὄμμασιν ποίοις βλέπων
πατέρα ποτ' ἂν προσεῖδον εἰς Ἅιδου μολὼν
οὐδ' αὖ τάλαιναν μητέρ', οἷν ἐμοὶ δυοῖν
ἔργ' ἐστὶ κρεῖσσον' ἀγχόνης εἰργασμένα.
ἀλλ' ἡ τέκνων δῆτ' ὄψις ἦν ἐφίμερος,   1375
βλαστοῦσ' ὅπως ἔβλαστε, προσλεύσσειν ἐμοί;
οὐ δῆτα τοῖς γ' ἐμοῖσιν ὀφθαλμοῖς ποτε·
οὐδ' ἄστυ γ' οὐδὲ πύργος οὐδὲ δαιμόνων
ἀγάλμαθ' ἱερά, τῶν ὁ παντλήμων ἐγὼ
κάλλιστ' ἀνὴρ εἷς ἕν γε ταῖς Θήβαις τραφεὶς   1380

ἄγαλμα, -ατος τό: image, statue; honor, 1
ἀγχόνη, ἡ: hanging, strangling, 1
Ἅιδης, -ου ὁ: Hades, 3
ἄριστος, -η, -ον: best, most excellent, 7
ἄστυ, -εως, τό: town, city, 4
αὖ: again; moreover, besides; in turn, 3
βλαστάνω (βλαστέω): be born, sprout up, 2
βουλεύω: deliberate, plan, take counsel, 7
δύο: two, 5
ἐκ-διδάσκω: teach, tell, instruct well, 2
ἔμολον: go, come (aor. of βλώσκω,) 7
ἐργάζομαι: to work; do, perform, 4
ἐφ-ίμερος, -ον: longed for, desired, 1
Θῆβαι, -ῶν, αἱ: Thebes (also in sg.), 4
ἱερός, -ή, -όν: holy, divine; temple, 3

κρείσσων, -ον: better, stronger, mighter, 3
λαγχάνω: obtain by lot, by fate, 1
μηκ-έτι: no longer, no more, 1
ὄμμα, -ατος, τό: the eye, 8
ὀφθαλμός, ὁ: eye, 2
ὄψις, -εως, ἡ: sight, appearance, 3
παν-τλήμων -οντος: all-suffering, wretched 1
προσ-εῖδον: look upon, look at, 2
προσ-λεύσσω: look on or at, gaze at, 1
πύργος, ὁ: fortress, walled town; tower, 3
σύμ-βουλεύω: advise, give counsel, consult, 1
τάλας, τάλαινα, τάλαν: wretched, unhappy 5
τρέφω: to rear, foster, nuture, 8
τυφλός, -η, -ον: blind, 7

1366 ἔλαχ(ε): aor. λαγχάνω
1367 ὅπως...φῶ: *how I am to claim*; ind. question; aor. deliberative subj., φημί
βεβουλεῦσθαι: pf. mid., σε is acc. subj.
1368 ἦσθα: *you would be*; 2s impf. εἰμί + missing ἄν suggests unrealized potential
ὤν, ζῶν: pples are conditional in sense, εἰμί, ζάω; hence μηκέτι and not οὐκέτι
1369 ὡς: *that...*; ind. disc. with ἐκδίδασκε
ἔστι...εἰργασμένα: pf. pass. periphrastic (pf. pass. pple + εἰμί) ἐργάζομαι
ἄριστα: *very well*; superlative adv.
1370 μηδὲ συμβούλευ(ε): negative command
1371 ὄμμασιν ποίοις: *with what...*; dat. means
1372 ἂν προσεῖδον: *I could have looked on...*; past potential (ἄν + aor.) προσ-οράω;

the pple μολὼν (ἔμολον) is conditional
1373 εἰς Ἅιδου: *to Hades' (house)*
οἷν...δυοῖν: *for which two*; dat. interest
ἐμοί: *by...*; dat. of agent with pf. pass.
1374 ἔστι...εἰργασμένα: pf. pass., see l. 1369
κρείσσονα ἀγχόνης: *more severe than...* gen. of comparison with subject ἔργα
1376 βλαστοῦσ(α) ὅπως ἔβλαστε: *being born as they were born*; agrees with sg. ὄψις, but the true subject is τέκνα
προσλεύσσειν: explanatory/epexegetical inf. with ἐφίμερος; ἐμοί is dat. interest
1379 τῶν: *from these things*; a demonstrative, gen. separation with ἀπεστέρησα below
1380 κάλλιστ(α)...τραφεὶς: *the one man raised the most nobly;* superlative adv.

92

ἀπεστέρησ' ἐμαυτόν, αὐτὸς ἐννέπων 1381
ὠθεῖν ἅπαντας τὸν ἀσεβῆ, τὸν ἐκ θεῶν
φανέντ' ἄναγνον καὶ γένους τοῦ Λαΐου.
τοιάνδ' ἐγὼ κηλῖδα μηνύσας ἐμὴν
ὀρθοῖς ἔμελλον ὄμμασιν τούτους ὁρᾶν; 1385
ἥκιστά γ'· ἀλλ' εἰ τῆς ἀκουούσης ἔτ' ἦν
πηγῆς δι' ὤτων φραγμός, οὐκ ἂν ἐσχόμην
τὸ μὴ ἀποκλῆσαι τοὐμὸν ἄθλιον δέμας,
ἵν' ἦ τυφλός τε καὶ κλύων μηδέν· τὸ γὰρ
τὴν φροντίδ' ἔξω τῶν κακῶν οἰκεῖν γλυκύ. 1390
ἰὼ Κιθαιρών, τί μ' ἐδέχου; τί μ' οὐ λαβὼν
ἔκτεινας εὐθύς, ὡς ἔδειξα μήποτε
ἐμαυτὸν ἀνθρώποισιν ἔνθεν ἦ γεγώς;
ὦ Πόλυβε καὶ Κόρινθε καὶ τὰ πάτρια
λόγῳ παλαιὰ δώμαθ', οἷον ἆρά με 1395

ἄθλιος, -η, -ον: wretched, miserable, pitiful, 9
ἄν-αγνος, -ον: unclean, impure, 2
ἄνθρωπος, ὁ: human being, human, man, 7
ἅπας, ἅπασα, ἅπαν: every, quite all, 2
ἀπό-κλείω: to shut up, shut closed, 1
ἀπο-στερέω: withhold; rob, despoil (gen) 2
ἄρα: then, therefore, it seems, it turns out, 3
ἀ-σεβής, -ές: impious, unholy, irreverent, 2
γένος, -εος, τό: family, stock, race; birth, 7
γλυκύς, -εῖα, -ύ: sweet, pleasant, 2
δείκνυμι: show, reveal; prove, 9
δέμας, τό: frame, stature, 1
δέχομαι: receive, take, accept, 5
διά: through (gen.) on account of, (acc.), 7
δῶμα, -ατος, τό: house, 7
ἔνθεν: from where; thence, on the one side, 4
ἐνν-έπω: tell, say; bid, 6
ἔξω: out of (+ gen.); adv. outside, 4
εὐθύς: straight, straightaway, at once, 3

ἥκιστα: least; not in the least (superl. adv.), 3
ἰώ: ah! oh! 8
κηλίς, κηλῖδος, ἡ: stain, blemish, defilement, 2
Κιθαιρών, -ῶνος ὁ: Mt. Cithaeron, 6
Κόρινθος, ἡ: Corinth, 4
μέλλω: be about to, intend; hesitate, delay, 3
μή-ποτε: not ever, never, 8
μηνύω: reveal, disclose, 2
οἰκέω: life, dwell, 3
ὄμμα, -ατος, τό: the eye, 8
οὖς, ὠτός, τό: ear, 2
παλαιός, -ή, -όν: old in years, old, aged, 7
πάτριος, -η, -ον: of one's father, 1
πηγή, ἡ: spring (of a river), 1
τυφλός, -ή, -όν: blind, 7
φραγμός, ὁ: blockage; fence, enclosure, 1
φροντίς, -τίδος, ἡ: thought, attention, care, 3
ὠθέω: push, drive, banish, 3

1381 ἀπεστέρησ(α): 1s aor.
1383 τὸν φανέντ(α): *one shown by the gods (to be)*...; aor. pass. pple φαίνω + agent
  ἄναγνον καὶ γένους: acc. and gen. predicates, γένους is 'of the family'
1385 ὀρθοῖς...ὄμμασιν: *with steady*...; means
  ἥκιστά γε: *not in the least*; in reply
1386 τῆς ἀκουούσης...πηγῆς: i.e. ear passage
1387 ὤτων: gen. pl. οὖς
  ἂν ἐσχόμην: *I would not have held off*; ἄν + aor. ind in a mixed contrafactual
1388 τὸ μὴ ἀποκλῆσαι: *from*...; after a neg. verb of hindering, an inf. may receive an article and μή or μὴ οὐ; here aor. inf.
1389 ἵν(α) ἦ: *so that I might be*...; unfulfilled purpose clause; 1s impf. εἰμί
  τὸ...οἰκεῖν γλυκύ: *that...dwells (is) sweet* articular inf.; φροντίδα is acc. subject
1391 τί: *why?*
  ἐδέχου: ἐδέχε(σ)ο, 2s mid. impf.
1392 ὡς ἔδειξα: *so that I might have*...; an unfulfilled purpose clause; aor. δείκνυμι
1393 ἦ γεγώς: periphrastic plpf. (pf. act. pple + 2s impf. εἰμί), γίγνομαι 'be born'
1395 λόγῳ: *in name (only)*; dat. of respect,
  οἷον ἆρα: *such, as it seems*; ἆρα is ἄρα

κάλλος κακῶν ὕπουλον ἐξεθρέψατε· 1396
νῦν γὰρ κακός τ' ὢν κἀκ κακῶν εὑρίσκομαι.
ὦ τρεῖς κέλευθοι καὶ κεκρυμμένη νάπη
δρυμός τε καὶ στενωπὸς ἐν τριπλαῖς ὁδοῖς,
αἳ τοὐμὸν αἷμα τῶν ἐμῶν χειρῶν ἄπο 1400
ἐπίετε πατρός, ἆρά μου μέμνησθ' ἔτι
οἷ' ἔργα δράσας ὑμὶν εἶτα δεῦρ' ἰὼν
ὁποῖ' ἔπρασσον αὖθις; ὦ γάμοι, γάμοι,
ἐφύσαθ' ἡμᾶς, καὶ φυτεύσαντες πάλιν
ἀνεῖτε ταὐτοῦ σπέρμα, κἀπεδείξατε 1405
πατέρας, ἀδελφούς, παῖδας, αἷμ' ἐμφύλιον,
νύμφας, γυναῖκας μητέρας τε, χὠπόσα
αἴσχιστ' ἐν ἀνθρώποισιν ἔργα γίγνεται.
ἀλλ' οὐ γὰρ αὐδᾶν ἔσθ' ἃ μηδὲ δρᾶν καλόν,
ὅπως τάχιστα πρὸς θεῶν ἔξω μέ που 1410

ἀδελφός, ὁ: a brother, 2
αἷμα, -ατος τό: blood, 4
αἰσχρός, -ά, -όν: shameful, reproachful, 2
ἀν-ίημι: send up; let go, give up, 3
ἄνθρωπος, ὁ: human being, human, man, 7
ἀπο-δείκνυμι: bring forth, produce; point out 1
ἆρα: introduces a yes/no question, 8
αὖθις: back again, later, 5
γάμος, ὁ: marriage, marriage rites, 5
δεῦρο: here, to this point, hither, 8
δρυμός, ὁ: thicket, oak-coppice, 1
εἶτα: then, thereupon, at that time, 3
ἐκ-τρέφω: rear, raise up, bring up, 2
ἐμ-φύλιος, -ον: of one's kinfolk; native, 1
ἔξω: out of (+ gen.); adv. outside, 4
ἐφ-ίημι: injoin, command; permit, allow, 3
κάλλος, -εος τό: beauty, fairness, fineness, 1

κέλευθος, ἡ: path, way, road, 2
κρύπτω: hide, conceal, cover, 1
μιμνήσκω: remind, mention, recall, 4
νάπη, ἡ: glen, wooded vale, 1
νύμφη, ἡ: young wife, bride; nymph, 2
ὁδός, ἡ: road, way, path, journey, 7
ὁποῖος, -α, -ον: of what sort or kind, 5
ὁπόσος, -η, -ον: as many as, as much as, 1
πάλιν: again, once more; back, backwards, 9
πίνω (aor. ἔπιον) : drink, 1
που: anywhere, somewhere; I suppose, 5
σπέρμα, -ατος, τό: seed, descent, race, 3
στενωπός, ἡ: narrow way or passage, 1
τρεῖς, τρία: three, 3
τριπλόος, -η, -ον: triple, threefold, 4
ὑπ-ουλος, -ον: under a scar, scarring over, 1
φυτεύω: beget, produce, sire; plant, 7

1396 κακῶν ὕπουλον: *under a scar of evils*;
 i.e. festering beneath with evils
 ἐξεθρέψατε: 2s aor. ἐκτρέφω
1397 κἀκ: καὶ ἐκ; note the heavy alliteration
 εὑρίσκομαι: pres. passive
1398 κεκρυμμένη: pf. pass. pple. κρύπτω
1400 αἵ: *you who...*; personifying fem. ὁδοῖς
 τοὐμόν: τὸ ἐμόν, in sense with πατρός
1401 ἐπίετε: 2p aor. πίνω (stem πι-)
 μέμνησθε: 2p pf. μιμνήσκω + gen.
1402 μου...οἷ(α) ἔργα: *what deeds I...*
 ὑμῖν: *for you*; dat. of interest
 ἰών: nom. pple ἔρχομαι
1403 ὁποῖα (ἔργα): *what sort of deeds I...*

1404 ἐφύσατ(ε): 2s aor. φύω
 φυτεύσαντες: *having begotten (a child)*
1405 ἀνεῖτε: *you sent forth*; aor. ἀνίημι
 ταὐτοῦ: *his*; τὸ αὐτοῦ
1406 αἷμα ἐμφύλιον: in apposition
 χὠπόσα: *and as many...*; καὶ ὁπόσα
1408 αἴσχιστ(α): superlative αἰσχρός
1409 ἀλλὰ...γὰρ: *but in fact*
 οὐ αὐδᾶν ἐστί (καλόν) ἃ μηδὲ δρᾶν
 (ἐστί) καλόν: *it is not noble to...*;
 impersonal, pres. inf., αὐδάω, δράω
 ἃ: *(those things) which...*
1410 ὅπως τάχιστα: *as quickly as possible*
 πρὸς θεῶν: *by the gods!*; in entreaty

καλύψατ' ἢ φονεύσατ' ἢ θαλάσσιον 1411
ἐκρίψατ', ἔνθα μήποτ' εἰσόψεσθ' ἔτι.
ἴτ', ἀξιώσατ' ἀνδρὸς ἀθλίου θιγεῖν.
πίθεσθε, μὴ δείσητε· τἀμὰ γὰρ κακὰ
οὐδεὶς οἷός τε πλὴν ἐμοῦ φέρειν βροτῶν. 1415
Χορ ἀλλ' ὧν ἐπαιτεῖς εἰς δέον πάρεσθ' ὅδε
Κρέων τὸ πράσσειν καὶ τὸ βουλεύειν, ἐπεὶ
χώρας λέλειπται μοῦνος ἀντὶ σοῦ φύλαξ.
Οἰδ οἴμοι, τί δῆτα λέξομεν πρὸς τόνδ' ἔπος;
τίς μοι φανεῖται πίστις ἔνδικος; τὰ γὰρ 1420
πάρος πρὸς αὐτὸν πάντ' ἐφεύρημαι κακός.
Κρέ οὐχ ὡς γελαστής, Οἰδίπους, ἐλήλυθα,
οὐδ' ὡς ὀνειδιῶν τι τῶν πάρος κακῶν.
ἀλλ' εἰ τὰ θνητῶν μὴ καταισχύνεσθ' ἔτι
γένεθλα, τὴν γοῦν πάντα βόσκουσαν φλόγα 1425

ἄθλιος, -η, -ον: wretched, miserable, pitiful, 9
ἅμα: at the same time; along with (dat.), 9
ἀντί: instead of, in place of (+ gen.), 7
ἀξιόω: to deem worth, consider worthy, 3
βόσκω: nourish, support; feed, graze 1
βουλεύω: deliberate, plan, take counsel, 7
γελαστής, οῦ, ὁ: laugher, sneerer, mocker, 1
γένεθλον, τό: offspring, race, 2
γοῦν: at any rate, at least then, any way, 3
δείδω: fear, dread, 6
ἐκ-ρίπτω: throw out, cast out, hurl, 1
ἔν-δικος, -ον: just, right, legitimate, 4
ἐπ-αιτέω: ask for, request, 1
ἐφ-ευρίσκω: find out, discover, 2
θαλάσσιος, -α, -ον: into, of, or from the sea, 1
θιγγάνω: take hold of, touch, 4

θνητός, -ή, -όν: mortal, 4
καλύπτω: conceal, cover over, hide, 1
κατ-αισχύνω: feel shame, respect, shame, 1
λείπω: leave, leave behind, abandon, 4
μή-ποτε: not ever, never, 8
οἴμοι: ah me!, woe's me, oh, alas, 6
ὀνειδίζω: reproach, chide, 6
πάρος: before, formerly, 4
πείθω: persuade; mid. obey, 9
πίστις, -ιος, ἡ: trust, faith, trustworthiness, 2
πλήν: except, but (+ gen.), 3
φλόξ, φλογός, ἡ: flame, fire, 2
φονεύω: to murder, kill, slay, 2
φύλαξ, -κος, ὁ: a watcher, guard, sentinel, 2
χώρη, ἡ: land, region, area, place, 6

1411 καλύψατ(ε)...: imperatives, add μέ
1412 ἐκρίψατ(ε): aor. imperative ἐκ-ρίπτω
 εἰσόψεσθε: fut. mid. εἰσοράω, add μέ
1413 ἴτ(ε): pl. imperative ἔρχομαι
 θιγεῖν: aor. θιγγάνω + partitive gen.
1414 πίθεσθε: aor. mid. imperative πείθω
 δείσητε: Don't...; prohibitive aor. subj.
 τἀμά...κακά: τὰ ἐμὰ κακά
1415 οἷός τε (ἐστί): is able to; 'is fit to'
1416 ὧν ἐπαιτεῖς: among the things which
 you ask, Creon here is present at the
 right moment in planning and acting
 εἰς δέον: at the right time; 'for what
 is needed,' neut. sg. pple δεῖ
 πάρεσθ': πάρεστι
1417 τὸ πράσσειν... τὸ βουλεύειν: in respect

to acting and planning; acc. of respect
ἐπεί: (I say this) since
1418 λέλειπται: pf. pass. λείπω, subj. Creon
 μοῦνος...φύλαξ: as...; nom. predicate
1419 τί...ἔπος: what words?; τόνδε is Creon
1420 τίς...πίστις: what just (show of) loyalty
 μοι: by me; an unusual dat. of agent
 φανεῖται: will be shown; fut. φαίνω
1421 τὰ πάρος πάντα: in all...; acc. respect
 ἐφ-εύρημαι: pf. pass.; κακός is predicate
1422 ὡς γελαστής: as a mocker
 ἐλήλυθα: 1s pf. ἔρχομαι
1423 ὡς ὀνειδιῶν: to reproach; 'so as going
 to...'; ὡς + fut. pple expresses purpose
1424 τὰ...γένεθλα: the offspring; acc. object
 καταισχύνεσθ(ε): 2p; 'you' = chorus

95

αἰδεῖσθ' ἄνακτος Ἡλίου, τοιόνδ' ἄγος 1426
ἀκάλυπτον οὕτω δεικνύναι, τὸ μήτε γῆ
μήτ' ὄμβρος ἱερὸς μήτε φῶς προσδέξεται.
ἀλλ' ὡς τάχιστ' ἐς οἶκον ἐσκομίζετε·
τοῖς ἐν γένει γὰρ τἀγγενῆ μάλισθ' ὁρᾶν 1430
μόνοις τ' ἀκούειν εὐσεβῶς ἔχει κακά.

Οἰδ πρὸς θεῶν, ἐπείπερ ἐλπίδος μ' ἀπέσπασας,
ἄριστος ἐλθὼν πρὸς κάκιστον ἄνδρ' ἐμέ,
πιθοῦ τί μοι· πρὸς σοῦ γὰρ οὐδ' ἐμοῦ φράσω.

Κρέ καὶ τοῦ με χρείας ὧδε λιπαρεῖς τυχεῖν; 1435

Οἰδ ῥῖψόν με γῆς ἐκ τῆσδ' ὅσον τάχισθ', ὅπου
θνητῶν φανοῦμαι μηδενὸς προσήγορος.

Κρέ ἔδρασ' ἂν εὖ τοῦτ' ἴσθ' ἄν, εἰ μὴ τοῦ θεοῦ
πρώτιστ' ἔχρηζον ἐκμαθεῖν τί πρακτέον.

Οἰδ ἀλλ' ἥ γ' ἐκείνου πᾶσ' ἐδηλώθη φάτις, 1440

ἄγος, -εος, τό: curse, pollution, guilt, 2
αἰδέομαι: respect, be ashamed, feel shame, 2
ἀ-κάλυπτος, -ον: uncovered, unveiled, 1
ἀπο-σπάω: pull off, tear away, wrench, 2
ἄριστος, -η, -ον: best, most excellent, 7
γένος, -εος, τό: family, stock, race; birth, 7
δείκνυμι: show, reveal; prove, 9
δηλόω: show, make visible, 5
ἐγ-γενής, -ές: inborn, native, 4
εἰσ-κομίζω: carry into, bring into, 1
ἐκ-μανθάνω: to learn well or thoroughly, 8
ἐλπίς, -ίδος, ἡ: hope, expectation, 7
ἐπεί-περ: since, seeing that, 2
εὐσεβῶς: piously, reverently, 1
Ἥλιος, ὁ: Sun, 1

θνητός, -ή, -όν: mortal, 4
ἱερός, -ή, -όν: holy, divine; temple, 3
λιπαρέω: ask eagerly, request earnestly, 1
ὄμβρος, ὁ: storm, shower; water, 2
ὅ-που: where, 5
οὕτως: in this way, thus, so, 8
πείθω: persuade; *mid.* obey, 9
πρακτέος, -α, -ον: to be done, must do, 1
προσ-δέχομαι: welcome, receive, accept 1
προσ-ήγορος, -ον: (able) to be addressed 2
πρῶτος, -η, -ον: first, earliest, 7
ῥίπτω: throw, cast, hurl, 3
φάτις, ἡ: talk, rumor, report; oracle, 6
φῶς (φάος), φωτός, τό: light, daylight, 4
χρεία, ἡ: need, want, need; request, 4

1426 αἰδεῖσθ(ε): *feel shame before (acc) and to (inf)*; 2p mid. imperative; governs both acc. (φλόγα) and inf. (δεικνύναι)
1427 τὸ: *which*; equiv. to ὅ, antecedent ἄγος
1429 ὡς τάχιστα: *as quickly as possible*
1430 τοῖς ἐν γένει: *for those in a family*; dat. of interest
1430 τὰ ἐγγενῆ…κακά: obj. of the infinitives
1431 εὐσεβῶς ἔχει: *it is pious*; ἔχω (holds, is disposed) + adv. is equiv. to εἰμί + adj.
1432 πρὸς θεῶν: *by the gods!*; in entreaty
ἐλπίδος: *from…*; gen. separation
1433 ἐλθών: *since having come*; causal pple
1434 πιθοῦ τι: *do a favor for me*; 'obey something,' πιθε(σ)ο, aor. imper. + inner acc.
πρὸς σοῦ…οὐδὲ ἐμοῦ: *from your side*

and not from my side; i.e. your interest
1435 τοῦ χρείας…τυχεῖν: *what need…to attain?*; = τίνος, partitive, obj. of inf.
1436 ῥῖψον: aor. sg. act. imperative ῥίπτω
ὅσον τάχιστα: *as quickly as possible*
1437 θνητῶν μηδενὸς: *by no mortal*; source
φανοῦμαι: fut. mid. φαίνομαι
1438 ἔδρασ(α) ἄν…εἰ…ἔχρῃζον: *I would have…, if I did not want*; a mixed contrafactual (εἰ + impf., ἄν + aor.);
εὖ ἴσθ(ι): imper. οἶδα with obj. τοῦτο
τοῦ θεοῦ: *from…*; gen. of source
1439 πρώτιστ(α): superlative adv.
τί πρακτέον: *what (is) to be done*
1440 ἐδηλώθη: 3s aor. pass. δηλόω

	τὸν πατροφόντην, τὸν ἀσεβῆ μ' ἀπολλύναι.	1441
Κρέ	οὕτως ἐλέχθη ταῦθ'· ὅμως δ' ἵν' ἕσταμεν	
	χρείας, ἄμεινον ἐκμαθεῖν τί δραστέον.	
Οἰδ	οὕτως ἄρ' ἀνδρὸς ἀθλίου πεύσεσθ' ὕπερ;	
Κρέ	καὶ γὰρ σὺ νῦν τἂν τῷ θεῷ πίστιν φέροις.	1445
Οἰδ	καὶ σοί γ' ἐπισκήπτω τε καὶ προστρέψομαι,	
	τῆς μὲν κατ' οἴκους αὐτὸς ὃν θέλεις τάφον	
	θοῦ· καὶ γὰρ ὀρθῶς τῶν γε σῶν τελεῖς ὕπερ·	
	ἐμοῦ δὲ μήποτ' ἀξιωθήτω τόδε	
	πατρῷον ἄστυ ζῶντος οἰκητοῦ τυχεῖν,	1450
	ἀλλ' ἔα με ναίειν ὄρεσιν, ἔνθα κλῄζεται	
	οὑμὸς Κιθαιρὼν οὗτος, ὃν μήτηρ τέ μοι	
	πατήρ τ' ἐθέσθην ζῶντε κύριον τάφον,	
	ἵν' ἐξ ἐκείνων, οἵ μ' ἀπωλλύτην, θάνω.	
	καίτοι τοσοῦτόν γ' οἶδα, μήτε μ' ἂν νόσον	1455

ἄθλιος, -η, -ον: wretched, miserable, pitiful, 9
ἀμείνων, -ονος: better, stronger, 2
ἀξιόω: deem worth, judge, consider worthy, 3
ἀπ-όλλυμι: destroy, lose; mid. perish, 3
ἄρα: then, therefore, it seems, it turns out, 3
ἀ-σεβής, -ές: impious, unholy, irreverent, 2
ἄστυ, -εως, τό: town, city, 4
δραστέος, -α, -ον: to be done, must be done, 1
ἐάω: to permit, allow, let be, suffer, 6
ἐκ-μανθάνω: to learn well or thoroughly, 8
ἐπι-σκήπτω: lay a charge upon, impose on, 2
ἵστημι: make stand, set up, stop, establish 8
καίτοι: and yet, and indeed, and further, 3
κλῄζω: call; celebrate, make famous, 4
κύριος, -α, -ον: appointed, ordained, 1
μή-ποτε: not ever, never, 8

ναίω: dwell, abide; settle, 4
νόσος, ὁ: sickness, illness, disease, 6
οἰκητής, -οῦ, ὁ: inhabitant, dweller, 1
ὄρος, -εος, τό: a mountain, hill, 4
οὕτως: in this way, thus, so, 8
πατρο-φόντης, -ου ὁ: patricide, father-killer 1
πατρῷος, η, -ον: of one's father, ancestral 3
πίστις, -ιος, ἡ: trust, faith, trustworthiness, 2
προσ-τρέπω: entreat, turn to (a god), pray, 1
πυνθάνομαι: learn (by hearsay), 6
τάφος, ὁ: tomb, grave; burial, funeral, 4
τελέω: fulfill, accomplish; pay, 8
τίθημι: to put, place, set; make, 4
τοσοῦτος, -αύτη, -το: so great, much, many 5
ὑπέρ: on behalf of (gen); over, beyond (acc) 7
χρεία, ἡ: need, want, need; request, 4

1441 ἀπολλύναι: *(namely) to destroy...*; pf.
1442 ἐλέχθη ταῦτ(α): 3s aor. pass. λέγω
 ἵν(α) ἕσταμεν χρείας: *where of need we stand*; 1p pf. ἵστημι, partitive gen.
1443 ἄμεινον ἐκμαθεῖν: *it is better...*; add ἐστί
 τί δραστέον: verbal adjective, add ἐστί
1444 πεύσεσθ(ε): 2p fut. πυνθάνομαι;
1445 καὶ γὰρ σύ: *(Yes), for even you...*
 τε ἄν...πίστιν φέροις: *might put trust in god*; potential opt.; dir. and ind. objects
1446 καὶ σοί γε: *indeed upon you...*; dat. of compound verb, γε emphasizes σοί
 προστρέψομαι: fut., also governs σοί
1447 τῆς...οἴκους: *for this one in the house* ὃν: *which...*; antecedent τάφον

1448 θε(σ)ο: *arrange*; aor. mid. imper. τίθημι
 τελεῖς: *you will perform* (the rites); fut.
1449 ἐμοῦ...ζῶντος οἰκητοῦ: obj. of τυχεῖν
 ἀξιωθήτω: *let...be deemed worthy*; 3rd sg. aor. pass. imperative, ἀξιόω.
1450 τυχεῖν: *to attain*; τυγχάνω + partitive
1451 ἔα: ἔα-ε, sg. imperative ἐάω
 ὁ ἐμός: *This Cithaeron is called mine*
1452 μοι: *for me*; dat. of interest
1453 ἐθέσθην: *placed*; dual aor. dep. τίθημι
 ζῶντε: *while...*; dual nom. pple ζάω
1454 ἵν(α) θάνω: *so that...*; aor. subj. θνῄσκω
 ἐξ ἐκείνων: *according to those*
 ἀπωλλύτην: *tried..*; dual conative impf.
1455 τοσοῦτόν γ': *this much at least*

97

μήτ' ἄλλο πέρσαι μηδέν· οὐ γὰρ ἄν ποτε 1456
θνήσκων ἐσώθην, μὴ 'πί τῳ δεινῷ κακῷ.
ἀλλ' ἡ μὲν ἡμῶν μοῖρ', ὅποιπερ εἶσ', ἴτω·
παίδων δὲ τῶν μὲν ἀρσένων μή μοι, Κρέων,
προσθῇ μέριμναν· ἄνδρες εἰσίν, ὥστε μὴ 1460
σπάνιν ποτὲ σχεῖν, ἔνθ' ἂν ὦσι, τοῦ βίου·
ταῖν δ' ἀθλίαιν οἰκτραῖν τε παρθένοιν ἐμαῖν,
αἷν οὔποθ' ἡμὴ χωρὶς ἐστάθη βορᾶς
τράπεζ' ἄνευ τοῦδ' ἀνδρός, ἀλλ' ὅσων ἐγὼ
ψαύοιμι, πάντων τῶνδ' ἀεὶ μετειχέτην· 1465
αἷν μοι μέλεσθαι· καὶ μάλιστα μὲν χεροῖν
ψαῦσαί μ' ἔασον κἀποκλαύσασθαι κακά.
ἴθ' ὦναξ, ἴθ' ὦ γονῇ γενναῖε· χερσί τἂν θιγὼν 1468/9
δοκοῖμ' ἔχειν σφᾶς, ὥσπερ ἡνίκ' ἔβλεπον. 1470

ἀεί: always, forever, in every case, 6
ἄθλιος, -η, -ον: wretched, miserable, pitiful, 9
ἄνευ: without, 3
ἀπο-κλαίω: weep aloud, mourn deeply, 1
ἄρσην, ἄρσενος, ὁ: male, 1
βορά, ἡ: food, 1
γενναῖος, -α, -ον: noble, high-born, 2
γονή, ἡ: birth; offspring, race, stock, 2
ἐάω: to permit, allow, let be, suffer, 6
ἡνίκα: at which time, when, since, 2
θιγγάνω: take hold of, touch, 4
ἵστημι: make stand, set up, stop, establish 8
μέλω: μέλει, there is a care for (dat., gen.), 3
μέριμνα, ἡ: care, thought, worry, 2
μετ-έχω: partake of, have a share of (gen) 1

μοῖρα, ἡ: fate, lot in life, portion, share, lot, 6
οἴκτρος, -ή, -όν: pitable, pitiful, miserable, 2
ὅ-ποι-περ: (to) wherever, 1
οὔ-ποτε: not ever, never, 5
παρθένος, ἡ: maiden, virgin, unmarried girl, 2
πέρθω: destroy; sack, ravage, 1
προσ-τίθημι: add, attribute, impose, give, 2
σπάνις, -ιος, ἡ: lack (of), scarcity, need for, 1
σφεῖς: they, 4
σώζω: save, keep safe, preserve, 2
τράπεζα, ἡ: table, 1
χωρίς: separately; apart from, without (gen) 3
ψαύω: to touch (+ partitive gen.) 3
ὥσπερ: as, just as, as if, 8

1456 μήτε...ἂν πέρσαι: *that...can destroy me*; ind. disc. ἄν + aor. inf. for potential opt.
οὐ...ἂν ἐσώθην, μὴ...: *I would not have been..., unless (having been saved)...*; use of μὴ indicates a past contrafactual, aor. pass. σῴζω, add aor. pple σωθείς
1457 ἐπὶ τῳ...κακῷ: *for some...*; indefinite τις
1458 εἶσ(ιν): 3s fut. ἔρχομαι (εἶμι)
ἴτω: *let...go*; 3s imperative ἔρχομαι
1459 μοι: *for me*; 'please,' ethical dat., l. 1466
1460 μὴ προσθῇ: *don't...*; prohibitive subj.; προσθη(σ)αι is 2s aor. mid. subj.
εἰσίν: 3p pres. εἰμί
ὥστε μὴ: *so as not*; aor. inf. ἔχω, result
1461 ἂν ὦσι: *wherever they are*; pres subj εἰμί
τοῦ βίου: *of a livelihood* with σπάνιν
1462 ταῖν ἐμαῖν: *for...*; dual gen. + μέριμναν
1463 αἷν: *for whom...*; dual dat. of interest

ἡμὴ: ἡ ἐμὴ...τράπεζα
ἐστάθη: *was set*; 3s aor. pass. ἵστημι
1464 ἄνευ τοῦδε ἀνδρός: i.e. Oedipus himself
ὅσων...ψαύοιμι: *as many as...*; general relative clause with opt., secondary seq.
1465 μετειχέτην: *these two...*; dual impf.
1466 ἇιν: *of whom...*; dual gen. with verb
μέλεσθαι: *take care ...!*; inf. as imper.
χεροῖν: dual dat. means; Oedipus' hands
1467 ἔασον: *allow*; aor. imper. + aor. inf.
1469 ἴθ(ι) ὦ ἄναξ: *come on!*; imper. ἔρχομαι
γονῇ: *in...*; dat. of respect
χερσί: dat. pl. of means, χείρ
θιγὼν: aor. pple. θιγάννω + dual gen.
1470 ἂν δοκοῖμι: *I might think*; potential opt., with conditional θιγών: a fut. less vivid

98

τί φημί; 1471
οὐ δὴ κλύω που πρὸς θεῶν τοῖν μοι φίλοιν
δακρυρροούντοιν, καί μ' ἐποικτίρας Κρέων
ἔπεμψέ μοι τὰ φίλτατ' ἐκγόνοιν ἐμοῖν;
λέγω τι; 1475
Κρέ λέγεις· ἐγὼ γὰρ εἰμ' ὁ πορσύνας τάδε,
γνοὺς τὴν παροῦσαν τέρψιν, ἥ σ' εἶχεν πάλαι.
Οἰδ ἀλλ' εὐτυχοίης, καί σε τῆσδε τῆς ὁδοῦ
δαίμων ἄμεινον ἢ 'μὲ φρουρήσας τύχοι.
ὦ τέκνα, ποῦ ποτ' ἐστέ; δεῦρ' ἴτ', ἔλθετε 1480
ὡς τὰς ἀδελφὰς τάσδε τὰς ἐμὰς χέρας,
αἳ τοῦ φυτουργοῦ πατρὸς ὑμὶν ὧδ' ὁρᾶν
τὰ πρόσθε λαμπρὰ προυξένησαν ὄμματα·
ὃς ὑμίν, ὦ τέκν', οὔθ' ὁρῶν οὔθ' ἱστορῶν
πατὴρ ἐφάνθην ἔνθεν αὐτὸς ἠρόθην. 1485

ἀδελφός, -ή, -όν: brotherly, sisterly, akin, 1
ἀμείνων, -ονος: better, stronger, 2
ἀρόω: plow; sow; beget, 1
δακρυ-ρροέω: shed tears, run with tears, 1
δεῦρο: here, to this point, hither, 8
ἔκ-γονος, -ον: offspring, descendants, 2
ἔνθεν: from where; thence, on the one side, 4
ἐπ-οικτίρω: have compassion one, 2
εὐτυχέω: be fortunate, prosperous, 3
ἱστορέω: inquire, ask, make inquiry, 5

λαμπρός, -ά, -όν: bright, brilliant, 2
ὁδός, ἡ: road, way, path, journey, 7
ὄμμα, -ατος, τό: the eye, 8
πορσύνω: bring about, prepare, 1
που: anywhere, somewhere; I suppose, 5
προ-ξενέω: bring about, arrange, do favor, 1
πρόσθεν: before, earlier, 8
τέρψις, -ιος, ἡ: enjoyment, delight, 1
φρουρέω: guard, watch, keep watch, 1
φυτ-ουργός, -όν: begetting; planting, tilling, 1

1471 τί φημί: *What am I saying?*
1472 οὐ δὴ...που: *Certainly I do not...I suppose*; an incredulous question, anticipating a 'yes' response
1472 πρὸς θεῶν: *by the gods!*; in entreaty
τοῖν φίλοιν: *from...*; dual gen. of source
μοι: *my*; dat. of possession
1474 μοι: *to me*; dat. reference, 'in my eyes'
φίλτατα: superlative φίλος
ἐκγόνοιν ἐμοῖν: dual gen. of description
1475 τι: *something*; i.e. something important
1476 ὁ πορσύνας: *the one...*; pred., aor. pple
1477 γνοὺς: nom. sg. aor. pple. γιγνώσκω
παροῦσαν: *present*; pple πάρειμι
εἶχεν: *used to hold*; customary impf.
1478 εὐτυχοίης: *may you...*; aor. opt. of wish.
1479 'μὲ: *me*;. ἐμέ, object of comparison
τύχοι: *may...happen to*; + pple.; aor. opt. of wish and complemetary aor. pple
1480 ἐστέ: 2p pres. εἰμί

ἴτ(ε), ἔλθετε: *keep coming! come!*; 2p imperative. pres. and aor., ἔρχομαι
1481 ὡς (εἰς) τὰς ἀδελφὰς: *as if (to) brotherly...*; acc. place to which, εἰς is often dropped
χέρας: acc. pl. χείρ
1482 αἳ: *which...*; i.e. which hands
τοῦ φυτουργοῦ πατρὸς: with ὄμματα
ὑμῖν: *your*; dat. of possession
ὧδε ὁρᾶν: *to see thus*; i.e. to be blind
1484 ὃς: *the one who...*; antecedent πατρὸς
ὑμῖν: dat. ind. obj. of ἐφάνθην
τέκν(α): neut. pl. voc. direct address
οὔθ'...οὔθ': οὔτε...οὔτε
1485 ἐφάνθην: *was shown (to be)*; 1s aor. pass. φαίνω governs a predicate πατὴρ
ἔνθεν...ἠρόθην: *(by the one) from where* i.e. Jocasta; a relative clause with missing antecedent; 1s aor. pass. ἀρόω

καὶ σφὼ δακρύω· προσβλέπειν γὰρ οὐ σθένω· 1486
νοούμενος τὰ λοιπὰ τοῦ πικροῦ βίου,
οἷον βιῶναι σφὼ πρὸς ἀνθρώπων χρεών.
ποίας γὰρ ἀστῶν ἥξετ' εἰς ὁμιλίας,
ποίας δ' ἑορτάς, ἔνθεν οὐ κεκλαυμέναι 1490
πρὸς οἶκον ἵξεσθ' ἀντὶ τῆς θεωρίας;
ἀλλ' ἡνίκ' ἂν δὴ πρὸς γάμων ἥκητ' ἀκμάς,
τίς οὗτος ἔσται, τίς παραρρίψει, τέκνα,
τοιαῦτ' ὀνείδη λαμβάνων, ἃ ταῖς ἐμαῖς
γοναῖσιν ἔσται σφῷν θ' ὁμοῦ δηλήματα; 1495
τί γὰρ κακῶν ἄπεστι; τὸν πατέρα πατὴρ
ὑμῶν ἔπεφνε· τὴν τεκοῦσαν ἤροσεν,
ὅθεν περ αὐτὸς ἐσπάρη, κἀκ τῶν ἴσων
ἐκτήσαθ' ὑμᾶς, ὧνπερ αὐτὸς ἐξέφυ.
τοιαῦτ' ὀνειδιεῖσθε· κᾆτα τίς γαμεῖ; 1500

ἀκμή, ἡ: point, edge; hand, foot, 4
ἄνθρωπος, ὁ: human being, human, man, 7
ἀντί: instead of, in place of (+ gen.), 7
ἄπ-ειμι: be away, be distant, be absent 5
ἀρόω: plow; sow; beget, 1
ἀστός, ὁ: townsman, citizen, 6
βιόω: live, spend one's life, 1
γαμέω: marry, 2
γάμος, ὁ: marriage, marriage rites, 5
γονή, ἡ: birth; offspring, race, stock, 2
δακρύω: to weep, cry, tear up, 3
δηλήμα, -ατος, τό: bane, misery, ruin, 1
εἶτα: then, thereupon, at that time, 3
ἐκ-φύω: generate, be born; beget, produce, 6
ἔνθεν: from where; thence, on the one side, 4
ἑορτή, ἡ: festival, feast, 1
ἔπεφνον: aor. slay, kill (pres. θείνω), 1
ἥκω: to have come, be present, 9
ἡνίκα: at which time, when, since, 2

θεωρία, ἡ: viewing a spectacle; sight-seeing, 1
κλαίω: weep, lament, wail for, 1
κτάομαι: acquire, take possession of, 1
λοιπός, -ή, -όν: remaining, the rest, 3
νοέω: think, consider; notice, know; 2
ὅ-θεν: from which, whom, or where, 1
ὁμιλία, ἡ: company, association, 1
ὁμοῦ: at once, at the same place, together, 8
ὀνειδίζω: reproach, chide, 6
ὄνειδος, τό: reproach, disgrace, rebuke 5
παρα-ρρίπτω: run the risk, hazard; throw, 1
περ: just, the very one (often emphasizing) 2
πικρός, -ή, -όν: sharp; bitter, cruel; keen, 1
προσ-βλέπω: to look at or upon, 2
σθένω: have strength, be strong, 2
σπείρω: sow, beget, engender, 1
σφώ (nom/acc), σφῷν (gen/dat): you two, 6
τίκτω (ἔτεκον): bring to life, beget, 9

1486 καὶ σφώ: *(for) you two also*; dual acc.
1487 τὰ λοιπὰ: *the remainder*
1488 οἷον: *which sort (of life)...*; inner acc.
   σφώ: *you two*; acc. subj. of aor. βιῶναι
   πρὸς: *by..., at the hands of...*; gen. agent
   χρεών: *(it is) necessary*; neut. pple χρή
1489 ἥξετε: 2p fut. ἥκω
1490 ποίας (ἥξετε εἰς) ἑορτάς: ellipsis
   κεκλαυμέναι: 'being in tears,' pf. mid.
1491 οὐ...ἵξεσθ(ε): 2p fut. mid. ἱκνέομαι
   ἀντὶ...: *instead of viewing the festival*
1492 ἂν ἥκητε: *whenever you come*; pres subj
   πρὸς...ἀκμάς: πρὸς ἀκμάς γάμων

1493 ἔσται: 3s fut. εἰμί
1494 ταῖς γοναῖσιν...σφῷν: *to my offspring and you two*; dat of possession, dual dat.
1497 ἤροσεν: 3s aor. ἀρόω
1498 ἐσπάρη: 1s aor. pass. σπείρω
   κἀκ τῶν ἴσων ἐκτήσατ(ο) ὑμᾶς, ὧνπερ: *and acquired you from the same ones from whom*; i.e. conceived you from the same woman; καὶ ἐκ; 3s aor. κτάομαι
1499 ἐξέφυ: *was born*; 1s aor. ἐκφύω
1500 τοιαῦτα: *such (reproaches)*; inner acc.
   ὀνειδιεῖσθε: 2p fut. passive ὀνειδίζω
   κᾆτα...γαμεῖ: καὶ εἶτα; add acc. ὑμᾶς

οὐκ ἔστιν οὐδείς, ὦ τέκν', ἀλλὰ δηλαδὴ 1501
χέρσους φθαρῆναι κἀγάμους ὑμᾶς χρεών.
ὦ παῖ Μενοικέως, ἀλλ' ἐπεὶ μόνος πατὴρ
ταύταιν λέλειψαι, νὼ γάρ, ὦ 'φυτεύσαμεν,
ὀλώλαμεν δύ' ὄντε, μή σφε περιΐδῃς 1505
πτωχὰς ἀνάνδρους ἐκγενεῖς ἀλωμένας,
μηδ' ἐξισώσῃς τάσδε τοῖς ἐμοῖς κακοῖς.
ἀλλ' οἴκτισόν σφας, ὧδε τηλικάσδ' ὁρῶν
πάντων ἐρήμους, πλὴν ὅσον τὸ σὸν μέρος.

ἄ-γαμος, -ον: unmarried, 1
ἀλάομαι: wander, roam, 1
ἄν-ανδρος, -ον: husbandless, without a man, 1
δηλα-δή: quite clearly; of course, 1
δύο: two, 5
ἐκ-γενής, -ές: kindred, inborn; *subst.* kin, 1
ἐξ-ισόω: make equal to, make level to (dat) 2
ἐρῆμος, -η, -ον:, deserted, devoid of (gen), 2
λείπω: leave, leave behind, abandon, 4
Μενοικεύς, -έως, ὁ: Menoeceus, 3
μέρος, -έος, τό: a part, share, portion, 2

νώ: we two (dual form), 1
οἰκτίζω: pity, have pity on, 1
περι-οράω (ειδον): overlook; allow, suffer, 1
πλήν: except, but (+ gen.), 3
πτωχός, -ή, -όν: beggar, beggarly, poor, 2
σφεῖς: they, 4
τηλικόσδε, -άδε, -όνδε: of such an age, 1
φθείρω: destroy, ruin, lose, 3
φυτεύω: beget, produce, sire; plant, 7
χέρσος, -ον: barren, dry, hard, 1
ὦ: who, which, that (dual form), 1

1501 ἔστιν: *there is...*
1502 χέρσους: i.e. barren of children; fem. pl.
 φθαρῆναι: aor. pass. inf. φθείρω
 κἀγάμους: καὶ ἀγάμους, fem. acc. pl. ending from ἄ-γαμος
 ὑμᾶς: acc. subject
 χρεών: *(it is) necessary*; neut. pple χρή
1503 ἀλλὰ: *Come now!*; introduces an appeal
 ἐπέι: *since*
1504 ταύταιν: *for...*; dual. dative of interest
 λέλειψαι: 2s pf. pass. λείπω
 ὦ: *who...*; dual nom. pl. relative
1505 ὀλώλαμεν: *perished*; pf. act. ὄλλυμι

 δύ(ο) ὄντε: dual. nom. pple εἰμί
 μὴ...περιΐδῇς: *Do not...*; prohibitive aor. subj. περιοράω
 σφε: *them two*; acc. 3rd person dual
1507 μηδὲ ἐξισώσῃς: *Do not...*; prohibitive aor. subj. ἐξ-ισόω
1508 οἴκτισόν: aor. imperative οἰκτίζω
 τηλικάσδε ὁρῶν: *seeing (them) thus at this age*
1509 πλὴν ὅσον τὸ σὸν μέρος: *except as much as for your part*; acc. of respect 'in respect to your part'

ξύννευσον, ὦ γενναῖε, σῇ ψαύσας χερί.　　　1510
σφῷν δ', ὦ τέκν', εἰ μὲν εἰχέτην ἤδη φρένας,
πόλλ' ἂν παρῄνουν· νῦν δὲ τοῦτ' εὔχεσθέ μοι,
οὗ καιρὸς ἐᾷ ζῆν, τοῦ βίου δὲ λῴονος
ὑμᾶς κυρῆσαι τοῦ φυτεύσαντος πατρός.
Κρέ ἅλις ἵν' ἐξήκεις δακρύων· ἀλλ' ἴθι στέγης ἔσω.　　　1515

ἅλις: enough, sufficiently; in abundance, 4
γενναῖος, -α, -ον: noble, high-born, 2
δακρύω: to weep, cry, tear up, 3
ἐάω: to permit, allow, let be, suffer, 6
ἐξ-ήκω: have come; have turned out, 2
ἔσω: into, inwards, to within, into, in (gen) 7
εὔχομαι: pray; boast, vaunt, 3
καιρός ὁ: due measure; occasion, opportunity 4
κυρέω: hit upon, meet, attain; happen (gen) 6

λῴων, -ονος: better, more desirable, 2
οὗ: where, 2
παραινέω: advise, counsel, recommend, 2
στέγη, ἡ: a roof; shelter, home, 8
συν-νεύω: consent, agree, 1
σφώ (nom/acc), σφῷν (gen/dat): you two, 6
φρήν, φρενός, ἡ: wits, sense, mind; midriff, 6
φυτεύω: beget, produce, sire; plant, 7
ψαύω: to touch, 3

1510 ξύννευσον: aor. imperative συννεύω
　　σῃ...χερί: dat. sg. of means, χείρ
　　ψαύσας: aor. pple., supply obj. 'them'
1511 σφῷν: dual dat. object of παρῄνουν
　　εἰ...εἰχέτην...ἂν παρῄνουν: *if you two had..., I would...*; present contrafactual (εἰ + impf., ἄν + impf.) παρ-αινέω
　　εἰχέτην: dual 2nd person impf. ἔχω
　　φρένας: *sense*; i.e. were mature enough
1512 πόλλ(α): *many pieces of advice*; or 'much,' inner acc.
　　νῦν δὲ: *but as it is*
　　τοῦτ(ο): *this prayer*; inner acc.
　　μοι: *for me*; i.e. 'please,' ethical dative or just a simple dat. of interest
1513 οὗ: *where*

ἐᾷ: ἐά-ει, 3s pres. ἐάω
ζῆν... ὑμᾶς κυρῆσαι: *(namely that you)...and that you...*; ind. disc. in apposition to τοῦτο, pres. inf. ζάω, aor. inf. κυρέω with partitive gen. τοῦ βίου
τοῦ φυτεύσαντος πατρός: *than...*; gen. comparison following λῴονος
1515 ἅλις ἵν(α) ἐξήκεις δακρύων: *(it is) enough when you go out weeping*; i.e. 'enough of tears!'; ἵνα + indicative may suggest circumstance ('when') or place ('where'); supply ἐστί which is often missing when accompanying ἅλις
ἀλλ(ὰ): *come now!*; as often preceding an imperative
ἴθι: sg. imperative ἔρχομαι

Οἰδ πειστέον, κεἰ μηδὲν ἡδύ. 1516
Κρέ πάντα γὰρ καιρῷ καλά.
Οἰδ οἶσθ' ἐφ' οἷς οὖν εἶμι;
Κρέ λέξεις, καὶ τότ' εἴσομαι κλύων.
Οἰδ γῆς μ' ὅπως πέμψεις ἄποικον.
Κρέ τοῦ θεοῦ μ' αἰτεῖς δόσιν.
Οἰδ ἀλλὰ θεοῖς γ' ἔχθιστος ἥκω.
Κρέ τοιγαροῦν τεύξει τάχα.
Οἰδ φῂς τάδ' οὖν; 1520
Κρέ ἃ μὴ φρονῶ γὰρ οὐ φιλῶ λέγειν μάτην.
Οἰδ ἄπαγέ νύν μ' ἐντεῦθεν ἤδη.
Κρέ στεῖχέ νυν, τέκνων δ' ἀφοῦ.
Οἰδ μηδαμῶς ταύτας γ' ἔλῃ μου.
Κρέ πάντα μὴ βούλου κρατεῖν·
καὶ γὰρ ἀκράτησας οὔ σοι τῷ βίῳ ξυνέσπετο. 1523

αἱρέω: seize, take; mid. choose, 6
αἰτέω: ask (acc) for (acc), ask; pray, 4
ἀπ-άγω: to lead off, lead away, 3
ἄπ-οικος, -ον: away from home, 1
ἀφ-ίημι: send forth, let loose, give up, 6
βούλομαι: wish, be willing, 4
δόσις, -ιος, ἡ: gift, giving, 1
ἐντεῦθεν: from here; from there; thereupon, 1
ἔχθιστος, -η, -ον: most hated, hostile, 2
ἡδύς, -εῖα, -ύ: sweet, pleasant, glad, 4
ἥκω: to have come, be present, 9

καιρός ὁ: due measure; occasion, opportunity 4
κρατέω: control, rule; overpower, 7
μάτην: in vain; at random, without reason, 5
μηδαμῶς: in no way, 2
πειστέος, -α, -ον: to be obeyed, must obey, 1
στείχω: to come or go, walk, proceed, 4
συν-έπομαι: follow (along), tend to (dat), 2
τάχα: perhaps, soon, quickly, 9
τοι-γαρ-οῦν: accordingly, therefore, 1
φιλέω: love, befriend; tend, be accustomed 3

1516 πειστέον (ἐστί): *It is...*; impers. verbal adj., translate actively as "(I) must..."
κεἰ μηδὲν (ἐστί): *even if*; καὶ εἰ, add verb
πάντα (ἐστί): nom. subject, add verb
καιρῷ: *on occasion; at the right time* often preceded by ἐν
1517 οἶσθ(α): 2s οἶδα
ἐφ' οἷς: *on what terms;* or 'conditions'
εἶμι: fut. ἔρχομαι
λέξεις: fut. λέγω
εἴσομαι: fut. mid. οἶδα
1518 γῆς: *from...*; gen. of separation
ὅπως: *(see to it) that...*; ὅπως + fut. in an effort clause with a missing main verb; supply imperative ὅρα, 'see to it'
τοῦ θεοῦ...δόσιν: *for god's gift;* i.e. exile, subjective gen. and acc. dir. obj.
1519 ἀλλὰ θεοῖς γε: *but to the gods in fact*
τεύξει: *you will attain (this request)*;

τεύξε(σ)αι, 2s fut. mid. τυγχάνω,
1520 φῄς: *you assent to*; 2s pres. φημί
γάρ: *(Yes), for...*; assent is omitted
ἃ μὴ φρονῶ: *(things) which I do not intend*; antecedent is obj. of λέγειν
φιλῶ: *I tend to* + inf.
1521 ἄπαγε: sg. imperative ἀπ-άγω
τέκνων: *from...*; gen. of separation
ἀφοῦ: aor. mid. imperative ἀφίημι
1522 μηδαμῶς...ἔλῃ: *don't in any way...;* prohibitive subj.; ἕλῃ(σ)αι, 2s aor. mid. αἱρέω (ἑλ); μου is gen. separation
βούλου: βούλε(σ)ο, pres. mid. imper.
1523 ἀκράτησας: *(the things) which...*; ἃ ἐκράτησας; 2s aor. κρατέω;
σοι: *your*; dat. of possession
ξυνέσπετο: 3s aor. mid. συνέπομαι governs the dative τῷ βίῳ

103

Χορ ὦ πάτρας Θήβης ἔνοικοι, λεύσσετ᾽, Οἰδίπους ὅδε, 1524
ὃς τὰ κλείν᾽ αἰνίγματ᾽ ᾔδει καὶ κράτιστος ἦν ἀνήρ, 1525
οὗ τίς οὐ ζήλῳ πολιτῶν ἦν τύχαις ἐπιβλέπων.
εἰς ὅσον κλύδωνα δεινῆς συμφορᾶς ἐλήλυθεν.
ὥστε θνητὸν ὄντα κείνην τὴν τελευταίαν ἰδεῖν
ἡμέραν ἐπισκοποῦντα μηδέν᾽ ὀλβίζειν, πρὶν ἂν
τέρμα τοῦ βίου περάσῃ μηδὲν ἀλγεινὸν παθών. 1530

αἴνιγμα, -ατος, τό: riddle, puzzle, 2
ἀλγεινός, -ή, -όν: painful, grievous, 1
ἔν-οικος, ὁ: inhabitant, dweller, 1
ἐπι-βλέπω: look upon, gaze upon (dat.) 1
ἐπι-σκοπέω: look upon, examine, ponder, 1
ζῆλος, ὁ: envy, 1
ἡμέρα, ἡ: day (ἀμέρα) 9
Θῆβαι, -ῶν, αἱ: Thebes (also in sg.), 4
θνητός, -ή, -όν: mortal, 4
κλεινός, -ή, -όν: glorious, renowned, 3
κλύδων, ωνος, ὁ: wave; flood, 2

κράτιστος, -η, -ον: strongest, mightiest, best, 3
λεύσσω: gaze upon, look on, 2
ὀλβίζω: consider happy, deem blessed, 1
πάσχω: suffer, experience, 8
πάτρα, ἡ: fatherland, native land, 2
περάω: pass, cross (the bounds), penetrate, 3
πολίτης, ὁ: citizen, 3
πρίν: before (+ inf.), until (+ finite verb) 8
συμ-φορά, ἡ: misfortune; happening, event, 4
τελευταῖος, -η, -ον: last, final, uttermost, 2
τέρμα, -ατος, τό: end, limit, border, 1

1524 πάτρας Θήβης: gen. sg.
  λεύσσετ᾽: λεύσσετε
1525 ᾔδει: 3s plpf. οἶδα, past in sense
  ἦν: impf. εἰμί
1526 οὗ…τύχαις: *upon whose fortunes*; gen. sg. relative pronoun modifies a dat. of compound verb
  τίς…πολιτῶν: *who…?*; interrogative with partitive gen.
  ζήλῳ: dat. of manner
1527 ἐλήλυθεν: pf. ἔρχομαι; Oedipus remains the subject
1528 ὥστε…ὀλβίζειν: *so that one pondering to look on that final day call no one being mortal happy*; In these last lines, the constructions are simple to identify but difficult to put into meaningful English. The translation below is one possibility, and readers should consider alternative arrangments for participles and other modifiers.
1528 ὥστε…: *so as to…*; a result clause with the inf. ὀλβίζειν
  θνητὸν ὄντα: acc. pple εἰμί modifying μηδένα
  κείνην τὴν…ἡμέραν: obj. of ἰδεῖν, aor. inf. of ὁράω
1529 ἐπισκοποῦντα: pres. pple modifies the missing acc. subject of ὀλβίζειν and governs κείνην…ἰδεῖν ἡμέραν in its participial phrase
  μηδέν(α): acc. direct obj. of ὀλβίζειν
1530 ἂν…περάσῃ: 3s aor. περάω in a general temporal clause with πρίν
  παθών: aor. pple. πάσχω

Glossary

Declensions

	ἡ κρήνη, τῆς κρήνης - spring		ὁ ἀγρός, τοῦ ἀγροῦ - field		ὁ παῖς, τοῦ παιδός - child	
Nom.	ἡ κρήνη	αἱ κρῆναι	ὁ ἀγρός	οἱ ἀγροί	ὁ παῖς	οἱ παῖδ-ες
Gen.	τῆς κρήνης	τῶν κρηνῶν	τοῦ ἀγροῦ	τῶν ἀγρῶν	τοῦ παιδ-ός	τῶν παίδ-ων
Dat.	τῇ κρήνῃ	ταῖς κρήναις	τῷ ἀγρῷ	τοῖς ἀγροῖς	τῷ παιδ-ί	τοῖς παι-σί(ν)
Acc.	τὴν κρήνην	τὰς κρήνας	τὸν ἀγρόν	τοὺς ἀγρούς	τὸν παῖδ-α	τοὺς παῖδ-ας
Voc.	ὦ κρήνη	ὦ κρῆναι	ὦ ἀγρέ	ὦ ἀγροί		

Personal Pronouns

Nom.	ἐγώ		I	ἡμεῖς	we
Gen.	ἐμοῦ μου		my	ἡμῶν	our
Dat.	ἐμοί μοι		to me	ἡμῖν	to us
Acc.	ἐμέ		me	ἡμᾶς	us
Nom.	σύ		you	ὑμεῖς	you
Gen.	σοῦ σου		your	ὑμῶν	your
Dat.	σοί σοι		to you	ὑμῖν	to you
Acc.	σέ		you	ὑμᾶς	you
Nom.	αὐτός	(himself)	αὐτή	(herself)	αὐτό (itself)
Gen.	αὐτοῦ	his	αὐτῆς	her	αὐτοῦ its
Dat.	αὐτῷ	to him	αὐτῇ	to her	αὐτῷ to it
Acc.	αὐτόν	him	αὐτήν	her	αὐτό it
Nom.	αὐτοί	(themselves)	αὐταί	(themselves)	αὐτά (themselves)
Gen.	αὐτῶν	their	αὐτῶν	their	αὐτῶν their
Dat.	αὐτοῖς	to them	αὐταῖς	to them	αὐτοῖς to them
Acc.	αὐτούς	them	αὐτάς	them	αὐτά them

Relative Pronoun – who, which, that

	m.	f.	n.	m.	f.	n.
Nom.	ὅς	ἥ	ὅ	οἵ	αἵ	ἅ
Gen.	οὗ	ἧς	οὗ	ὧν	ὧν	ὧν
Dat.	ᾧ	ᾗ	ᾧ	οἷς	αἷς	οἷς
Acc.	ὅν	ἥν	ὅ	οὕς	ἅς	ἅ

Indefinite Relative Pronoun – whoever, anyone who; whatever, anything which

Nom.	ὅστις	ἥτις	ὅ τι
Gen.	οὗτινος (ὅτου)	ἧστινος	οὗτινος (ὅτου)
Dat.	ᾧτινι (ὅτῳ)	ᾗτινι	ᾧτινι (ὅτῳ)
Acc.	ὅντινα	ἥντινα	ὅ τι
Nom.	οἵτινες	αἵτινες	ἅτινα
Gen.	ὧντινων (ὅτων)	ὧντινων	ὧντινων (ὅτων)
Dat.	οἷστισιν (ὅτοις)	αἷστισιν	οἷστισιν (ὅτοις)
Acc.	οὕστινας	ἅστινας	ἅτινα

Correlative Adverbs and their frequencies in *Oedipus Tyrannus*

Interrogative	Indefinite	Demonstrative	Relative	Indefinite Relative
ποῦ [6 times] where?	που [5 times] somewhere	ἐνθάδε [5] here ἐκεῖ [2] there	οὗ [2 times] where	ὅπου where(ver)
ποῖ [1 time] to where?	ποι to somewhere	δεῦρο [8 times] to here ἐκεῖσε to there	οἷ to where	ὅποι [1 time] to where(ver)
πόθεν [1 time] from where?	ποθεν from anywhere	ἐνθένδε [2 times] from here (ἐ)κεῖθεν [2] from there	ὅθεν [1 time] from where	ὁπόθεν from where(ver)
πότε when?	ποτέ [40 times] at some time ever, then	τότε [9 times] at that time, then	ὅτε [7 times] when	ὁπότε when(ever)
πῶς [20 times] how?	πως somehow	ὧδε [14], οὕτως [8] thus, so in this way	ὡς [72 times] how, as	ὅπως [15 times] how(ever)

Correlative Pronouns and their frequencies in *Oedipus Tyrannus*

Interrogative	Indefinite	Demonstrative	Relative	Indefinite Relative
τίς, τί [102 times] who, what?	τις, τι [78 times] someone/thing anyone/thing	ὅδε [190], οὗτος [113] this (ἐ)κεῖνος [29 times] there	ὅς, ἥ, ὅ [119 times] who, which	ὅστις, ἥτις, ὅ τι [26] anyone who, whoever
πότερος [3 times] which of two?	ποτερος one of two	ἕτερος [1 time] one (of two)	ὁπότερος which of two	
πόσος [1 time] how much?	ποσός of some amount	τοσόσδε [6 times] so much/many	ὅσος [16 times] as much/ many as	ὁπόσος [1 time] of whatever size/ number
ποῖος [24 times] of what sort?	ποιός of some sort	τοιόσδε [12 times] such τοιοῦτος [13 times] such	οἷος [19 time] of which sort, such as, as	ὁποῖος [5 times] of whatever sort
πηλίκος how old/large?	πηλικος of some age	τηλικόσδε [1 time] τηλικοῦτος so old/young/ of such an age	ἡλίκος [1 time] of which age	ὁπηλίκος of whatever age/ size

Verb Synopsis (Attic)

λύω, λύσω, ἔλυσα, λέλυκα, λέλυμαι, ἐλύθην: loosen, ransom

	PRESENT		FUTURE		
	Active	Middle/Pass.	Active	Middle	Passive
Primary Indicative	λύω λύεις λύει λύομεν λύετε λύουσι(ν)	λύομαι λύε(σ)αι λύεται λυόμεθα λύεσθε λύονται	λύσω λύσεις λύσει λύσομεν λύσετε λύσουσι(ν)	λύσομαι λύσε(σ)αι λύσεται λυσόμεθα λύσεσθε λύσονται	λυθήσομαι λυθήσε(σ)αι λυθήσεται λυθησόμεθα λυθήσεσθε λυθήσονται
Secondary Indicative	ἔλυον ἔλυες ἔλυε(ν) ἐλύομεν ἐλύετε ἔλυον	ἐλυόμην ἐλύε(σ)ο ἐλύετο ἐλυόμεθα ἐλύεσθε ἐλύοντο			
Subjunctive	λύω λύῃς λύῃ λύωμεν λύητε λύωσι(ν)	λύωμαι λύῃ λύηται λυώμεθα λύησθε λύωνται			
Optative	λύοιμι λύοις λύοι λύοιμεν λύοιτε λύοιεν	λυοίμην λύοιο λύοιτο λυοίμεθα λύοισθε λύοιντο	λύσοιμι λύσοις λύσοι λύσοιμεν λύσοιτε λύσοιεν	λυσοίμην λύσοιο λύσοιτο λυσοίμεθα λύσοισθε λύσοιντο	λυθησοίμην λυθήσοιο λυθήσοιτο λυθησοίμεθα λυθήσοισθε λυθήσοιντο
Imp	λῦε λύετε	λύε(σ)ο λύεσθε			
Pple	λύων, λύουσα, λύον	λυόμενος, λυομένη, λυόμενον	λύσων, λύσουσα, λῦσον	λυσόμενος, λυσομένη, λυσόμενον	λυθησόμενος, λυθησομένη, λυθησόμενον
Inf	λύειν	λύεσθαι	λύσειν	λύσεσθαι	λυθήσεσθαι

2nd sg. mid/pass -σ is often dropped except in pf. and plpf. tenses: ε(σ)αι → ῃ,ει   ε(σ)ο → ου

Verb Synopsis (Attic)

	AORIST			PERFECT		
	Active	Middle	Passive	Active	Middle/Passive	
				λέλυκα λέλυκας λέλυκε λελύκαμεν λελύκατε λελύκασι(ν)	λέλυμαι λέλυσαι λέλυται λελύμεθα λέλυσθε λέλυνται	Primary Indicative
	ἔλυσα ἔλυσας ἔλυε(ν) ἐλύσαμεν ἐλύσατε ἔλυσαν	ἐλυσάμην ἐλύσα(σ)ο ἐλύσατο ἐλυσάμεθα ἐλύσασθε ἐλύσαντο	ἐλύθην ἐλύθης ἐλύθη ἐλύθημεν ἐλύθητε ἐλύθησαν	ἐλελύκη ἐλελύκης ἐλελύκει ἐλελύκεμεν ἐλελύκετε ἐλελύκεσαν	ἐλελύμην ἐλέλυσο ἐλέλυτο ἐλελύμεθα ἐλέλυσθε ἐλέλυντο	Secondary Indicative
	λύσω λύσῃς λύσῃ λύσωμεν λύσητε λύσωσι(ν)	λύσωμαι λύσῃ λύσηται λυσώμεθα λύσησθε λύσωνται	λυθῶ λυθῇς λυθῇ λυθῶμεν λυθῆτε λυθῶσι(ν)	λελύκω λελύκῃς λελύκῃ λελύκωμεν λελύκητε λελύκωσι(ν)	λελυμένος ὦ —— ᾖς —— ᾖ —— ὦμεν —— ἦτε —— ὦσιν	Subjunctive
	λύσαιμι λύσαις λύσαι λύσαιμεν λύσαιτε λύσαιεν	λυσαίμην λύσαιο λύσαιτο λυσαίμεθα λύσαισθε λύσαιντο	λυθείην λυθείης λυθείη λυθεῖμεν λυθεῖτε λυθεῖεν	λελύκοιμι λελύκοις λελύκοι λελύκοιμεν λελύκοιτε λελύκοιεν	λελυμένος εἴην —— εἴης —— εἴη —— εἴημεν —— εἴητε —— εἴησαν	Optative
	λῦσον λύσατε	λῦσαι λύσασθε	λύθητι λύθητε		λέλυσο λέλυσθε	Imp
	λύσᾱς, λύσᾱσα, λῦσαν	λυσάμενος, λυσαμένη, λυσάμενον	λυθείς, λυθεῖσα, λυθέν	λελυκώς, λελυκυῖα λελυκός	λελυμένος, λελυμένη λελυμένον	Pple
	λῦσαι	λύσασθαι	λυθῆναι	λελυκέναι	λελύσθαι	Inf.

Adapted from a handout by Dr. Helma Dik (http://classics.uchicago.edu/faculty/dik/niftygreek)

ἵημι, ἥσω, ἧκα, εἷκα, εἷμαι, εἵθην: send, release, let go[compounds: 22 times]

	Present	Imperfect	Aorist
Active	ἵημι ἵεμεν ἵης ἵετε ἵησιν ἱᾶσι	ἵην ἵεμεν ἵεις ἵετε ἵει ἵεσαν	ἧκα εἷμεν ἧκας εἷτε ἧκεν εἷσαν
Imp	ἵει ἵετε		ἕς ἕτε
Pple	ἱείς, ἱεῖσα, ἱέν ἱέντος, ἱείσης, ἱέντος		εἵς, εἷσα, ἕν ἕντος, εἵσης, ἕντος
Inf.	ἱέναι, epic ἱέμεναι		εἷναι
Middle	ἵεμαι ἱέμεθα ἵεσαι ἵεσθε ἵεται ἵενται	ἱέμην ἱέμεθα ἵεσο ἵεσθε ἵετο ἵεντο	εἵμην εἵμεθα εἷσο εἷσθε εἷτο εἷντο
Imp	ἵεσο ἵεσθε		οὗ ἕσθε
Pple	ἱέμενος, η, ον		ἕμενος, η, ον
Inf.	ἵεσθαι		ἕσθαι

ἵστημι, στήσω, ἔστην, ἔστηκα, ἔσταμαι, ἐστάθην: stand, stop, set[15 times]

	Present	1st Aorist (transitive)	Aorist (intransitive)
Active	ἵστημι ἵσταμεν ἵστης ἵστατε ἵστησιν ἱστᾶσιν	ἔστησα ἐστήσαμεν ἔστησας ἐστήσατε ἔστησε ἔστησαν	ἔστην ἔστημεν ἔστης ἔστητε ἔστη ἔστ(ησ)αν
Imp	ἵστη ἵστατε	στῆσον στήσατε	στῆθι στῆτε
Pple	ἱστάς, ἱστᾶσα, ἱστάν ἱστάντος, ἱστάσα, ἱστάντος	στήσας, ᾶσα, άν	στάς, στᾶσα, στάν στάντος στάσης στάντος
Inf.	ἱστάναι	στῆσαι	στῆναι, στήμεναι
Middle	ἵσταμαι ἱστάμεθα ἵστασαι ἵστασθε ἵσταται ἵστανται		ἐστησάμην ἐστησάμεθα ἐστήσω ἐστήσασθε ἐστήσατο ἐστήσαντο
Imp	ἵστασο ἵστασθε		στῆσαι στήσασθε
Pple	ἱστάμενος, η, ον		στησάμενος, η, ον
Inf.	ἵστασθαι		στήσασθαι

Synopses: -μι verbs (Attic)

δίδωμι, δώσω, ἔδωκα, δέδωκα, δέδομαι, ἐδόθην: give ^{compounds: 11 times}

	Present	Imperfect	Aorist
Active	δίδωμι δίδομεν δίδως δίδοτε δίδωσιν διδόāσιν	ἐδίδουν ἐδίδομεν ἐδίδους ἐδίδοτε ἐδίδου ἐδίδοσαν	ἔδωκα ἔδομεν ἔδωκας ἔδοτε ἔδωκεν ἔδοσαν
Imp	δίδου δίδοτε		δός δότε
Pple	διδούς, διδοῦσα, διδόν διδόντος, -ούσης, -όντος		δούς, δοῦσα, δόν δόντος, δούσης, δόντος
Inf.	διδόναι		δοῦναι, δόμεναι
Middle	δίδομαι διδόμεθα δίδοσαι δίδοσθε δίδοται δίδονται	ἐδιδόμην ἐδιδόμεθα ἐδίδοσο ἐδίδοσθε ἐδίδοτο ἐδίδοντο	ἐδόμην ἐδόμεθα ἔδου ἔδοσθε ἔδοτο ἔδοντο
Imp	δίδου δίδοσθε		δοῦ δόσθε
Pple	διδόμενος, η, ον		δόμενος, η, ον
Inf.	δίδοσθαι		δόσθαι

τίθημι, θήσω, ἔθηκα, τέθηκα, τέθειμαι, ἐτέθην: put, place; make[7 times]

	Present	Imperfect	Aorist
Active	τίθημι τίθεμεν τίθης τίθετε τίθησιν τιθέāσιν	ἐτίθην ἐτίθεμεν ἐτίθεις ἐτίθετε ἐτίθει[75] ἐτίθεσαν	ἔθηκα ἔθεμεν ἔθηκας ἔθετε ἔθηκεν ἔθεσαν
Imp	τίθει τίθετε		θές θέτε
Pple	τιθείς, τιθεῖσα, τιθέν τιθέντος, -είσης, -έντος		θείς, θεῖσα, θέν θέντος, θεῖσα, θέντος
Inf.	τιθέναι		θεῖναι
Middle	τίθεμαι τιθέμεθα τίθεσαι τίθεσθε τίθεται τίθενται	ἐτιθέμην ἐτιθέμεθα ἐτίθεσο ἐτίθεσθε ἐτίθετο ἐτίθεντο	ἐθέμην ἐθέμεθα ἔθου ἔθεσθε ἔθετο ἔθεντο
Imp	τίθεσο τίθεσθε		θοῦ θέσθε
Pple	τιθέμενος, η, ον		θέμενος, η, ον
Inf.	τίθεσθαι		θέσθαι

Synopses: οἶδα, εἰμί, εἶμι

οἶδα: to know (pf. with pres. sense) [63 times]

	Perfect	**Pluperfect**	
Active	οἶδα ἴσμεν οἶσθα ἴστε οἶδε ἴσασι	ᾔδη ᾖσμεν ᾔδησθα ᾖστε ᾔδει ᾖσαν	
Imp	ἴσθι ἴστε		
Pple	εἰδώς, εἰδυῖα, εἰδός _{εἰδότος, εἰδυίας, εἰδότος}		
Inf.	εἰδέναι		
subj/opt	εἰδῶ εἰδῶμεν εἰδῇς εἰδῆτε εἰδῇ εἰδῶσι	εἰδείην εἰδεῖμεν εἰδείης εἰδεῖτε εἰδείη εἰδεῖεν	

εἰμί (to be)

	Present	**Imperfect**	
Active	εἰμί ἐσμέν εἶ ἐστέ ἐστίν εἰσίν	ἦ, ἦν ἦμεν ἦσθα ἦτε ἦν ἦσαν	
Imp	ἴσθι ἔστε		
Pple	ὤν, οὖσα, ὄν _{ὄντος, οὔσης, ὄντος}		
Inf.	εἶναι		
subj/opt	ὦ ὦμεν ᾖς ἦτε ᾖ ὦσιν	εἴην εἶμεν εἴης εἶτε εἴη εἶεν	

εἶμι (will go; present is employed as the fut. of ἔρχομαι)

	Present	**Imperfect**	
Active	εἶμι ἴμεν εἶ ἴτε εἶσι ἴᾱσιν	ᾖα ᾖμεν ᾔεισθα ᾖτε ᾔειν ᾖσαν	
Imp	ἴθι ἴτε		
Pple	ἰών, ἰοῦσα, ἰόν _{ἰόντος, ἰούσης, ἰόντος}		
Inf.	ἰέναι		
subj/opt	ἴω ἴωμεν ἴῃς ἴητε ἴῃ ἴωσιν	ἴοιμι ἴοιμεν ἴοις ἴοιτε ἴοι ἴοιεν	

Synopses: φύω, φαίνω

φύω

φύω is transitive or intransitive depending on the form. The present active, future active, and 1st aorist forms are transitive (produce, beget), while the present middle, future middle, 2nd aorist active, and perfect active are intransitive (be, be born). As the superscripts reveal below, the forms of φύω and its compounds ἐμφύω and ἐκφύω are employed once each is in the present and future but numerous times in the 1st aorist, 2nd aorist, and perfect tenses.

transitive (*bring forth, beget, produce*): φύω[1], φύσω[1], ἔφυσα
intransitive (*be (by nature), be born*): φύομαι, φύσομαι, ἔφυν, πέφυκα[3]

1st aorist (*begat*)

ἔφυσα	ἐφύσαμεν
ἔφυσας	ἐφύσατε[1]
ἔφυσε[2]	ἔφυσαν

pple φύσας[1], φύσασα, φύσαν

2nd aorist (formed as -μι verb) (*be, be born*)

ἔφυν[6]	ἔφυμεν
ἔφυς[3]	ἔφυτε
ἔφυ[4]	ἔφυσαν[1]

φύς[2], φῦσα, φύν

There are two additional points worth noting: (1) The 2nd aorist ἔφυν and its participle are employed often in the tragedy and follow the paradigm of 2nd aorist -μι verb, as above. (2) The 2nd aorist ἔφυν and perfect πέφυκα are very often translated with the present tense of the verb "to be" and govern nominative predicates.

φαίνω

φαίνω is also transitive or intransitive depending on the form. The 1st aorist active, 1st perfect, and 1st aorist passive are transitive (*show, reveal*), while the 2nd aorist active, 2nd perfect, and 2nd aorist passive are intransitive (*appear*). Some forms, such as the future passive and perfect passive, can be translated either way depending on the context. As the superscripts reveal, the forms of φαίνω and its compounds ἐκφαίνω and προφαίνω are employed with the following frequencies:

transitive (*show, reveal*):
φαίνω[1], φανέω[6] (φανέομαι[3]), ἔφηνα[3], πέφαγκα, πέφασμαι[2], ἐφάνθην[2]
show, will show, showed, have shown, have been shown, were shown

intransitive (*appear*):
φαίνομαι[2], φανήσομαι[2] (φανέομαι[1]), ---, πέφηνα, πέφασμαι[1], ἐφάνην[7]
appear, will appear, appeared, have appeared, have appeared, appeared

In some instances, it is difficult to decide between "was shown (to be)" and "appeared," and so the frequencies above are but approximations. Note that both the future φανέω and aorist pass. ἐφάνην, which employs the stem φαν- in participles and subjunctives, share a similar stem. Since both forms are found somewhat frequently, readers must be careful to distinguish the future from the perfect passive stem by the endings and context

Choral Odes

The metrical pattern in the first part of a choral ode, called a **strophe** 'a turning,' corresponds exactly to the second part of the choral ode, called the **antistrophe**, 'a turning back.' And so, whatever combination of meters Sophocles employs in the strophe section of an ode, he will employ in the same order and quantity in the antistrophe. This structure reflects the movement of the chorus, which dances in one direction during the strophe and in the opposite direction during the antistrophe.

It is easy for novice readers to feel both awe and dismay by the terminology and seemingly endless variations. As a result, I have included in the following pages the Greek text, scansion, and labeled meters for every choral ode in *Oedipus Tyrannus*. My hope, above all, is that this section will help readers develop confidence and appreciation when reciting, reading, and analyzing the meters within the odes.

For a more advanced study of versification in the odes, I recommend R. D. Dawe's edition of *Sophocles: Oedipus Rex*, which served as a guide for some of the more difficult lines in this appendix. There, Dawe offers the scansion and labeled meters for each line but removes the Greek text for a much cleaner presentation.

Nomenclature

Term	Pattern
Anapaest	˘ ˘ —
Bacchiac	˘ — —
Cretic	— ˘ —
Dactyl	— ˘ ˘
Dochmiac	˘ — — ˘ —
Iambic	˘ — ˘ —
Ionic	˘ ˘ — —
Parmemiac enoplian	˘ ˘ — ˘ ˘ — ˘ ˘ — —
Spondee	— —
Trochee	— ˘ — ˘

acephalous (ἀκέφαλος, headless) absense of a syllable at the *beginning* of a metron
catalectic (καταλήγω, stop short) absence of a syllable at the *end* of a metron
syncopated   absence of a syllable *within* a metron

Aeolic meters

Glyconic*	x x	— ˘ ˘ — ˘ —
Pherecratean*	x x	— ˘ ˘ — —
Reizianum	x	— ˘ ˘ — —
Telesillean	x	— ˘ ˘ — ˘ —

*x x is the 'Aeolic base'
It is almost never ˘ ˘.

Dactylo-Epitrite

This meter employs dactyls and epitrites (Grk. '4/3'), which refers to a ratio of four morae to three morae in $-\ -\ \smile\ -$ and $-\ \smile\ -$. The notation below describes common variations in this meter, which are employed only in lines 1086-1109.

e $-\ \smile\ -$
E $-\ \smile\ -$ x
E^2 $-\ \smile\ -$ x $-\ \smile\ -$ x $-\ \smile\ -$
d^1 $-\ \smile\ \smile\ -$
d^2 $\smile\ -\ -$
D $-\ \smile\ \smile\ -\ \smile\ \smile\ -$
D^2 $-\ \smile\ \smile\ -\ \smile\ \smile\ -\ \smile\ \smile\ -$

Summary of the Odes in *Oedipus Tyrannus*

Parodos (πάροδος, 'entrance, inroad')
    The chorus sings about the plague and calls on the gods.
    1st strophe/antistrophe, ll. 151-66
    2nd strophe/antistrophe, ll. 168-89
    3rd strophe/antistrophe, ll. 190-215

First Stasimon (στάσιμον, 'standing in the orchestra')
    The chorus speculates about Teiresias' claims.
    1st strophe/antistrophe, ll. 463-82
    2nd strophe/antistrophe, ll. 483-512

First Kommos (κομμός, 'striking of chest in lamentation)
    The chorus and Oedipus sing a song of lamentation together.
    strophe/antistrophe, ll. 649-696

Second Stasimon
    The chorus calls on the gods and reflects on the nature of oracles.
    1st strophe/antistrophe, ll. 863-82
    2nd strophe/antistrophe, ll. 883-910

Third Stasimon
    The chorus speculates about Oedipus' origin.
    1st strophe/antistrophe, ll. 1086-1109

Fourth Stasimon
    The chorus laments Oedipus' fate.
    1st strophe/antistrophe, ll. 1186-1203
    2nd strophe/antistrophe, ll. 1204-22

Second Kommos
    The chorus and Oedipus sing a song of lamentation together.
    1st strophe/antistrophe, ll. 1313-28
    2nd strophe/antistrophe, ll. 1329-68

Parados, 1st Strophe: 151-8, 159-66

Χορ ὦ Διὸς ἀδυεπὲς φάτι, τίς ποτε τᾶς πολυχρύσου 151 στρ. α — dactylic

Πυθῶνος ἀγλαὰς ἔβας — iambic dimeter

Θήβας; ἐκτέταμαι φοβερὰν φρένα, δείματι — dactylic

πάλλων,

ἰήιε Δάλιε Παιάν, — paroemiac enoplian

ἀμφὶ σοὶ ἀζόμενος τί μοι ἢ νέον 155 — dactylic tetrameter

ἢ περιτελλομέναις ὥραις πάλιν ἐξανύσεις χρέος. — dactylic

εἰπέ μοι, ὦ χρυσέας τέκνον Ἐλπίδος, ἄμβροτε Φάμα. — dactylic

πρῶτα σὲ κεκλόμενος, θύγατερ Διός, ἄμβροτ' Ἀθάνα αντ. α — dactylic

γαιάοχόν τ' ἀδελφεὰν 160 — iambic dimeter

Ἄρτεμιν, ἃ κυκλόεντ' ἀγορᾶς θρόνον εὐκλέα — dactylic

θάσσει,

καὶ Φοῖβον ἑκαβόλον, ἰὼ — paroemiac enoplian

τρισσοὶ ἀλεξίμοροι προφάνητέ μοι, — dactylic tetrameter

εἴ ποτε καὶ προτέρας ἄτας ὕπερ ὀρνυμένας πόλει 165 — dactylic

ἠνύσατ' ἐκτοπίαν φλόγα πήματος, ἔλθετε καὶ νῦν. 166 — dactylic

Parados, 2nd Strophe: 168-77, 178-89

ὦ πόποι, ἀνάριθμα γὰρ φέρω	iambic dimeter στρ. β
πήματα· νοσεῖ δέ μοι πρόπας	iambic dimeter paroemiac enoplian
στόλος, οὐδ' ἔνι φροντίδος ἔγχος	170
ᾧ τις ἀλέξεται. οὔτε γὰρ ἔκγονα	dactylic tetrameter
κλυτᾶς χθονὸς αὔξεται οὔτε τόκοισιν	anceps + dactylic tetrameter
ἰηίων καμάτων ἀνέχουσι γυναῖκες·	iambic + paroemiac enoplian
ἄλλον δ' ἂν ἄλλῳ προσίδοις ἅπερ εὔπτερον	iambic + dactylic tetrameter
ὄρνιν	175
κρεῖσσον ἀμαιμακέτου πυρὸς ὄρμενον	dactylic tetrameter
ἀκτὰν πρὸς ἑσπέρου θεοῦ.	iambic dimeter
ὧν πόλις ἀνάριθμος ὄλλυται·	iambic dimeter ἀντ. β
νηλέα δὲ γένεθλα πρὸς πέδῳ	iambic dimeter 180
θαναταφόρα κεῖται ἀνοίκτως·	paroemiac enoplian
ἐν δ' ἄλοχοι πολιαί τ' ἔπι ματέρες	dactylic tetrameter
ἀχὰν παραβώμιον ἄλλοθεν ἄλλαν	anceps + dactylic tetrameter
λυγρῶν πόνων ἱκετῆρες ἐπιστενάχουσιν.	iambic + paroemiac enoplian
παιὰν δὲ λάμπει στονόεσσά τε γῆρυς ὄμαυλος	iambic + dactylic tetra. 185
ὧν ὕπερ, ὦ χρυσέα θύγατερ Διός,	dactylic tetrameter
εὐῶπα πέμψον ἀλκάν.	iambic dimeter

118

Parados, 3rd Strophe: 190-202, 203-15

˘ ˘ ˘ ˘ ˘ – / ˘ ˘ – – Ἀρεά τε τὸν μαλερόν, ὃς	iambic + cretic 190 στρ. γ
– ˘ ˘ / – ˘ – νῦν ἄχαλκος ἀσπίδων	cretic + iambic
˘ – ˘ ˘ / ˘ – ˘ ˘ / ˘ – ˘ – – φλέγει με περιβόατον, ἀντιάζω	iambic dimeter + bacchiac
˘ – ˘ ˘ / – ˘ – ˘ – ˘ – – παλίσσυτον δράμημα νωτίσαι πάτρας	iambic trimeter
– ˘ ˘ / – ˘ – ἔπουρον, εἴτ' ἐς μέγαν	iambic + cretic
– ˘ ˘ / – ˘ – – θάλαμον Ἀμφιτρίτας	cretic + bacchiac 195
– ˘ – ˘ – ˘ – – εἴτ' ἐς τὸν ἀπόξενον ὅρμων	paroemiac enoplian
– ˘ ˘ / – ˘ – – Θρῄκιον κλύδωνα·	cretic + bacchiac
˘ – ˘ / – ˘ – ˘ – τελεῖν γὰρ εἴ τι νὺξ ἀφῇ,	iambic dimeter
– ˘ – ˘ / – ˘ – τοῦτ' ἐπ' ἦμαρ ἔρχεται·	cretic + iambic
– ˘ – / ˘ – ˘ – – τόν, ὦ τᾶν πυρφόρων	bacchiac + cretic 200
˘ – ˘ / – ˘ – ˘ – ἀστραπᾶν κράτη νέμων,	cretic + iambic
˘ – ˘ – ˘ / – ˘ – / ˘ – ˘ – – ὦ Ζεῦ πάτερ, ὑπὸ σῷ φθίσον κεραυνῷ,	iambic dimeter + bacchiac
– ˘ – ˘ / – ˘ – ˘ – Λύκει' ἄναξ, τά τε σὰ χρυ-	iambic + cretic ἀντ. γ
– ˘ – / ˘ – ˘ – σοστρόφων ἀπ' ἀγκυλᾶν	cretic + iambic
˘ – ˘ ˘ / ˘ – ˘ / ˘ – ˘ – – βέλεα θέλοιμ' ἂν ἀδάματ' ἐνδατεῖσθαι	iambic dimeter + bacchiac 205
˘ – ˘ – ˘ / – ˘ – ˘ – ˘ – – ἀρωγὰ προσταχθέντα τάς τε πυρφόρους	iambic trimeter
– ˘ ˘ – ˘ / – ˘ – Ἀρτέμιδος αἴγλας, ξὺν αἷς	iambic + cretic
– ˘ ˘ – ˘ / – ˘ – – Λύκι' ὄρεα διάσσει·	cretic + bacchiac
– ˘ ˘ – / ˘ – ˘ – – τὸν χρυσομίτραν τε κικλήσκω,	paroemiac enoplian
– ˘ – / ˘ – – τᾶσδ' ἐπώνυμον γᾶς,	cretic + bacchiac 210
˘ – ˘ / – ˘ – ˘ – οἰνῶπα Βάκχον εὔιον,	iambic dimeter
– ˘ – / ˘ – ˘ – Μαινάδων ὁμόστολον,	cretic + iambic
˘ – ˘ – ˘ / ˘ – – πελασθῆναι φλέγοντ' 213 bacchiac + cretic ἀγλαῶπι (– ˘ –) 214 cretic + iambic
– ˘ – ˘ / ˘ – ˘ – ˘ – – πεύκᾳ 'πὶ τὸν ἀπότιμον ἐν θεοῖς θεόν.	iambic dimeter + bacchiac 215

119

1st Stasimon, 1st Strophe: 463-72, 473-82

Χορ	τίς ὅντιν' ἁ θεσπιέπεια	iambic + choriamb στρ. α
	Δελφὶς εἶπε πέτρα	iambic + bacchiac
	ἄρρητ' ἀρρήτων τελέσαν-	choriambic dimeter 465
	τα φοινίαισι χερσίν;	iambic + bacchiac
	ὥρα νιν ἀελλάδων	telesillean
	ἵππων σθεναρώτερον	telesillean
	φυγᾷ πόδα νωμᾶν.	reizianum
	ἔνοπλος γὰρ ἐπ' αὐτὸν ἐπενθρῴσκει	anapaestic dimeter
	πυρὶ καὶ στεροπαῖς ὁ Διὸς γενέτας,	anapaestic dimeter 470
	δειναὶ δ' ἅμ' ἕπονται	reizianum
	κῆρες ἀναπλάκητοι	ithyphallic
		iambic + choriamb
	ἔλαμψε γὰρ τοῦ νιφόεν-	ἀντ. α
	τος ἀρτίως φανεῖσα	iambic + bacchiac choriambic dimeter 475
	φάμα Παρνασοῦ τὸν ἄδη-	
	λον ἄνδρα πάντ' ἰχνεύειν.	iambic + bacchiac
	φοιτᾷ γὰρ ὑπ' ἀγρίαν	telesillean
	ὕλαν ἀνά τ' ἄντρα καὶ	telesillean
	πέτρας ἰσόταυρος	reizianum
	μέλεος μελέῳ ποδὶ χηρεύων,	anapaestic dimeter
	τὰ μεσόμφαλα γᾶς ἀπονοσφίζων	anapaestic dimeter 480
	μαντεῖα· τὰ δ' ἀεὶ	reizianum
	ζῶντα περιποτᾶται.	ithyphallic

1st Stasimon, 2nd Strophe: 483-96, 497-511

δεινὰ μὲν οὖν, δεινὰ ταράσσει   στρ. β

σοφὸς οἰωνοθέτας   choriamic tetrameter

οὔτε δοκοῦντ' οὔτ' ἀποφάσκονθ'·   485

ὅ τι λέξω δ' ἀπορῶ.   choriamic tetrameter

πέτομαι δ' ἐλπίσιν οὔτ' ἐν-

θάδ' ὁρῶν οὔτ' ὀπίσω.   ionic tetrameter catalectic

τί γὰρ ἢ Λαβδακίδαις   ionic dimeter catalectic

ἢ τῷ Πολύβου νεῖ-   ionic dimeter syncopated
                                                                       490

κος ἔκειτ', οὔτε πάροιθέν

ποτ' ἔγωγ' οὔτε τανῦν πω   ionic tetrameter

ἔμαθον, πρὸς ὅτου δὴ   ionic dimeter syncopated

βασανίζων βασάνῳ   ionic dimeter catalectic

ἐπὶ τὰν ἐπίδαμον   ionic dimeter syncopated
                                                                       495

φάτιν εἶμ' Οἰδιπόδα Λαβδακίδαις   ionic trimeter syncopated

ἐπίκουρος ἀδήλων θανάτων.   ionic trimeter syncopated and catalectic

ἀλλ' ὁ μὲν οὖν Ζεὺς ὅ τ' Ἀπόλλων   ἀντ. β

ξυνετοὶ καὶ τὰ βροτῶν   choriamic tetrameter

εἰδότες· ἀνδρῶν δ' ὅτι μάντις
                                                                       choriamic tetrameter
πλέον ἢ 'γὼ φέρεται,   500

κρίσις οὐκ ἔστιν ἀλαθής·

σοφίᾳ δ' ἂν σοφίαν   ionic tetrameter catalectic

παραμείψειεν ἀνήρ.   ionic dimeter catalectic

ἀλλ' οὔποτ' ἔγωγ' ἄν,   ionic dimeter syncopated

πρὶν ἴδοιμ' ὀρθὸν ἔπος, μεμ-   505

φομένων ἂν καταφαίην.   ionic tetrameter
                                                                       ionic dimeter syncopated
φανερὰ γὰρ ἐπ' αὐτῷ

                    ionic dimeter catalectic   ionic tri. syn.
πτερόεσσ' ἦλθε κόρα   508   βασάνῳ θ' ἁδύπολις τῷ ἀπ' ἐμᾶς   510
                    ionic dimeter syncopated   ionic syn. cata.
ποτέ, καὶ σοφὸς ὤφθη   509   φρενὸς οὔποτ' ὀφλήσει κακίαν.   511

121

1st Kommos, Strophe: 649-67

Χορ	⏑ − ⏑ − / ⏑ − ⏑ − πιθοῦ θελήσας φρονή-	στρ.
	− ⏑ − − / ⏑ − ⏑ − σας τ', ἄναξ, λίσσομαι.	iambic + cretic trimeter 650
Οἰδ	⏑ − ⏑ ⏑ − − / − ⏑ − τί σοι θέλεις δῆτ' εἰκάθω;	iambic dimeter
Χορ	⏑ − ⏑ − / − ⏑ − τὸν οὔτε πρὶν νήπιον	iambic + cretic
	− − / ⏑ − − / ⏑ − ⏑ − ⏑ − νῦν τ' ἐν ὅρκῳ μέγαν καταίδεσαι.	cretic dimeter + iambic

Οἰδ
Χορ
Οἰδ
	− − − − / ⏑ −
	οἶσθ' οὖν ἃ χρῄζεις;
	               οἶδα. − / ⏑ − − −
	                              φράζε δὴ τί φῄς.
		iambic trimeter
		655

Χορ	⏑ ⏑ ⏑ ⏑ − / ⏑ ⏑ − − ⏑ ⏑ − τὸν ἐναγῆ φίλον μήποτ' ἐν αἰτίᾳ	dochmiac dimeter
	⏑ − ⏑ − / ⏑ − ⏑ ⏑ ⏑ − σὺν ἀφανεῖ λόγῳ σ' ἄτιμον βαλεῖν.	dochmiac dimeter
Οἰδ	− ⏑ ⏑ − / ⏑ − − / ⏑ − ⏑ εὖ νυν ἐπίστω, ταῦθ' ὅταν ζητῇς, ἐμοὶ	iambic trimeter
	− − ⏑ − / ⏑ − − / ⏑ − ⏑ − ζητῶν ὄλεθρον ἢ φυγὴν ἐκ τῆσδε γῆς.	iambic trimeter spondee + iambic dimeter
Χορ	⏑ − − − / ⏑ − ⏑ ⏑ − ⏑ οὐ τὸν πάντων θεῶν θεὸν πρόμον	660
	− ⏑ ⏑ ⏑ − / ⏑ − ⏑ ⏑ − ⏑ Ἅλιον· ἐπεὶ ἄθεος ἄφιλος ὅ τι πύματον	dochmiac dimeter
	⏑ − − / ⏑ − − / ⏑ − ⏑ ὀλοίμαν, φρόνησιν εἰ τάνδ' ἔχω.	dochmiac dimeter cretic trimeter 665
	⏑ − ⏑ ⏑ − ⏑ / − ⏑ ⏑ − ἀλλά μοι δυσμόρῳ γᾶ φθινὰς	bacchiae + cretic + iambic
	− ⏑ − ⏑ − / − ⏑ − ⏑ − τρύχει ψυχάν, τάδ' εἰ κακοῖς κακὰ	bacchiae + cretic + bacchiae
	− ⏑ − ⏑ − ⏑ ⏑ − ⏑ − προσάψει τοῖς πάλαι τὰ πρὸς σφῶν.	

1st Kommos, Antistrophe: 678-96

Χορ	γύναι, τί μέλλεις κομί-	ἀντ.
	ζειν δόμων τόνδ' ἔσω;	iambic + cretic trimeter
		iambic dimeter
Ἰοκ	μαθοῦσά γ' ἥτις ἡ τύχη.	680
Χορ	δόκησις ἀγνὼς λόγων	iambic + cretic
	ἦλθε, δάπτει δὲ καὶ τὸ μὴ 'νδικον.	cretic dimeter + iambic
Ἰοκ	ἀμφοῖν ἀπ' αὐτοῖν;	
Χορ	ναίχι.	iambic trimeter
Ἰοκ	καὶ τίς ἦν λόγος;	
		dochmiac dimeter
Χορ	ἅλις ἔμοιγ', ἅλις, γᾶς προπονουμένας,	685
	φαίνεται ἔνθ' ἔληξεν αὐτοῦ μένειν.	dochmiac dimeter
Οἰδ	ὁρᾷς ἵν' ἥκεις, ἀγαθὸς ὢν γνώμην ἀνήρ,	iambic trimeter
	τοὐμὸν παριεὶς καὶ καταμβλύνων κέαρ;	iambic trimeter
		spondee + iambic dimeter
Χορ	ὦναξ, εἶπον μὲν οὐχ ἅπαξ μόνον,	690
	ἴσθι δὲ παραφρόνιμον, ἄπορον ἐπὶ φρόνιμα	dochmiac dimeter
	πεφάνθαι μ' ἄν, εἴ σ' ἐνοσφιζόμαν,	dochmiac dimeter
	ὅς τ' ἐμὰν γᾶν φίλαν ἐν πόνοις	cretic trimeter
		bacchiae + cretic + iambic
	ἀλύουσαν κατ' ὀρθὸν οὔρισας,	695
	τανῦν τ' εὔπομπος ἂν γένοιο.	bacchiae + cretic + bacchiae

2nd Stasimon, 1st Strophe: 863-71, 872-882

Χορ	εἴ μοι ξυνείη φέροντι μοῖρα τὰν	iambic + cretic + iambic στρ. α
	εὔσεπτον ἁγνείαν λόγων	iambic dimeter
	ἔργων τε πάντων, ὧν νόμοι πρόκεινται	iambic dimeter + bacchiae 865
	ὑψίποδες, οὐρανίαν	cretic + choriamb
	δι' αἰθέρα τεκνωθέντες, ὧν Ὄλυμπος	iambic dimeter + bacchiae
	πατὴρ μόνος, οὐδέ νιν	telesillean
	θνατὰ φύσις ἀνέρων	telesillean
	ἔτικτεν οὐδὲ μή ποτε λά-	
	θα κατακοιμάσῃ·	iambic + anceps + choriambic dimeter + spondee 870
	μέγας ἐν τούτοις θεὸς οὐδὲ γηράσκει.	ionic + dochmiac + spondee
	ὕβρις φυτεύει τύραννον· ὕβρις, εἰ	iambic + cretic + iambic ἀντ. α
	πολλῶν ὑπερπλησθῇ μάταν,	iambic dimeter
	ἃ μὴ 'πίκαιρα μηδὲ συμφέροντα,	iambic dimeter + bacchiae 875
	ἀκρότατον εἰσαναβᾶσ'	cretic + choriamb
	αἶπος ἀπότομον ὤρουσεν εἰς ἀνάγκαν,	iambic dimeter + bacchiae
	ἔνθ' οὐ ποδὶ χρησίμῳ	telesillean
	χρῆται. τὸ καλῶς δ' ἔχον	telesillean
	πόλει πάλαισμα μήποτε λῦ-	880
	σαι θεὸν αἰτοῦμαι.	iambic + anceps + choriambic dimeter + spondee
	θεὸν οὐ λήξω ποτὲ προστάταν ἴσχων.	ionic + dochmiac + spondee

2nd Stasimon, 2nd Strophe: 883-96, 897-910

εἰ δέ τις ὑπέροπτα χερσὶν	trochaic dimeter στρ. β
ἢ λόγῳ πορεύεται,	cretic + iambic
δίκας ἀφόβητος οὐδὲ	choriambic enoplian 885
δαιμόνων ἕδη σέβων,	cretic + iambic
κακά νιν ἕλοιτο μοῖρα,	choriambic enoplian
δυσπότμου χάριν χλιδᾶς,	cretic + iambic
εἰ μὴ τὸ κέρδος κερδανεῖ δικαίως	iambic trimeter catalectic
καὶ τῶν ἀσέπτων ἔρξεται	iambic dimeter 890
ἢ τῶν ἀθίκτων θίξεται ματάζων.	iambic trimeter catalectic
τίς ἔτι ποτ' ἐν τοῖσδ' ἀνὴρ θεῶν βέλη	iambic + cretic + iambic
εὔξεται ψυχᾶς ἀμύνειν;	iambic dimeter
εἰ γὰρ αἱ τοιαίδε πράξεις τίμιαι,	trochaic trimeter catalectic 895
τί δεῖ με χορεύειν;	reizianum
οὐκέτι τὸν ἄθικτον εἶμι	trochaic dimeter ἀντ. β
γᾶς ἐπ' ὀμφαλὸν σέβων,	cretic + iambic
οὐδ' ἐς τὸν Ἀβαῖσι ναὸν	choriambic enoplian 900
οὐδὲ τὰν Ὀλυμπίαν,	cretic + iambic
εἰ μὴ τάδε χειρόδεικτα	choriambic enoplian
πᾶσιν ἁρμόσει βροτοῖς.	cretic + iambic
ἀλλ', ὦ κρατύνων, εἴπερ ὄρθ' ἀκούεις,	iambic trimeter catalectic
Ζεῦ, πάντ' ἀνάσσων, μὴ λάθοι	iambic dimeter
σὲ τάν τε σὰν ἀθάνατον αἰὲν ἀρχάν.	iambic trimeter catalectic 905
φθίνοντα γὰρ Λαΐου παλαίφατα	iambic + cretic + iambic
θέσφατ' ἐξαιροῦσιν ἤδη,	iambic dimeter
κοὐδαμοῦ τιμαῖς Ἀπόλλων ἐμφανής·	trochaic trimeter catalectic
ἔρρει δὲ τὰ θεῖα.	reizianum 910

3rd Stasimon, 1st Strophe: 1086-97, 1098-1109

Χορ εἴπερ ἐγὼ μάντις εἰ-   all are dactylo-epitrites: d^1 e
                                  στρ.

μὶ καὶ κατὰ γνώμαν ἴδρις,   ‾ E

οὐ τὸν Ὄλυμπον ἀπείρ   D

-ων, ὦ Κιθαιρών, οὐκ ἔσει τὰν αὔριον   ‾ E ‾ e

πανσέληνον, μὴ οὐ σέ γε καὶ πατριώταν Οἰδίπουν 1090 e ‾ D ‾ e

καὶ τροφὸν καὶ ματέρ' αὔξειν,   E ‾

καὶ χορεύεσθαι πρὸς ἡ-   E

μῶν, ὡς ἐπὶ ἦρα φέροντ   ‾ D
                         iambic dimeter catalectic
-α τοῖς ἐμοῖς τυράννοις.   1095

ἰήιε Φοῖβε, σοὶ δὲ

ταῦτ' ἀρέστ' εἴη.   telesillean + iambic + spondee

τίς σε, τέκνον, τίς σ' ἔτικ-   all are dactylo-epitrites: d^1 e
                                 ἀντ.

τε τᾶν μακραιώνων ἄρα   ‾ E

Πανὸς ὀρεσσιβάτα   1100   D

πα- τρὸς πελασθεῖσ'; ἢ σέ γ' εὐνάτειρά τις   ‾ E ‾ e

Λοξίου; τῷ γὰρ πλάκες ἀγρόνομοι πᾶσαι

φίλαι·   e ‾ D ‾ e

εἴθ' ὁ Κυλλάνας ἀνάσσων,   E ‾

εἴθ' ὁ Βακχεῖος θεὸς   1105   E
                                    see 1197
ναίων ἐπ' ἄκρων ὀρέων   ‾ D   Νυμφᾶν Ἑλικωνίδων, αἷς

σ' εὕ- ρημα δέξατ' ἔκ του   iamb dim. cata.   πλεῖστα συμπαίζει.

126

4th Stasimon, 1st Strophe: 1186-95, 1196-1203

Χορ ἰὼ γενεαὶ βροτῶν,   telesillean 1186 στρ. α

ὡς ὑμᾶς ἴσα καὶ τὸ μη-   glyconic

δὲν ζώσας ἐναριθμῶ.   pherecratean

τίς γάρ, τίς ἀνὴρ πλέον   telesillean

τᾶς εὐδαιμονίας φέρει   glyconic 1190

ἢ τοσοῦτον ὅσον δοκεῖν   glyconic

καὶ δόξαντ' ἀποκλῖναι;   pherecratean

τὸν σόν τοι παράδειγμ' ἔχων,   glyconic

τὸν σὸν δαίμονα, τὸν σόν, ὦ   glyconic

τλᾶμον Οἰδιπόδα, βροτῶν   glyconic 1195

οὐδὲν μακαρίζω·   reizanum

ὅστις καθ' ὑπερβολὰν   telesillean ἀντ. α

τοξεύσας ἐκράτησε τοῦ   glyconic

πάντ' εὐδαίμονος ὄλβου,   pherecratean

ὦ Ζεῦ, κατὰ μὲν φθίσας   telesillean

τὰν γαμψώνυχα παρθένον   glyconic

χρησμῳδόν, θανάτων δ' ἐμᾷ   glyconic 1200

χώρᾳ πύργος ἀνέστα·   pherecratean

ἐξ οὗ καὶ βασιλεὺς καλεῖ   glyconic

ἐμὸς καὶ τὰ μέγιστ' ἐτι-   glyconic

μάθης, ταῖς μεγάλαισιν ἐν   glyconic   Θήβαισιν ἀνάσσων.   reizanum

4th Stasimon, 2nd Strophe: 1204-13, 1214-22

τανῦν δ' ἀκούειν τίς ἀθλιώτερος;	iambic + cretic + iambic στρ. β
τίς ἄταις ἀγρίαις, τίς ἐν πόνοις	bacchiac + cretic + iambic 1205
ξύνοικος ἀλλαγᾷ βίου;	iambic dimeter
ἰὼ κλεινὸν Οἰδίπου κάρα,	dochmiac + iambic
ᾗ στέγας λιμὴν	hypodochmiac
αὐτὸς ἤρκεσεν	hypodochmiac
παιδὶ καὶ πατρὶ	hypodochmiac
θαλαμηπόλῳ πεσεῖν;	acephalous choriambic dimeter 1210
πῶς ποτε πῶς ποθ' αἱ πατρῷ-	choriamb + transposed choriamb
αἵ σ' ἄλοκες φέρειν, τάλας,	choriamb + transposed choriamb
σῖγ' ἐδυνάθησαν ἐς τοσόνδε;	choriamb + cretic + bacchiac
ἐφηῦρέ σ' ἄκονθ' ὁ πάνθ' ὁρῶν χρόνος,	iambic + cretic + iambic ἀντ. β
δικάζει τ' ἄγαμον γάμον πάλαι	bacchiac + cretic + iambic
τεκνοῦντα καὶ τεκνούμενον.	iambic dimeter 1215
ἰώ, Λαΐειον ὦ τέκνον,	dochmiac + iambic
εἴθε σ' εἴθε σε	hypodochmiac
μήποτ' εἰδόμαν.	hypodochmiac
δύρομαι γὰρ ὥσ-	hypodochmiac
περ ἰάλεμον χέων	acephalous choriambic dimeter
ἐκ στομάτων. τὸ δ' ὀρθὸν εἰ-	choriamb + iambic 1220
πεῖν, ἀνέπνευσά τ' ἐκ σέθεν	choriamb + iambic
καὶ κατεκοίμασα τοὐμὸν ὄμμα.	choriamb + cretic + bacchiac

2nd Kommos, 1st Strophe: 1313-20, 1321-28

Οἰδ	ἰὼ σκότου	iambic στρ. α
	νέφος ἐμὸν ἀπότροπον, ἐπιπλόμενον ἄφατον,	dochmiac dimeter
	ἀδάματόν τε καὶ δυσούριστον ὄν.	dochmiac dimeter 1315
	οἴμοι,	spondee
	οἴμοι μάλ' αὖθις· οἷον εἰσέδυ μ' ἅμα	iambic trimeter
	κέντρων τε τῶνδ' οἴστρημα καὶ μνήμη κακῶν.	iambic trimeter
Χορ	καὶ θαῦμά γ' οὐδὲν ἐν τοσοῖσδε πήμασιν	iambic trimeter
	διπλᾶ σε πενθεῖν καὶ διπλᾶ φορεῖν κακά.	iambic trimeter 1320
Οἰδ	ἰὼ φίλος,	iambic 1321 ἀντ. α
	σὺ μὲν ἐμὸς ἐπίπολος ἔτι μόνιμος· ἔτι γὰρ	dochmiac dimeter
	ὑπομένεις με τὸν τυφλὸν κηδεύων.	dochmiac dimeter
	φεῦ φεῦ.	spondee
	οὐ γάρ με λήθεις, ἀλλὰ γιγνώσκω σαφῶς,	iambic trimeter 1325
	καίπερ σκοτεινός, τήν γε σὴν αὐδὴν ὅμως.	iambic trimeter
Χορ	ὦ δεινὰ δράσας, πῶς ἔτλης τοιαῦτα σὰς	iambic trimeter
	ὄψεις μαρᾶναι; τίς σ' ἐπῆρε δαιμόνων;	iambic trimeter

2nd Kommos, 2nd Strophe: 1329-48

Οἰδ	Ἀπόλλων τάδ' ἦν, Ἀπόλλων, φίλοι,	dochmiac dimeter στρ. β
	ὁ κακὰ κακὰ τελῶν ἐμὰ τάδ' ἐμὰ πάθεα.	dochmiac dimeter 1330
	ἔπαισε δ' αὐτόχειρ νιν οὔ-	iambic dimeter
	τις, ἀλλ' ἐγὼ τλάμων.	iambic + spondee
	τί γὰρ ἔδει μ' ὁρᾶν,	dochmiac
	ὅτῳ γ' ὁρῶντι μηδὲν ἦν ἰδεῖν γλυκύ;	iambic trimeter 1335
Χορ	ἦν ταῦδ' ὅπωσπερ καὶ σύ φῄς	iambic dimeter
Οἰδ	τί δῆτ' ἐμοὶ βλεπτὸν ἢ	iambic + cretic
	στερκτὸν ἢ προσήγορον	iambic + cretic
	ἔτ' ἔστ' ἀκούειν ἡδονᾷ, φίλοι;	iambic + spondee + iambic
	ἀπάγετ' ἐκτόπιον ὅτι τάχιστά με,	dochmiac dimeter 1340
	ἀπάγετ', ὦ φίλοι, τὸν μέγ' ὀλέθριον,	dochmiac dimeter
	τὸν καταρατότατον, ἔτι δὲ καὶ θεοῖς	dochmiac dimeter 1345
	ἐχθρότατον βροτῶν.	dochmiac
Χορ	δείλαιε τοῦ νοῦ τῆς τε συμφορᾶς ἴσον,	iambic trimeter
	ὥς σ' ἠθέλησα μηδέ γ' ἂν γνῶναί ποτε.	iambic trimeter

2ⁿᵈ Kommos, 2ⁿᵈ Antistrophe: 1349-68

Οἰδ ὄλοιθ᾽ ὅστις ἦν, ὃς ἀγρίας πέδας	dochmiac dimeter ἀντ. β
μονάδ᾽ ἐπιποδίας ἔλυσ᾽ μ᾽ ἀπό τε φόνου	dochmiac dimeter 1350
ἔρυτο κἀνέσωσεν, οὐ-	iambic dimeter
δὲν εἰς χάριν πράσσων.	iambic + spondee
τότε γὰρ ἂν θανὼν	dochmiac
οὐκ ἦ φίλοισιν οὐδ᾽ ἐμοὶ τοσόνδ᾽ ἄχος.	iambic trimeter 1355
Χορ θέλοντι κἀμοὶ τοῦτ᾽ ἂν ἦν.	iambic dimeter
Οἰδ οὔκουν πατρός γ᾽ ἂν φονεὺς	iambic + cretic
ἦλθον οὐδὲ νυμφίος	iambic + cretic
βροτοῖς ἐκλήθην ὧν ἔφυν ἄπο.	iambic + spondee + iambic
νῦν δ᾽ ἄθεος μέν εἰμ᾽, ἀνοσίων δὲ παῖς,	dochmiac dimeter 1360
ὁμολεχὴς δ᾽ ἀφ᾽ ὧν αὐτὸς ἔφυν τάλας.	dochmiac dimeter
εἰ δέ τι πρεσβύτερον ἔτι κακοῦ κακόν	dochmiac dimeter 1365
τοῦτ᾽ ἔλαχ᾽ Οἰδίπους.	dochmiac
Χορ οὐκ οἶδ᾽ ὅπως σε φῶ βεβουλεῦσθαι καλῶς·	iambic trimeter
κρείσσων γὰρ ἦσθα μηκέτ᾽ ὢν ἢ ζῶν τυφλός.	iambic trimeter

Sophocles' *Oedipus Tyrannus*
Alphabetized Vocabulary (10 or more times)

The following is a running list of all words that occur ten or more times in *Oedipus Tyrannus*. A running list is found in the introduction to this volume. These words are not included in the commentary and therefore must be reviewed as soon as possible. The number of occurrences, indicated at the end of the dictionary entry, were tabulated by the author.

ἀκούω, ἀκούσομαι, ἤκουσα, ἀκήκοα, ἠκούσθην: to hear, listen to, 20
ἀλλά: but, 91
ἄλλος, -η, -ο: other, one...another, 36
ἄν: modal adv. ("ever"), 110
ἄναξ, ὁ: a lord, master, 24
ἀνήρ, ἀνδρός, ὁ: a man, 60
ἀπό: from, away from. (+ gen.), 24
αὐδάω: to say, speak, utter, 11
αὐτός, -ή, -ό: he, she, it; the same; -self, 71

βίος, ὁ: life, 15
βλέπω, βλέψω, ἔβλεψα: look, look at, 12
βροτός, ὁ, ἡ: a mortal, human, 12

γάρ: for, since, 155
γε: at least, at any rate; indeed, 89
γῆ, ἡ: earth, 31
γίγνομαι, γενήσομαι, ἐγενόμην, γέγονα: come to be, become, 16
γιγνώσκω, γνώσομαι, ἔγνων, ἔγνωκα, ἐγνώσθην: learn, recognize, 10
γυνή, γυναικός, ἡ: a woman, wife, 26

δέ: but, and, on the other hand, 126
δεῖ: it is necessary, must, ought (+ inf.), 12
δεινός, -ή, -όν: terrible; strange, wondrous, 23
δή: indeed, surely, really, certainly, just, 14
δῆτα: certainly, to be sure, of course, 24
διπλοῦς, -ῆ, -οῦν: double, two-fold, 11
δαιμων, -ονος, ὁ: divine spirit, fate, 12
δοκέω, δόξω, ἔδοξα, δέδογμαι: to seem, seem best, think, imagine, 18
δράω, δράσω, ἔδρασα, δέδρακα, δέδραμαι, ἐδράσθην: to do, work, 26

ἐγώ: I, 246
εἰ: if, whether, 77
εἰμί, ἔσομαι: to be, exist, 153
εἶπον: *aor*. said, spoke, 26
εἰς (ἐς): into, to, in regard to (+ acc.), 48
εἷς, μία, ἕν: one, single, alone, 20

Alphabetized Core Vocabulary

εἰσ-οράω, -όψομαι, -εῖδον: to look upon, view, behold, 11
εἴ-τε: or, either...or; whether...or, 12
ἐκ, ἐξ: out of, from (+ gen.), 44
ἐμαυτοῦ, -ῆς, -οῦ: myself, 14
ἐμός, -ή, -όν: my, mine, 56
ἐν: in, on, among. (+ dat.), 49
ἔνθα: where; there, 10
ἐπεί: when, after, since, because, 16
ἐπί: to, toward (acc), on near, at (dat.), 29
ἔπος, -εος, τό: a word, message, 15
ἔργον, τό: work, labor, deed, act, 12
ἐρέω: will say (fut. λέγω) 14
ἔρχομαι, εἶμι, ἦλθον, ἐλήλυθα: to come or go, 44
ἔτι: still, besides, further, 22
εὖ: well, 15
εὑρίσκω, εὑρήσω, ηὗρον, ηὕρηκα, εὕρημαι, εὑρέθην: find, devise, 10
ἔχω, ἕξω, ἔσχον, ἔσχηκα: to have, hold; be able; be disposed, 42

ζάω, ζήσω: to live, 12
Ζεύς, ὁ: Zeus, 10

ἤ: or (either...or); than, 61
ἦ: truly (often introduces questions) 22
ἤδη: already, now, at this time, 16
ἡμεῖς: we, 20

θέλω (ἐθέλω), ἐθελήσω, ἠθέλησα, ἠθέληκα: to be willing, wish, desire, 14
θεός, ὁ: a god, divinity, 50
θνῄσκω, θανοῦμαι, ἔθανον, τέθνηκα: to die, 21

ἱκνέομαι, ἵξομαι, ἱκόμην, ἷγμαι: to come to, attain, reach, 12
ἵνα: in order that (+ subj.); where (+ ind.), 11
ἴσος, -η, -ον: equal, fair, alike, 16

καί: and, also, even, too, 245
κακός, -ή, -όν: bad, base, cowardly, evil, 67
καλός, -ή, -όν: beautiful, fine, noble; adv. well, 17
κατά: down along (acc), down from (gen), 10
κεῖνος (ἐκεῖνος), -η, -ον: that, those, 29
κλύω: hear, 11
Κρέων, -οντος, ὁ: Creon, 13
κτείνω, κτενῶ, ἔκτεινα, ἀπέκτονα: to kill, 15

Λάιος, -ου, ὁ: Laius, 24
λαμβάνω, λήσω, ἔλαθον, λέληθα: take, receive, catch, grasp, 20
λέγω, λέξω (ἐρέω), ἔλεξα (εἶπον), εἴλοχα, ἐλέγην: to say, speak, 51

λόγος, ὁ: word, talk, discourse; account, 23
μάλιστα: most of all; certainly, especially, 12
μανθάνω, μαθήσομαι, ἔμαθον, μεμάθηκα: to learn, understand, 18
μέγας, μεγάλη, μέγα: big, great, important 13
μέν: on the one hand, 73
μή: not, lest, 68
μη-δέ: and not, but not, nor, 12
μηδ-είς, μηδ-εμία, μηδ-έν: no one, nothing, 16
μή-τε: and not, 18
μήτηρ, ἡ: a mother, 20
μόνος, -η, -ον: alone, solitary, forsaken, 19

νιν: him, her (not reflexive) 19
νῦν: now; as it is, 42

ξένος, ὁ: foreigner, stranger, guest-friend, 12

ὁ, ἡ, τό: the, 516
ὅδε, ἥδε, τόδε: this, this here, 190
οἶδα: to know, 52
Οἰδίπους, ὁ: Oedipus, 21
οἶκος, ὁ: a house, abode, dwelling, 13
οἷος, -α, -ον: of what sort, such, as, 19
ὄλλυμι, ὀλῶ, ὤλεσα, ὄλωλα: to destroy, lose; *mid.* perish, die, 16
ὅμως: nevertheless, however, yet, 10
ὅπως: how, in what way; (in order) that, 14
ὁράω, ὄψομαι, εἶδον, ἑώρακα, ὤφθην: to see, look, behold, 24+ 22
ὀρθός, -ή, -όν: straight, upright, right, 13
ὅς, ἥ, ὅ: who, which, that, 119 + 589
ὅσος, -η, -ον: as much as, many as, 16
ὅσπερ, ἥπερ, ὅπερ: (very one) who, what-, 10
ὅστις, ἥτις, ὅ τι: whoever, which-, what-, 26
οὐ, οὐκ, οὐχ: not, 169
οὐδ-είς, οὐδε-μία, οὐδ-έν: no one, nothing, 29
οὐδέ: and not, but not, nor, not even, 44
οὖν: and so, then; at all events, 24
οὔ-τε: and not, neither...nor, 38
οὗτος, αὕτη, τοῦτο: this, these, 113

παῖς, παιδός, ὁ, ἡ: a child, boy, girl; slave, 28
πάλαι: long ago, long, all along, 16
παρά: from, at, to the side of, 14
πάρ-ειμι, -έσομαι: be near, be present, be at hand, 13
πᾶς, πᾶσα, πᾶν: every, all, the whole, 49

Alphabetized Core Vocabulary

πατήρ, ὁ: a father, 33
πέμπω, πέμψω, ἔπεμψα, πέπομφα, ἐπέμφθην: to send, conduct, 13
πλέων (πλείων), -ον: more, greater, 11
ποῖος, -α, -ον: what sort of? what kind of? 24
πόλις, ἡ: a city, 25
Πόλυβος, -ου, ὁ: Polybus, 11
πολύς, πολλά, πολύ: much, many, 22
ποτέ: ever, at some time, once, 40
πράσσω, πράξω, ἔπραξα, πέπραχα, ἐπράχθην: do, accomplish, 13
πρός: to (acc.), near, in addition to (dat.), 61
πω: yet, up to this time, before, 17
πῶς: how? in what way? 20

σαφής, -ές: reliable, definite, clear, distinct, 14
σός, -ή, -όν: your, yours, 27
σύ: you, 160
ταχύς, -εῖα, -ύ: quick, swift, hastily, 10
τε: and, both, 108
τέκνον, τό: a child, 18
τις, τι: anyone, anything, someone, something, 78
τίς, τί: who? which? 102
τοιόσδε, -άδε, -όνδε: such, this (here) sort, 12
τοιοῦτος, -αύτη, -οῦτο: such, 13
τυγχάνω, τεύξομαι, ἔτυχον, τετύχημα: chance upon, get; happen, 12
τύχη, ἡ: chance, luck, fortune, success, 13

ὑμεῖς: you, 23

φαίνω, φανῶ, ἔφηνα, ἐφάνθην (ἐφάνην): to show; *mid.* appear, 25
φέρω, οἴσω, ἤνεγκα, ἐνήνοχα, ἠνέχθην: bear, carry, bring, convey, 24
φημί, φήσω, ἔφησα: to say, claim, assert, 16
φίλος, -η, -ον: dear, beloved; friend, kin, 20
Φοῖβος, ὁ: Phoebus, 12
φράζω, φράσω, ἔφρασα, πέφρακα, ἐφράσθην: point out, tell, indicate, 14
φρονέω, φρονήσω, ἐφρόνησα: think, to be wise, prudent, 19
φύω, φύσω, ἔφυν (ἔφυσα), πέφυκα: be born, be by nature; bring forth, 18

χείρ, χειρός, ἡ: hand, 20
χρή: it is necessary, it is right; must, ought, 14
χρῄζω: want, lack, have need of (gen) 11
χρόνος, ὁ: time, 13

ὦ: O, oh, 64
ὧδε: in this way, so, thus, 14
ὡς: as, thus, so, that; when, since, 72
ὥστε: so that, that, so as to, 14

135

Printed in Great Britain
by Amazon